高等院校经济管理"十三五"规划教材

管理系列

U0727009

Business Negotiation

商务谈判教程

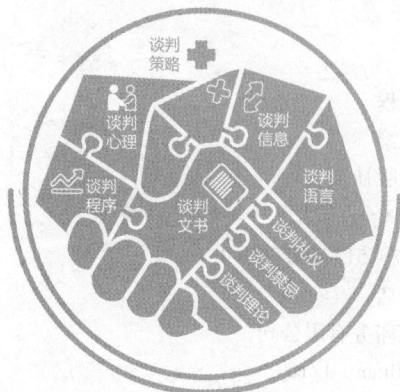

秦 勇 张 黎 / 主 编
陈 爽 万晓文 / 副主编

中国发展出版社
CHINA DEVELOPMENT PRESS

图书在版编目（CIP）数据

商务谈判教程/秦勇，张黎主编．—北京：中国发展出版社，
2017.8
ISBN 978 – 7 – 5177 – 0727 – 1

Ⅰ.①商…　Ⅱ.①秦…　②张…　Ⅲ.①商务谈判—高等
学校—教材　Ⅳ.①F715.4

中国版本图书馆 CIP 数据核字（2017）第 177074 号

书　　　名：商务谈判教程
主　　　编：秦 勇　张 黎
出 版 发 行：中国发展出版社
　　　　　　（北京市西城区百万庄大街 16 号 8 层　100037）
标 准 书 号：ISBN 978 – 7 – 5177 – 0727 – 1
经 销 者：各地新华书店
印 刷 者：北京明恒达印务有限公司
开　　　本：787mm×980mm　1/16
印　　　张：19.5
字　　　数：340 千字
版　　　次：2017 年 8 月第 1 版
印　　　次：2017 年 8 月第 1 次印刷
定　　　价：38.00 元

联 系 电 话：（010）68990642　68990692
购 书 热 线：（010）68990682　68990686
网 络 订 购：http://zgfzcbs.tmall.com//
网 购 电 话：（010）68990639　88333349
本 社 网 址：http://www.develpress.com.cn
电 子 邮 件：fazhanreader@163.com

前　言

　　谈判是一种有意识的社会活动，是一种处理人际关系、解决人类利益冲突的手段。人类在相互交往中，为了改造自然和社会、解决利益冲突、改变相互关系，相互联合，或是为了进行物质、能量和信息交换而进行沟通，以取得一致，这就产生了谈判这种新的社交活动。可以说，古往今来，谈判广泛存在于人类交往的行为中，其历史几乎与人类历史一样悠久。正如美国谈判专家荷伯·科恩所言："世界是张谈判桌，万事均可谈判。"大至国家间经济、政治、军事、科技文化的往来，小到组织间、个体间的联系，都离不开谈判。如今，随着经济的快速发展和经济一体化进程的不断深入，各层面的关系日益复杂，谈判活动在社会中扮演的角色也越来越重要。

　　本书以商务谈判的基本理论为编写主线，在此基础上详细介绍了商务谈判的方法、策略与技巧。全书共分10章，主要内容包括商务谈判概述、商务谈判基本理论、商务谈判程序、商务谈判信息、商务谈判心理、商务谈判语言、商务谈判文书、商务谈判策略、商务谈判礼仪与禁忌和国际商务谈判等。

　　本书内容简洁，逻辑清晰，案例和阅读材料选取恰当。每章开篇均设有导读、知识结构图和开篇案例，以引导读者学习。书中插入大量的阅读资料，以作为对相关知识点的延伸和补充，拓展读者的学习视野。为方便教学，本书为授课教师提供配套课件，欢迎老师们向中国发展出版社免费索取。此外，为便于读者检验学习成果，本书最后提供了三套综合测试题，需要答案的读者也可以与出版社联系。

本书可作为高等院校商务谈判课程的授课教材，也可作为各类培训机构及商务工作者的参考用书。

本书由秦勇、张黎主编，陈爽、万晓文任副主编，李歆、刘永忠、张喆、崔丽霞、胡文彬、张淼、孙晓娈和李莹为编委。具体分工为：秦勇承担第9章的编写及全书的统稿工作；潍坊医学院张黎起草编写提纲，并承担第1章、第3章的编写工作；李歆、孙晓娈编写第2章；刘永忠编写第4章；胡文彬、陈爽编写第5章；万晓文编写第6章；张淼、李莹编写第7章；张喆编写第8章；崔丽霞编写第10章。在本书编写过程中，南开大学远程学院给予大力支持，在此表示衷心的感谢。

本书参考和借鉴了众多学者的研究成果，编者在此表示诚挚的敬意和谢意。另外，鉴于书中所引用的部分案例和阅读资料流传较广，版本众多，作者无法确定最初出处，引用可能不太规范，在此谨向这些文献的原创者表达谢意。

由于编者学识有限，加之时间紧迫，书中定会有疏漏和不足之处，敬请各位专家和广大读者批评指正。

陈　爽

2017 年 6 月于南开园

目　　录

第 *1* 章
商务谈判概述

本章导读

　　美国谈判专家荷伯·科恩曾说过："世界是张谈判桌，万事均可谈判。"由此可见，谈判在我们生活中的重要地位和作用。本章在介绍谈判的起源、发展以及涵义的基础上，阐述了商务谈判的概念与特征、要素及原则。通过对本章的学习，有助于我们正确认识和了解商务谈判的发展及内涵，为后面章节的学习打下基础。

知识结构图

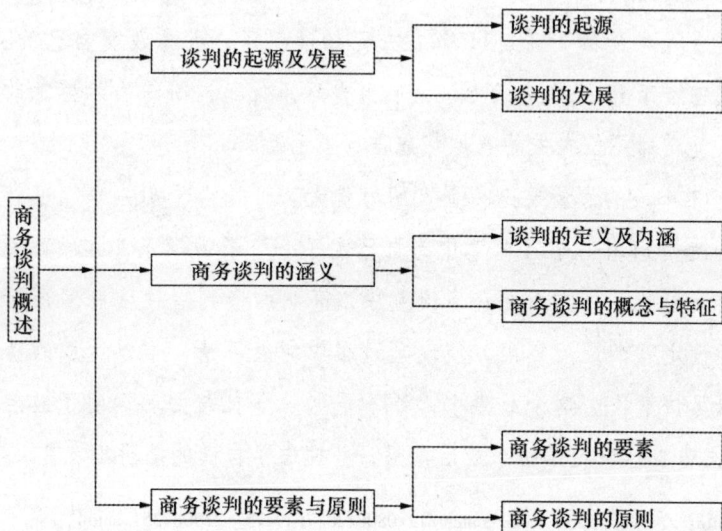

【开篇案例】　　　　　　　　11 个农夫和 1 个农夫

在美国的一个边远小镇上，由于法官和法律人员有限，组成了一个由 12 名农民组成的陪审团。按照当地的法律规定，只有当这 12 名陪审团成员都同意时，某项判决才能成立，才具有法律效力。

有一次，陪审团在审理一起案件时，其中 11 名陪审团成员已达成一致看法，认定被告有罪，但另一名认为应该宣告被告无罪。由于陪审团内意见不一致，审判陷入了僵局。其中 11 名企图说服另一名，但是这位代表是个年纪很大、头脑很顽固的人，任凭那 11 个人怎么说，他就是不肯改变自己的看法。审判从早上延续到下午，一直不能结束，11 个农夫有些心神疲倦，但另一个还没有丝毫让步的意思。

就在 11 个农夫一筹莫展时，突然天空乌云密布。此时正值秋收过后，各家各户的粮食都晒在场院里。眼看一场大雨即将来临，11 名代表都在为自家的粮食着急，他们都希望赶快结束这次判决，以便尽快回去收粮食，于是对另一个农夫说："老兄，你就别再坚持了，眼看就要下雨了，我们的粮食还在外面晒着，赶快结束判决回家收粮食吧。"可那个农夫丝毫不为所动，坚持说："不成，我们是陪审团的成员，我们要坚持公正，这是国家赋予我们的责任，岂能轻易做出决定？在我们没有达成一致意见之前，谁也不能擅自做出判决！"这令那 11 个农夫更加着急，哪有心思讨论判决的事情。为了尽快结束这令人难受的讨论，11 个农夫开始动摇了，考虑改变自己的立场。这时，一声惊雷彻底击垮了 11 个农夫的心，他们再也忍不住了，纷纷表示愿意改变自己的态度，转而投票赞成那一位农夫的意见，宣告被告无罪。

按理说，11 个人的力量要比一个人的力量大。可是由于那一个人坚持己见，加之大雨的来临，使那 11 个人在不经意中为自己定了一个最后期限，在下雨之前，被迫改变了看法，转而投向另一方。在众多谈判中，高明的谈判者往往利用最后期限的谈判技巧，巧妙地设定一个最后期限，使谈判过程中纠缠不清、难以达成的协议在期限的压力下，得以尽快解决。这个故事中，并不是那一个农夫主动运用了最后期限法，而是那 11 个农夫为自己设定了一个最后期限，并掉进了自设的陷阱里。

资料来源：http://www.360doc.com/content/12/0808/20/7649475_ 229087351. shtml。

1.1　谈判的起源及发展

1.1.1　谈判的起源

古往今来，谈判广泛存在于人类交往的行为中，其历史几乎与人类历史一样悠久。正如美国谈判专家荷伯·科恩所言："世界是张谈判桌，万事均可谈判。"大至国家间经济、政治、军事、科技文化的往来，小到组织间、个体间的联系，都离不开谈判。如今，随着经济的快速发展和经济一体化进程的不断深入，各层面的关系日益复杂，谈判活动在社会中扮演的角色也越来越重要。回顾谈判赖以产生的历史根源，主要有以下几方面。

1. 解决冲突的需要

谈判是一种有意识的社会活动，是一种处理人际关系、解决人类利益冲突的手段。人类在相互交往中，为了改造自然和社会，解决利益冲突、改变相互关系，相互联合，或是为了进行物质、能量和信息交换而进行沟通，以取得一致，这就产生了谈判这种新的社交活动。在原始社会，人类主要通过狩猎、采集等活动获取自然物来维持生存，到中后期才开始原始的农业和畜牧业。当时生产力水平十分低下，人类征服自然和改造自然的能力有限，物质财富严重不足，由于互相抢夺财物，冲突不断发生，而争执中的各陈己见就形成了谈判的雏形。

2. 力量均衡的产物

在原始社会，氏族、部落之间为争夺领地、财富而进行战争，双方不分胜负，势均力敌时，继续战争可能使双方两败俱伤，此时双方开始尝试聚在一起，进行商谈，以解决分歧，平衡利益，这就是谈判的最初形式。而如果双方地位和关系不平等，在力量悬殊的情况下，力量强大的一方就不会同意进行谈判，力量小的一方也不具有与人谈判的能力。

3. 利益互惠的媒介

谈判活动在人们需要得到利益互惠时应运而生。在原始社会后期，出现了以交换为目的的商品生产，哪里有商品生产，哪里就有商品交换。随着商品经济的进一步发展，交换日益频繁，出现了市场，也就是商品交换的场所。交易的过程离不开讨价还价，讨价还价的过程也就是简单的谈判。谈判通常在不同利益集团或个人之间进行，由于利益关系不同，谈判者要"各为其主"，谋求不同利益，谈判的每一方都在谈判中为己方争取更大利益。谈判的规则不是仅让一方占有优势，而必须是互利互惠。

1.1.2　谈判的发展

随着人类社会的发展，人们之间的交往越来越频繁，需要处理的各种关系越来越多，谈判的事项和领域也随之逐渐扩大，谈判作为一项事关双方利害的活动也日益受到重视，谈判策略和技巧越发被人们所认识和运用。历史上，许多重大的历史事件无不与谈判者的卓越智慧和高超的谈判技巧相关。在我国古代，苏秦、张仪凭三寸不烂之舌，合纵连横；晏子出使楚国，扬国威而不辱使命；蔺相如大义凛然，据理力争，完璧归赵。近现代史上，许多重要时刻也都与谈判活动相联系，从清末诸多丧权辱国的"条约"，到民国时期的"西安事变""重庆谈判""北平谈判"，再到改革开放后长达15年的中国入世谈判等，都充分说明了谈判活动的重要性。

与此同时，谈判理论也逐渐发展成熟。谈判活动中最重要的是参与谈判的人，在研究谈判时必须重视对谈判者的研究。如果仅注意到谈判内容，就会失去对谈判主动权的把握。因此，国内外研究谈判理论的专家都把人的研究放在重要的位置。谈判涉及许多领域（如心理学、社会学、宗教学等），对这些领域的研究有利于指导谈判者在谈判中处理好人际关系，制订出有利、有效的谈判方案，最终取得谈判胜利。

心理学的基本理论和观点一直是谈判理论的基础。马斯洛于1954年提出具有代表性的需求层次理论，认为人的需求包含生理需求、安全需求、社交需求、尊重需求、自我实现需求五个层次，对心理学的研究有着深远的影响。"相互性原则"指出了人类交往过程中的普遍规律与现象，指出人与人之间处于一种互动状态，即如果一方对对方表示尊重、喜欢与亲密，通常也会得到对方的尊重、喜欢与亲密。而在这种状态下，改变原有的立场、态度是相对容易的。尼伦伯格吸收并发扬了心理学的这些观点，在《如何读懂人》和《谈判的艺术》两本书中，他系统地提出了"谈判者需求理论"。"谈判者需求理论"的作用在于促使谈判者主动发现对方所需并加以重视，然后想方设法引导其朝着有利于己方的方向去思考。

英国谈判学家马什通过对谈判结构与谈判程序的研究，提出了一套比较完整的从事商务谈判的策略，以及谈判的数学与经济分析方法，即"谈判结构理论"。马什把谈判的过程划分为六个阶段：计划准备阶段、开始阶段、过渡阶段、实质性谈判阶段、交易明确阶段和结束阶段。他认为，在谈判的不同阶段，谈判活动各不相同，各个谈判阶段都有其显著的特征。

与马什同时代的另一位英国谈判学家比尔·斯科特则非常注重谈判的技巧性，提出了一套独特的"谈判技巧理论"。斯科特认为，谈判技巧是以管理学、心理学、社会学及博弈论等为指导并在实践的检验过程中不断完善成熟的。他的"谈判技巧理论"将谈判方针归纳为三种：一是谋求一致的方针，即让谈判形式、氛围尽量具有建设性、积极性，最终目的是求得双方目标的一致；二是皆大欢喜的方针，即以谋求谈判各方可接受的、折中的谈判结果为目的的谈判方针；三是以战取胜的方针，即以战胜对方为最终目的的谈判方针。由于谈判者之间存在着个性和谈判风格等诸多方面的差异，谈判者应该尽量掌握一些符合自身特点的技巧，从而最大限度地发挥自己的能力。

同是研究谈判技巧理论的美国谈判学家约翰·温克勒在《谈判技巧》一书中提出了与斯科特理论相对的"谈判实力理论"。该理论认为谈判实力是谈判技巧成功运用的基础，而增强谈判实力的基础在于对谈判的充分准备和对对方的充分了解。同时，技巧的运用也有赖于谈判实力的强弱。谈判者必须充分了解谈判双方的实力，并采取一切可能增强己方实力的行动。根据商务谈判的特点，温克勒提出一种具有普遍意义的循环逻辑谈判法则，即"价格—质量—服务—条件—价格"，他指出，在谈判中，如果对方提出价格要求，就和他们谈质量；如果对方提出质量要求，就和他们谈服务。以此类推，就能在谈判中取得比较好的成效。

哈佛大学谈判培训中心主任雷法教授根据博弈论和决策分析的方法，系统研究各种类型的谈判特点，对谈判原则和第三方介入问题提出了独到的见解。从 20 世纪 60 年代末开始，不少专家致力于寻求更加直接有效地进行谈判的新方法，摒弃了采取低劣手段和依靠谈判者个人能力等传统的思维模式。20 世纪 70 年代末，费希尔等人提出一种广泛适用的谈判理论，主张不从传统角度来研究谈判过程，不过多考虑其他因素，而只根据价值公平的标准达成协议。价值谈判法后经无数人发展逐渐完善为原则谈判法。同一时期，谈判理论集大成者卡洛斯特对各种技巧的运用进行了极为具体的描述，并指出要赢得谈判，实现谈判目标，就需要巧妙运用各种谈判手段。此外，美国学者沙恩等人的研究也对谈判领域产生了深远的影响。

时至今日，谈判学研究（如谈判学研究、谈判史学研究等）领域已经有了长足的发展，谈判理论研究的不断深入，为我们的实际谈判提供了更为强大的理论指导。

【阅读资料1-1】 　　　　　　重庆谈判

1945年8月28日，毛泽东、周恩来、王若飞在美国驻华大使赫尔利、国民政府军委会政治部部长张治中陪同下，由延安飞往重庆，同国民党进行谈判。

在43天的谈判中，毛泽东同蒋介石先后进行过7次面对面的商谈，相互交换意见；同时，中共代表周恩来、王若飞，国民党方面代表王世杰、张群、张治中等，还就具体问题进行了多次谈判。9月3日，中共代表首先提出以和平、团结、民主为统一之基础，结束党治，确立政治民主化、军队国家化、党派平等合作之必要办法等11条谈判方案，争取了谈判的主动性。

4日，蒋介石拟出《对中共谈判要点》，作为国民党方面复案，提出限定共产党军队最高限额，拒绝承认解放区民主政权，将原国防最高委员会改组为政治会议等内容。两方方案的根本分歧在于对中共领导的解放区政权和抗日武装的承认与否。谈判过程中，国民党方面始终没有提出积极具体的方案，而是坚持所谓"中共不能要求国民政府承认解放区，否则就是破坏政令统一"等苛刻条件，给谈判设置障碍，进而使双方谈判限于停滞。

为争取和平，中共在不违背人民根本利益的前提下，坚持有理、有利、有节的斗争，以原则的坚定性和策略的灵活性处理实际问题，并做了退出部分解放区和缩减军队等让步。同时，毛泽东、周恩来等利用各种渠道和机会，广泛会见各界人士和中外友人，从道义上争取社会各界和国际社会的同情支持。在军事上，中共坚持"人不犯我，我不犯人"的方针，坚决打退了胡宗南等国民党军对上党、平汉一线解放区的进犯。

中共灵活的政治进攻和坚决的军事自卫，迫使国民党再次回到谈判桌上。在国内外舆论压力下，经过国共两党多次谈判，10月10日，周恩来、王若飞、王世杰、张群、张治中、邵力子等国共双方代表，共同在桂园客厅签订了《政府与中共会议纪要》（即《双十协定》）。

在《双十协定》中，国民党表示同意共产党提出的和平建国之基本方针，承认以和平、民主、团结、统一为基础，坚决避免内战，合作建设独立、自由和富强的新中国，并确认政治民主化、军队国家化及党派平等合法为达到和平建国必由之途径；同意迅速结束国民党训政，召开政治协商会议，保证人民享有信仰、言论、出版、集合、结社的自由，承诺释放政治犯，禁止司法以外机关有拘捕、审讯和处罚人民之权，并实行地方自治，进行自下而上的普选等。然而，在解放区民主政权和国民大会代表问题上，双方观点相去甚远，未达成一致意见；关于中共领导的军队地位以及参加受降问题，亦未获得实质进展。

　　谈判中，毛泽东等中共代表本着尊重民主、共商国是的精神，与民主人士、各阶层代表以至国民党上层人物，各国驻华使节以及新闻界朋友等如实介绍两党分歧、谈判进展，全面阐述中共和平民主方针及谈判诚意，让国统区各阶层民众对中共关于和平民主的政治主张有了深入了解。10 月 11 日，毛泽东在张治中陪同下返回延安，留在重庆的周恩来、王若飞就纪要未尽问题继续与国民党代表商谈。12 日，《双十协定》公开发表。次日，蒋介石印发"剿匪"密令，以内战的公开化，将曾给全国民众带来一线和平民主曙光的《双十协定》撕得粉碎。

资料来源：熊杰：《商务谈判教程》，中国财政经济出版社 2010 年版。

1.2　商务谈判的涵义

1.2.1　谈判的定义及内涵

1. 谈判的定义

　　谈判有广义和狭义之分。广义的谈判指各种交涉、洽谈、磋商等，是人类交往行为中一种非常普遍的现象。狭义的谈判是指在专门场合下安排和进行的谈判，这样的谈判经过事先安排和准备，相对来说更正式。人们所说的谈判多是指狭义的谈判。

　　关于谈判，世界各国谈判学者给出了多种多样的定义。美国谈判学会主席杰勒德·尼伦伯格在 1968 年所著的《谈判的艺术》一书中写道："谈判的定义最简单，而涉及的范围却最广泛。每一个要求满足的愿望和每一项寻求满足的需要，都是诱发人们开展谈判的潜因。只要人们为了改变相互关系而交换观点，或是为了某种目的企求取得一致而磋商协议，即是谈判。"英国学者马什 1971 年在其著作《合同谈判手册》中提出："谈判是有关各方为了自身目的，对涉及其利益的事务进行磋商的协调过程，它通过调整各方所提出的条件，以期达成一项较为满意的协议。"法国谈判学家克里斯托夫·杜邦在其《谈判的行为、理论与应用》一书中表明："谈判是使两个或数个角色处于面对面位置上的一项活动。各角色因持有分歧而相互对立，但彼此间又互为依存，他们选择谋求达成协议的实际态度，以便终止分歧，并在他们之间（即使是暂时性的）创造、维持和发展某种关系。"美国著名谈判学家霍华德·雷法不主张对谈判下精确的定义。他在《谈判的艺术与科学》中指出，谈判包括艺术和科学两个方面。艺术包含社交技巧、信赖别人和为人所信服的能力、巧妙应用各种讨价还价手段的能力，以及知道如何使用以上能力的智慧；科学则是指了解决问题而进行的系统的分析。

本书更倾向于马什的观点，即从谈判产生的条件及本质特征出发来定义谈判，认为谈判是有关各方为了自身目的，在一项涉及各方利益的事务中进行磋商，并通过调整各自提出的条件尽力达成一致的过程。

2. 谈判的内涵

基于以上对谈判的定义，可将谈判的内涵解读为以下五个方面。

（1）谈判的主体是有关各方，各方利益是独立的。

（2）谈判具有鲜明的目的性，即为了争取自身的利益。

（3）谈判的客体是一项或多项涉及各方利益的事务，且当事人对此比较重视。

（4）谈判的过程是一个磋商和调整的过程，是在彼此地位平等前提下的互相协商和妥协，而不是命令或威胁。

（5）谈判的成功和谈判的完成以达成一致为标志，没有达成协议就意味着谈判没有成功或谈判没有完成。

1.2.2　商务谈判的概念与特征

商品经济从本质上看是一种交换经济，而交换成功与否必然涉及买卖双方的利益协调问题。因此，商务谈判是一种在商品经济中普遍存在的活动，对于生产企业、供应商，或是终端客户来说，具备商务谈判技能和能力都是必要的。在当今的知识经济时代，社会生产力获得空前发展，可供交换的产品数量极其丰富，竞争日益激烈的商品市场使买卖双方必须发挥自身的谈判能力、技巧和智慧，才能在商品经济中获得更多的实惠。除了商品交换外，人际间、企业间的经济合作关系也越来越密切，需要协调和处理的经济利益问题也越来越复杂，因此商务谈判在现代社会各种经济交往中的地位愈发重要。

1. 商务谈判的概念

所谓商务谈判（Business Negotiation），是指经济主体之间为了完成某项交易和实现各自的经济目的，围绕交易条件进行磋商和讨价还价，以达成协议的过程。商务谈判具有谈判的一般特征，但是其谈判主体、目的和内容与其他谈判有着明显的区别，它反映的是商业事务关系，以盈利为目的。

商务谈判是指在商务活动中为满足买卖双方各自的经济利益目的而进行的谈判。作为谈判的一种，商务谈判也有广义和狭义之分。广义的商务谈判指一切与商品交换有关的谈判活动，狭义的商务谈判是指人们为实现有形商品的交易或买卖而相互协商的活动。在日常生活中，人们遇到较多的还是有形商品买卖的商务谈判，伴随着服务业尤其是现代服务业的发展，无形贸易或者租赁、合资合作等的谈判也日益成为商务谈判的重要内容。

2. 商务谈判的特征

商务谈判除了具有一般谈判的性质外，还有其自身的特点。

（1）商务谈判以经济利益为目的，以价格谈判为核心。这是商务谈判区别于其他谈判的主要特点。商务谈判发生的根本原因在于人们追求经济上的利益需要，其目的决定了当事人必然注重经济效益。另外，尽管商务谈判所涉及的因素多种多样，但价格在其中扮演了核心角色，因为经过谈判，各方最终经济利益的划分主要通过价格表现出来。

（2）商务谈判是科学与艺术的有机结合。作为一门科学，商务谈判需要精密的计算、准确的数据、严格的推理、翔实的论证，谈判桌上差之毫厘，谈判桌下就可能失之千万；作为一门艺术，谈判人员需要揣摩对方的心理，观察现场的气氛，灵活掌握原则，恰当使用策略技巧，极大限度地发挥自己的主观能动性和创造性思维。在涉及对谈判双方实力的认定、对谈判环境因素的分析、对谈判方案的制定以及对交易条件的确定等问题时，商务谈判更多地体现出科学性的一面；而在具体谈判技巧的运用和谈判策略的选用上，则比较多地体现谈判艺术性的一面。

（3）商务谈判是合作与冲突的对立统一。由于利益上的冲突，商务谈判中各方的行为企图一般都具有排斥性，此为谈判中的冲突。在谈判桌上，竞争与抗衡是第一位的，没有冲突也就没有必要谈判。相反，如果只有排斥与冲突，没有协商与合作，谈判也无法进行下去。所以谈判双方的利益既有统一的一面，又有冲突的一面，谈判成功对各方都有利，是一个多赢的结局。为了解决好谈判中的这对矛盾，在制定谈判的战略方针、选择与运用谈判策略与战术时，必须注意既要不损害双方的合作关系，又要尽可能为本方谋求最大的经济利益，即在这两者之间找到一个平衡点。

（4）商务谈判是互惠的，但其结果是不对等的。谈判的互惠性是指通过谈判，双方都可以从中得到利益。谈判的不对等性是指谈判各方由于受企业实力、谈判环境、谈判人员的谈判技巧与策略等差异的影响，在谈判结果中所获得的利益不完全是一样的，即谈判各方可能有的获利多些，有的获利少些。

1.3　商务谈判的要素与原则

1.3.1　商务谈判的要素

谈判的要素指构成谈判活动的必要因素，它从静态结构揭示谈判的内在基础。商务谈判是指在商务活动中为达成买卖双方各自的经济利益目的而进行的谈判。因此，从这个角度而言，商务谈判主要由谈判主体、谈判客体和谈判环境三个基本要素构成。

1. 商务谈判主体

商务谈判是人与人之间进行的智力和心理较量过程，而商务谈判的成效在很大程度上取决于谈判人员的主观能动性和创造性，因此没有谈判当事人，就没有谈判。当事人是谈判形成的原动力，是谈判的主体，也是商务谈判活动的主要因素。

谈判主体可以是一个人，也可以是一个合理组成的群体。在商务谈判中，谈判的主体是指主持谈判、参与谈判以及与交易利益相关的人员。谈判主体应是具有商务谈判相关知识、具备谈判能力、拥有相应权力的心理健全的人。

2. 商务谈判客体

商务谈判客体指谈判涉及的交易或买卖的内容，它是谈判的起因，是商务活动利益的载体。在谈判过程中，谈判标的是核心，谈判双方借助于谈判客体实现各自的经济利益。商务谈判的标的可以是有形商品，也可以是劳务或知识产权及其他财产权利。

3. 商务谈判的环境

开展商务谈判时，当事人与谈判标的均处在某个特定的客观环境之中，这就是谈判环境。在谈判时，客观存在的谈判环境会在一定程度上影响当事人，为谈判者实施谈判策略与技巧提供依据。谈判环境主要包括政治环境、经济环境、人际关系环境等。

政治环境是指政局稳定状态、政策要求以及谈判双方所在国之间的外交状态。在国内商务谈判中，政治环境多指政局及政策状况。国际商务谈判中的政治环境比较复杂，既涉及本国的政局状况，又包括两国间的外交关系，通常情况下后者对谈判影响较大。因此，在进行经济往来之前，必须对谈判对方的政治环境做详尽的了解，主要包括政局的稳定、两国政府之间的关系、政府对进口商品的控制等。经济环境是指谈判当事人所处的经济背景。经济环境分为宏观和微观两种，宏观经济环境主要指国家的经济政策方针、当事人所在国家的经济发展状况、人民的生活水平、交易货币汇率变化情况等。微观经济环境主要指标的物所处的市场状态和谈判当事人所在企业的经营状态。人际关系是指谈判者所属企业之间、谈判者之间、企业领导人之间的关系。

1.3.2　商务谈判的原则

谈判的基本原则是谈判的指导思想、基本准则，是商务谈判的实践总结和制胜规律。它决定了谈判者在谈判中将采用怎样的谈判策略和谈判技巧以及抱有一种什么样的心态进行谈判。因此，认识和把握商务谈判的原则，有助于提升谈判者的综合素质，维护谈判各方的权益，提高商务谈判的成功率。商务谈判的基本原则如下。

1. 平等合作原则

平等原则是指商务谈判中无论各方的经济实力强弱、组织规模大小，其地位和人格都是平等的。在商务谈判中，当事各方对于交易项目及交易条件都拥有自己的发言权、表决权和否决权。谈判各方必须充分认识到这种相互平等的权利和地位，自觉贯彻平等原则，要求谈判各方互相尊重、以礼相待，任何一方都不能仗势欺人、恃强凌弱，把自己的意志强加于人。合作原则指谈判双方在换位思考的基础上互相配合进行谈判，力争达成双赢的谈判协议。参与谈判各方都是合作者，而非竞争者或敌对者。商务谈判只有在平等、互信、合作的气氛中才能够顺利进行，才有可能尽快达成谈判目标。

2. 互利多赢原则

互利多赢原则指商务谈判的目的在于使所有参与谈判的主体都能获利，获得共赢和多赢。商务谈判不是竞技比赛，不能一方盈利、一方亏本，因为谈判如果只利于一方，不利方就会退出谈判，导致谈判破裂，谈判的胜方也就不复存在。互利多赢是商务谈判"合作非零和博弈"的直接结果。著名的美国谈判学家尼伦伯格把谈判称为"合作的利己主义"，指出合作是互利的前提，没有合作，互利就不能实现。谈判各方只有在追求自身利益的同时，也尊重对方的利益追求，才能实现各自的利益目标，获得谈判的成功，取得多赢的结果。

3. 客观标准原则

利益冲突在谈判中是不可避免的，如何让步、妥协，取决于客观的、合乎情理和切实可用的准则，即遵从客观标准。客观标准是指独立于各方意志之外的合乎情理和切实可用的准则。它既可能是一些惯例、通则，也可能是职业标准、道德标准、科学鉴定等。在谈判中坚持使用客观标准，有助于双方和睦相处，冷静而又客观地分析问题，有助于谈判的顺利进行。由于谈判依据的是客观合理的标准，双方都会感到自己的利益没有受到损失，因而会使谈判在和谐的气氛中顺利进行。

4. 诚实守信原则

商务谈判既是一种经济活动，也是一种伦理活动。成功的商务谈判的标准不仅在于谈判有无达成协议，还在于谈判有无遵守商业伦理，坚持诚信原则等。诚实守信原则是指谈判各方在谈判过程中要言而有信，一旦许诺，就要遵守。只有遵守诚信原则才能获取对方的信任，使谈判轻松愉快地进行下去。反之，如果言而无信，导致对手疑虑重重，那么谈判的气氛就会变得紧张，谈判必将朝着不利的方向转化。只有真诚守信，才能建立长期的合作关系，为企业树立良好的形象，赢得声誉。一个精明的谈判者在传递信息时传递的必然是真实信息，宁可不说，也不可传达虚假信息；同时他又能审慎分析谈判双方存在的差距及解决问题的良好办法，提出多种可行的解决方案以供选择。因此，谈判者既要言而有信，又必须讲分寸、讲原则。

5. 人事分开原则

由于谈判的主体是富有理智和情感的人，所以谈判的结果不可避免要受到人的因素的影响。所谓人事分开的原则，就是指在谈判中区分人与问题，把对谈判对手的态度与所讨论的问题区分开来，就事论事，不要因人误事。在谈判中要尽量阐述客观情况，避免指责对方，要使双方都参与提议与协商，并且互相理解。商务谈判中，对"事"要严肃，对"人"要友好；对"事"不可以不争，对"人"不可以不敬。

6. 价值提升原则

真正成功的谈判要求谈判者必须具备整合式谈判思维，善于从全局、综合、系统、可持续等角度思考达成协议的多种方案，使谈判能创造出新的价值。从某种程度上来讲，满足需求、分配价值是对商务谈判的最低要求，而通过各自的信息交流，创造出使各自利益均能最大化或者双方利益之和最大化的方案才是商务谈判的较高要求。在谈判中，双方应一起努力，首先扩大双方的共同利益，然后再讨论与确定各自分享的比例，共同来"把蛋糕做大"。正如美国西北大学凯洛格管理学院的小德威特·W·巴查南所言："我们一定要多加努力寻求更优的解决方案，不要把钱留在桌子上。"

【阅读材料 1-2】　　　　商务谈判中的八字箴言

商务谈判中的诚信非常重要。中国自古就有"货真价实，童叟无欺"的八字箴言；英文中也有一个八字经典：NO TRICKS。从字面来看，它与中文的意义非常相近。不过"NO TRICKS"并不仅仅代表字面的意思，每一个字母还有更深一层的含义——谈判中的八种能力。

谈判能力在每种谈判中都起到重要作用，无论是商务谈判、外交谈判，还是劳务谈判。在谈判中，双方谈判能力的强弱差异决定了谈判结果的差别。对于谈判中的每一方来说，谈判能力都来源于八个方面——Need，Options，Time，Relationship，Investment，Credibility，Knowledge，Skills。

"N"代表需求（Need）

如果买方的需要较多，卖方就拥有相对较强的谈判力。卖方越希望卖出产品，买方就拥有较强的谈判力。

"O"代表选择（Options）

如果你可选择的机会越多，而对方认为你的产品或服务是唯一的或者没有太多选择余地，你就拥有较强的谈判资本。

"T"代表时间（Time）

主要是指谈判中可能出现的有时间限制的紧急事件，如果买方时间紧迫，自然会增强卖方的谈判力。

"R"代表关系（Relationship）

如果与顾客之间建立强有力的关系，在同潜在顾客谈判时就会拥有关系力。但是，如果顾客觉得卖方只是为了推销，因而不愿建立深入的关系。这样，在谈判过程中就会比较费劲。

"I"代表投资（Investment）

在谈判过程中，投入时间和精力越多、对达成协议承诺越多的一方往往拥有较少的谈判力。

"C"代表可信性（Credibility）

潜在顾客对产品的可信性也是谈判力的一种。如果推销人员知道你曾经使用过某种产品，他的产品具有价格和质量等方面的优势时，无疑会增强卖方的可信性，但这一点并不能决定最后是否能成交。

"K"代表知识（Knowledge）

知识就是力量。如果你充分了解顾客的问题和需求，并预测到你的产品能如何满足顾客的需求，你的知识无疑增强了对顾客的谈判力。反之，如果顾客对产品拥有更多的知识和经验，顾客就有较强的谈判力。

"S"代表的是技能（Skills）

这可能是增强谈判力最重要的内容了，不过，谈判技巧是综合的学问，需要广博的知识、雄辩的口才、灵敏的思维。

总之，在商业谈判中，应该善于利用"NO TRICKS"的每种能力，当然还要做到NO TRICKS。

资料来源：韩乐江，王心泉：《商务谈判》，北京邮电大学出版社2011年版，第27～28页。有删改。

本章习题

一、单选题

1. 所谓人事分开的原则是指（　　）。

 A. 在谈判中区分人与问题   B. 在谈判中区分敌我

 C. 把两轮谈判区分开   D. 在谈判中以诚相待

2. （　　）是谈判形成的原动力，是谈判的主体，也是商务谈判活动的主要因素。

 A. 谈判内容   B. 谈判目标

 C. 谈判当事人   D. 谈判方法

3. 谈判的（　　）是谈判的指导思想、基本准则，是商务谈判的实践总结和制胜规律。

 A. 环境   B. 基本原则

 C. 内容   D. 标的

4. 英国谈判学家（　　）通过对谈判结构与谈判程序的研究，提出了"谈判结构理论"。

 A. 马斯洛   B. 马什

 C. 尼伦伯格   D. 雷法

5. 温克勒提出一种具有普遍意义的循环逻辑谈判法则，即（　　）。

 A. 价格—质量—服务—条件—价格 B. 质量—服务—条件—质量

 C. 服务—条件—价格—服务   D. 价格—质量—服务—价格

二、多选题

1. 关于谈判内涵的说法，正确的是（　　）。

 A. 谈判的主体是有关各方，各方利益是独立的

 B. 谈判具有鲜明的目的性，即为了争取自身的利益

 C. 谈判的客体是一项或多项涉及各方利益的事务，当事人是比较重视的

 D. 谈判的过程是一个磋商和调整的过程，是一种平等地位的互相协商和妥协，而不是命令或威胁

 E. 谈判的成功和谈判的完成以达成一致为标志，没有达成协议就意味着谈判没有成功或谈判没有完成

2. 商务谈判是科学与艺术的有机结合,因为( )。

A. 作为一门科学,商务谈判需要精密的计算、准确的数据、严格的推理、翔实的论证

B. 作为一门艺术,谈判人员需要揣摩对方的心理,观察场上的气氛,灵活掌握原则,恰当使用策略技巧,极大限度地发挥自己的主观能动性和创造性思维

C. 在涉及对谈判双方实力的认定、对谈判环境因素的分析问题时,商务谈判更多地体现出科学性的一面

D. 在对谈判方案的制定以及对交易条件的确定等问题上,比较多地体现谈判艺术性的一面

E. 商务谈判是严谨的行为,因此具有科学性,而艺术性则处于从属的、次要的地位

3. 商务谈判的标的可以是有形商品,也可以是( )。

A. 劳务
B. 知识产权
C. 合同
D. 商务关系
E. 其他财产权利

4. 商务谈判的环境主要包括( )。

A. 经济环境
B. 政治环境
C. 人口环境
D. 地理环境
E. 人际关系环境

三、名词解释

1. 谈判 2. 商务谈判 3. 商务谈判主体 4. 商务谈判客体
5. 谈判的基本原则

四、简答及论述题

1. 商务谈判产生的历史根源是什么?
2. 商务谈判有哪些主要特征?
3. 商务谈判的要素有哪些?
4. 试论述商务谈判的三个基本要素。
5. 试论述商务谈判的原则。

案例讨论

关于建造游泳池的谈判

美国有位谈判专家想在家中建一个游泳池，建筑设计的要求非常简单：长30英尺、宽15英尺，有水过滤设备，并且在6月1日前做好。谈判专家对游泳池的造价及建筑质量方面是个外行，但这难不倒他。在极短的时间内，他不仅使自己从外行变成了内行，而且还找到了质量好、价格便宜的建造者。

谈判专家先在报纸上登了个想要建造游泳池的广告，具体写明了建造要求，结果有A、B、C三位承包商来投标，他们都交给他承包的标单，里面有各项工程的费用及总费用。谈判专家仔细地看了这三张标单，发现所提供的温水设备、过滤网、抽水设备、设计和付款条件都不一样，总费用也有差距。

接下来的事情是约这三位承包商来他家里商谈。第一位约好早上9点，第二位约好早上9点15分，第三位约好早上9点30分。第二天，三位承包商如约而至，他们都没有得到主人的马上接见，只得坐在客厅里彼此交谈着等候。

10点钟的时候，主人出来请第一个承包商A先生到书房去商谈。A先生一进门就宣称他的游泳池一向是造得最好的，好的游泳池的设计标准和建造要求他都符合，顺便还告诉主人B先生通常使用陈旧的过滤网，而C先生曾丢下许多未完的工程，并且正处于破产的边缘。接着主人同B先生进行谈话，从他那里了解到其他人提供的水管都是塑胶管，他所提供的才是真正的铜管。C先生告诉主人的是，其他人使用的过滤网都是品质低劣的，并且不能彻底做完，拿到钱以后就不管了，而他则绝对保质保量。

谈判专家通过静静的倾听和旁敲侧击的提问，基本弄清了游泳池的建筑设计要求及三位承包商的基本情况，发现C先生的价格最低，而B先生的建筑设计质量最好，最后他选中了B先生建游泳池，而只给了C先生提供的价钱。经过一番讨价还价之后，谈判终于达成。

❓ 思考讨论题

谈判专家为何要让三位商人在客厅里等待？本案例对我们有哪些启示？

第 2 章

商务谈判基本理论

■— 本章导读

　　商务谈判基本理论主要包括需要理论、原则谈判理论、博弈理论及行为理论，掌握这些理论对商务谈判实践活动具有非常重要的指导意义。本章先后阐述了以上四种基本理论的内涵及其在商务谈判中的应用，重在培养运用基本理论知识研究相关商务谈判案例，分析和解决谈判问题的能力。

■— 知识结构图

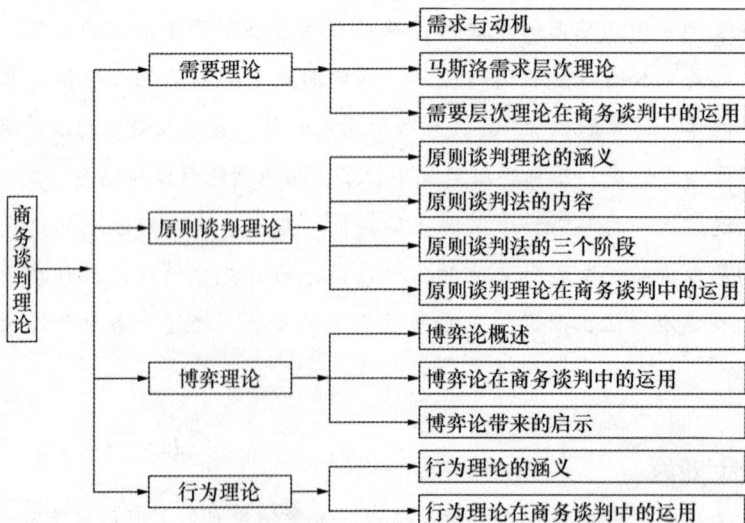

【开篇案例】 高价红茶被抢购一空

南方某省的茶叶丰收了，茶农们踊跃地将茶叶交到了茶叶收购处，这使得本来库存量就不小的茶叶进出口公司更增加了库存，造成大量积压。如此多的茶叶让进出口公司的业务员很犯愁，怎样设法把茶叶卖出去呢？恰巧此时有个外商前来询问，该公司计划利用这个机会，把茶叶卖出去，并且卖个好价钱。为此，他们做了周密的部署。

在向外商递盘时，公司将其他各种茶叶的价格按当时国际市场行情逐一报出，其中唯独高报了红茶的价格。外商看了报价，当即提出疑问："其他茶叶的价格与国际市场行情相符，为什么红茶的价格那么高？"公司代表坦然地说道："红茶报价高是因为今年红茶收购量低，库存量小，前来求购的客户多，僧多粥少，所以价格上涨。"外商对这话将信将疑，谈判暂时中止了。随后的几天，又有客户前来询盘。公司代表以同样的理由、同样的价格回复他们。

虽然外商对红茶的高报价心存疑虑，但他们也只能间接地通过其他渠道了解。而所谓其他的途径，就是向其他客户去询价，可询问的结果也是一样的。于是外商赶快与该进出口公司就购销红茶一事签订了合同，唯恐因来迟而无货可供。如此一来，其他国外客户纷纷效仿，积压的红茶不仅在很短的时间内被抢购一空，而且还卖了个好价钱。

资料来源：http：//www.galanz.com.cn/pages/newsinfo.aspx？catid=17｜139｜5683。有删改。

2.1 需要理论

谈判需要理论的代表人物美国谈判专家杰勒德·I·尼尔伦伯格曾说过：任何谈判都是在人与人之间发生的，他们之所以要进行谈判，都是为了满足人的一种或几种"需要"，这种"需要"决定了谈判的发生、进展和结局。而需要不仅是产生谈判动机的起因，也会影响谈判双方的行为。因此，掌握该理论，可以使我们在商务谈判中正确把握对方的需要，了解每种需要背后的动机，采取相应的谈判方法，促进谈判的成功。换言之，其对研究对方行为的动机与预测对方的行为方式具有重要的意义。

2.1.1　需要与动机

1. 需要

需要，就是有机体缺乏某种事物时产生的一种主观状态，是有机体受到客观事物某种需求刺激的反映。只有在没得到基本满足时才会产生这种心理感受。例如，天冷了人需要加衣服，饥饿时需要食物，生病时需要治疗……这些都是需要。需要和对需要的满足是商务谈判的共同基础。

要研究需要对人们行为活动的影响，应了解其以下三个特点。

（1）需要具有针对性、具体性。需要总是指向具体的某种事物，如人渴了就产生喝水的需要，指向的内容是水；人感到孤单寂寞时就产生有人陪伴的需要，其指向的内容是家人或朋友。所以需要总是和满足需要的具体的、具有针对性的内容联系在一起的。

（2）需要具有紧张性。需要是个体在生活中感到某种缺乏而形成的主观状态。当某种需要产生后，总会形成一种紧张感与不适感，甚至烦躁，如面对房价疯涨的年轻人急于买房却苦于筹集首付而感到焦虑不安、心烦等都是这种紧张的表现。

（3）需要具有层次性。人的需要是有层次的，先是满足最基本的生活需要，而后是满足社会和精神需要，因此一般来讲，人们的需要总是不断地由低级向高级发展的。

2. 动机

在商务谈判中，只有深刻了解、洞察对方行动的动因后，进一步预测对方某种行为的出现，顺水推舟或未雨绸缪，谈判才能获得最佳的效果。

（1）动机。动机是指以愿望、爱好、理想、欲望等形式，激励人们发动和维持其行动，并导向某一目标的一种心理过程或主观因素。需要的出现使心理紧张感增加或集聚，然后产生做某事或得到某物的动机，进而转化为相应的行为，使需要得以满足，新的需要不断出现，循环往复，周而复始。

（2）行为动机。行为动机是指在需要的基础上产生的社会行为的直接原因或内在动力。

（3）动机和行为动机的关系。动机指从行动中表露的个体观念；而行为动机则是指导致行为的原因或动力。需要引起动机，动机决定行为。

2.1.2　马斯洛需要层次理论

亚伯拉罕·马斯洛（Abraham Harold Maslow，1908－1970）是美国著名的社会心理学家，他在1943年发表的《人类动机的理论》中描述了人类不同需要的理论，认为人的需要具有层次性，从低级到高级可分为生理需要、安全需要、社交需要、尊重需要和自我实现需要五个层次。

（1）生理需要。在人类所有的需要中，排在第一位的就是生理需要。包括维持生存的需要，诸如饮食、穿衣、睡眠等。若不满足，则有生命危险。这类需要的级别最低，人们在转向较高层次的需要之前，总是尽力满足这类需要。在商务谈判中，谈判人员的生理需要主要体现在衣食住行等基本生活方面。充分满足谈判人员的生理需要，是谈判准备工作中的主要环节。

（2）安全需要。包括希望得到保护与免于威胁从而获得安全感的需要，表现为安全稳定以及有医疗保险、失业保险和退休福利等。只有生理及安全两种需要满足之后，高一层的需要才能相继产生。在商务谈判中，给对方安全感、稳定感是非常重要的，如果没有让安全需要较强的谈判对手产生这种感觉，他们将会放弃有着较大风险的大额交易，转而选择较保险的小额交易。

（3）社交需要。包括对友谊、爱情以及隶属关系的需要。当生理需要和安全需要得到满足后，社交需要就会表现出来，进而产生激励作用。这些需要如果得不到满足，就会影响员工的精神，导致高缺勤率、低生产率、对工作不满及情绪低落。在商务谈判中，应与对手建立平等友好合作的关系，营造和谐氛围，满足对方的社交需要。

（4）尊重需要。可分为自尊、他尊和权力欲三类，包括自我尊重、自我评价以及尊重别人。尊重的需要很少能够得到完全的满足，但基本上的满足就可产生推动力。包括此层次在内的四种需求都能获得满足后，最高层次的需要才能相继产生。在商务谈判中，对谈判人员的尊重不仅体现在要尊重其人格，而且要尊重其地位、身份、学识与能力。谈判中对人格的尊重主要是注意言辞，不能对对方出言不逊、进行人身攻击。

（5）自我实现需要。主要指在社会生活中充分发挥自己的价值与能力。满足这种需要，就要求完成与自己能力相称的工作，最充分地发挥自己的潜在能力，成为所期望的人物。这是一种创造的需要。有自我实现需要的人，会竭尽所能使自己趋于完美。在商务谈判中，自我实现的需要体现在追求谈判的成功，为己方争取最大化的利益。

马斯洛的需要层次理论，是按低级到高级依次排列的，他认为，只有低层次的需要得以满足之后才会产生高一级的需要，但不等于产生了高一级的需要，低层次需要就不存在了。一般的，高层次需要与低层次需要是并存的，只是高层次的需要占据主导的地位。

2.1.3　需要层次理论在商务谈判中的运用

1. 满足谈判者的各种基本需要是前提

在谈判的全过程中，应建立一种让谈判者彼此间感到融洽、轻松、和谐而不压抑的良好的商谈气氛。例如，可以通过在物质需求上安排好住宿、饮食，创造一个使双方有安全感的环境，以满足谈判者的最基本需要。特别是在谈判过程的协商统一意见阶段，更要增加社交活动来满足谈判者个人的需要。但是，自尊需要的满足往往依赖于谈判者自己内心深处对其成就所作的评价。如果谈判者对自己的成就感到满意，即满足了他对自尊的需要，那么此时他更倾向于"达成协议"，自然使谈判双方的需要层次达到较高层次，并且有希望达成双方满意的协议。

2. 满足谈判者对尊重的需要，从而达到在利他过程中实现利己

前三个层次的需要得到满足之后，谈判者需要得到包括对手的尊重、本组织的尊重以及自尊。当他非常注重自身利益时，他会认为对方对他的尊重程度取决于他赢得了多大的成果，同样与他能否达到谈判目标息息相关。因此，谈判者会想方设法取得自己的利益。遇到这种情况，我们就可以在谈判初期想方设法满足他的前三层次需要，并在利他过程中实现利己，使谈判取得成功。

3. 运用需要理论选择谈判策略

需要理论应用于谈判实践最主要的就是指导谈判策略或方法的选择。按照谈判成功控制力量大小不同进行排列，总结出以下六种基本的谈判策略或方法。

（1）谈判者顺从对方的需求。谈判者在谈判中站在对方的立场上，顺应对方的需求，从而使谈判获得成功。这种谈判最容易取得成果，当然，这种顺从战略是建立在不损害自身利益的基础上的。

（2）谈判者使对方服从其自身的需求。这种谈判策略是定向诱导式的。商店的营业员与顾客之间的"谈判"普遍使用这种方法，营业员表面上用种种热情的服务满足顾客的需要，实际上是为了销售商品，从而实现自身的利益。

（3）谈判者同时服从对方和自己的需要。这是指基于谈判双方的共同利益，为满足双方共同需要进行的谈判，最终采取符合双方利益的策略。

（4）谈判者违背自己的需要。这是谈判者为了争取长远利益，放弃某些眼前或无关紧要的利益的谈判策略。

（5）谈判者不顾对方的需要。这是一种强硬的谈判策略，即谈判者只顾自己的利益，完全忽视或者不顾对方的需要而实施的"损人利己"策略。采用这种策略的一方往往依仗自身的强者地位，以强凌弱，这不仅容易导致激烈的"你死我活"的抗争，还会使谈判出现僵持甚至破裂，同时违背了谈判双方平等互利的原则。

（6）谈判者不顾对方和自己的需要。这是一种损人不利己的做法，主要是谈判者为了达到某种特定的预期目的，完全不顾双方的需要与利益，实施一种双方"自杀"型的谈判方法。

上述六种不同类型的谈判策略，谈判的控制力量从第一种到第六种依次逐渐减弱，而谈判桌上的危机则逐渐加重。在把握与运用需求理论与谈判策略的关系上，我们首先要清晰地把握谈判者的需要及需要层次的转换，要了解人的各种不同需要在时间上是继起的，在空间上是并存的，在现实上是可交换的。

【阅读资料2-1】　　　　　　　　**令人痛苦的钟**

有一对老夫妇，退休工资并不高，却非常追求生活的格调。有一天，在翻阅杂志的时候，看到了一只作为广告背景的古玩钟，他们立刻被它迷住了。

"老伴儿，这钟好漂亮呀！我从来没见过这么好看的钟，把它摆在咱们的客厅里一定很美！"妻子说道。"确实非常漂亮！"丈夫完全赞同妻子的观点，"只是不知它卖什么价钱，广告上没有标价。"

这对夫妇太爱那只钟了，他们决定去寻找它。鉴于家庭的经济状况，他们决定以600元作为钟的最高价格，只要不超过600元，他们就买下来。功夫不负有心人，经过几个月的寻找，他们终于在一个古董展销店发现了目标。

"就是它！"妻子兴奋极了。"没错，跟杂志上一模一样，漂亮极了！"丈夫显然没有忘记自己钱包的状况，"一定要记住，我们不能超过600元！"

他们走进展厅，发现古老的挂钟的标价是850元。"算了，咱们回去吧，咱们说过不能超过 600 元的。"妻子说道。"话是这么说,"丈夫并没有死心,"我们可以试着让他们降点价,我们已经找这么久了,好不容易找到了,怎能轻易放弃呢?"

他们商量了一阵,决定由丈夫出面和售货员商谈。他们都知道 600 元成交的机会非常渺茫,丈夫甚至认为,既然已经寻找了这么长时间,那只挂钟又确实漂亮,如果能有 650 元买下来,也可以。

丈夫挺起胸脯走到售货员面前,说道:"我看到你们一只小挂钟要卖,我也看到了它的标价。现在我告诉你我想干什么,我要给你的钟出一个价,只出一个价。我肯定你会感到震惊!"他停顿了一下,观察效果,然后鼓起勇气宣布:"我的出价是 600 元。"出乎他的意料,钟表售货员没有被吓倒在地。他连眼睛都没眨一下:"给您,卖啦!"

居然在 1 秒内做成生意!售货员很满意地说:"老板整天教导我们要满足顾客的需要,并以此作为发展长期顾客的前提。你们很有诚意,我以这么低的价格卖给你们,虽然这次没赚到什么钱,但只要你们满意,觉得我们店是不会欺骗顾客的,那以后就是我们的长期顾客了,没准还会介绍别的顾客来呢?这次老板肯定会表扬我啦!"

听到售货员的回答,丈夫的第一反应是什么?兴高采烈吗?他对售货员的反应表示惊讶,心里默念道:"我真傻,我应该只出 500 元或者更少的。"他的第二个反应是:"是不是我听错了?要不就是这只钟有毛病!"

尽管如此,他还是把钟挂在客厅。挂钟美丽极了,与客厅的环境也非常和谐,但丈夫总感觉这里面有什么不对头。每天晚上,他都会想起来看看钟是不是还在走。他一天到晚忧心忡忡,总以为这只挂钟很快就会散架,用不长,因为钟表售货员最后仅以 600 元的价格把这只钟卖给了他们。

资料来源:https://wenku.baidu.com/view/118d4114a300a6c30c229fe8.html。有删改。

2.2 原则谈判理论

1980~1981 年,哈佛大学举行了两次大型的谈判方法研讨会,提出了新的谈判方法——原则谈判法。研讨会的主席罗杰·费雪尔和副主席威廉·尤利成为这一新理论的代表人。

2.2.1　原则谈判理论的涵义

原则谈判理论被提出之前，人们通常将谈判分为硬式谈判和软式谈判两种风格。其中，硬式谈判又叫立场型谈判，谈判者将其视为一场意志力的竞争，在这种竞争中谁的立场越强硬，他最后获得的收益也越多；软式谈判又称为友好型谈判，谈判者可以为达成协议而让步、妥协，尽量避免冲突，总是希望通过谈判签订一个让大家都满意的协议或者至少签订一个满足大家基本利益的协议。

原则谈判理论的实质是根据价值来达成协议，寻求双方各有所获的方案。双方利益发生冲突时，坚持根据客观标准来做决定，而不搞"意志力竞赛"。该理论集中于利益原则、互惠方案原则及公平标准原则，因此原则谈判法又称为价值谈判法。它既不属于软式谈判，也不属于硬式谈判，而是介于两者之间。

根据罗杰·费雪尔等人关于原则谈判理论的思路，可归纳出以下四个基本要点。

（1）人。谈判者需将谈判过程中人的因素与问题的因素区分开来。

（2）利益。谈判者应该关注双方实质性的利益，着眼于利益的平衡，而不是立场的调和。

（3）方案。为了共同的利益，谈判者要努力创造各种可供选择的、彼此受益的解决方案。

（4）标准。一旦谈判时遇到利益冲突，谈判者应该坚持使用客观标准。

谈判时运用原则谈判法，即使被对方识破，也可以继续进行，如果对手也懂得此法，那么谈判更易开展，因此原则谈判法适用性较广。

2.2.2　原则谈判法的内容

1. 把人与问题分开

在谈判中，人们不仅希望自己的实质性利益得到满足，而且也希望与对方有一种和谐的关系。实质性利益和关系利益很容易混淆。其原因：一是认为只有在实质利益上让步才能建立良好的关系；二是将对方关于事实的陈述误解为对自己的不满或攻击。

谈判时一定要将"物的问题"（如价格、付款条件等）和"人的问题"（如看法、情绪等）分开处理。处理"人的问题"，要从看法、情绪、本意三方面着手，注重引导、沟通。当对方的看法不正确时，应寻找机会给他纠正；如果对方情绪太激动，就应该给他创造发泄情绪的机会；发生误解时，就要加强沟通，消除误解。

在谈判中，不仅要处理别人的"人的问题"，也要注意处理自己的"人的问题"，自己也有看法不全面、情绪太激动或不够耐心倾听对方意见的时候，所以要不断审视自己，避免陷入无效的指责中。

2. 重点是利益而非立场

在谈判中，双方的立场和利益通常有冲突。要达成协议，调和双方利益比调和双方立场更重要。原因主要有三个：第一，利益是立场的基础，追求某一种利益时一般可以通过不同的立场来体现；第二，利益的满足可以通过多种途径与方式，人们通常只是习惯地选择最明显的方式来满足自己的利益，如果仔细分析对立的立场背后各自的利益，也许就能发现一种可以同时满足双方需求的方案；第三，在对立的立场背后，除了冲突的利益，还会有共同利益和互补利益。

3. 提出多种可供选择的谈判方案

原则谈判理论认为，当谈判者处于某种压力之下时，制订出最佳的谈判方案是比较困难的，特别是在谈判现场。真正富于创造性的谈判，各方能在保护己方的前提下，提供尽可能多的谈判方案以供选择，最终选择其中能最大限度满足各方需求的方案达成协议。

要提出创造性选择方案，必须注意四点：首先，将提出方案的过程与评价方案的过程分开，通过头脑风暴法积极构造方案，然后再决定是否可行；其次，谈判时不能一开始就想得到唯一的最佳方案，而要提出多种选择方案，共同筛选、加工成符合实际的可用方案；再次，努力寻求共同利益，尽量使不同利益变为互补利益；最后，不能以自身利益来考虑问题，也要站在对方的立场，以兼顾对方利益为原则，研究出对方易于做出决策的方案。

4. 坚持使用客观标准

原则谈判理论主张依照原则，而不是依照压力进行谈判，谈判者应当把注意力集中在问题的价值上面，而不是双方的耐力方面。双方利益有冲突的事实是无法摆脱的。解决这一矛盾的最佳途径是坚持使用客观标准。客观标准应该具有公平性、有效性和科学性，它必须独立于各方主观意志之外，必须符合双方所在国的法律，还必须切实可行。谈判中采用的客观标准包括科学的衡量标准和公平的处理程序。常用的衡量标准有：成本、效率、市场价值、专业惯例。

原则谈判理论强调，在用客观标准进行谈判时要把握三点：第一，每个问题都以双方共同认可的客观标准来确定；第二，理性确定标准及标准的应用；第三，不屈服于压力，只依据原则。

2.2.3　原则谈判法的三个阶段

原则谈判法为商务谈判建立了一个可以借鉴的框架，在实际运用过程中可以分为如下三个阶段。

第一阶段：分析阶段

这一阶段，谈判人员对谈判双方的情况进行分析，争取做到知己知彼。此阶段的关键是：尽可能利用各种有效的途径获取信息，对信息进行整理、组织、过滤，并对整体谈判形势做出预估、判断。

关于人的问题，谈判者要考虑：谈判各方都持有什么样的态度、想法？双方对同一个问题有没有认识上的分歧？有没有敌对情绪？存在什么样的交流障碍？

关于利益问题，谈判者应考虑并认知各方的利益所在，双方是否存在共同的利益？若存在彼此矛盾的利益，是否可以协调？

关于方案问题，谈判者应审核既定的谈判方案，考虑是否存在可供选择的谈判方案。

关于标准问题，谈判者应该熟知作为协议基础的谈判标准，并思考是否存在可以划分利益的公平标准？

第二阶段：策划阶段

这一阶段，谈判者在分析信息、判断谈判形势的基础上，进一步进行周密的策划。此阶段的关键是：要求谈判人员利用创造性思维，策划如何实施谈判。谈判者需要再一次思考以下四个方面。

关于人的问题，谈判者要对可能遇到的人的问题作出解决方案的策划，考虑若出现双方认识上的差异，如何解决？若出现了双方情绪上的冲突，又如何解决？

关于利益问题，谈判者应考虑在己方的各种利益中，哪些利益是对己方非常重要的？哪些利益是对对方非常重要的？用什么样的方法可以满足双方的要求？

关于方案问题，谈判者应考虑用什么样的方法可以找出最终双方都能接受的解决方案？如何让双方摆脱僵局？

关于标准问题，谈判者应找出供最终决策的客观标准。如双方各不让步，哪些标准可以用来公平地划分利益？

第三阶段：讨论阶段

这一阶段是谈判双方讨论交流阶段。此阶段的关键是：要谈判各方充分讨论交流，努力达成协议，同样还要根据以下四个原则来开展。

关于人的问题，要探讨观念的差异，让对方发泄挫折和郁闷的情绪，努力克服交流的障碍。

关于利益问题，谈判双方都要充分了解并关注对方的利益所在，使用各种方式进一步证实对方的利益所在。

关于方案问题，双方都应积极配合对方在互利基础上寻求谈判解决方案。

关于标准问题，对于相冲突的利益，努力以客观标准划分利益，并达成协议。

2.2.4　原则谈判理论在商务谈判中的运用

原则谈判的应用首先要求谈判双方能够仔细地在冲突性立场的背后努力寻求共同的利益；其次，要求谈判双方地位平等，没有咄咄逼人、以强凌弱的强势，也没有软弱无力的退让。

原则谈判是一种既注重理性又注重感情，既关心利益也关心关系的谈判风格，在谈判活动中的应用范围很广泛。实践证明，应用这种谈判方法达成的协议，在履行过程中比较顺利，毁约、索赔的情况也比较少。

有很多谈判过于强调立场与原则，双方均不做出退步，僵持不下，导致谈判以失败告终。在这个过程中，许多人忽略了可能在对立的立场背后除了利益的冲突还有可能存在彼此兼容的利益，结果在双方的僵持下，都造成了利益的损失。

让步的谈判并不代表失败，我们反对的是为了达成协议、促成谈判，没有原则的让步。有经验的谈判者会用自己不重要的条件去交换对方无所谓但对自己很重要的条件，这就是双赢。因此，在谈判中利益的交换是很重要的。能否得到一个双赢的谈判结果很大程度上取决于能否正确识别利益因素对双方的重要性。

【阅读资料 2 - 2】　　　　　　　谈判带来双赢

日本一家公司向中国某公司购买电石，正值双方交易的第五个年头。

谈价时，日方在前一年每公吨压价 40 美元的基础上，又要压价 30 美元/公吨，即从每公吨 410 美元压到 380 美元。日方声称，他们已拿到多家报价，有每公吨 430 美元的，有 370 美元的，也有 380 美元的。但据中方了解，370 美元/公吨是个体户报的价格，430 美元/公吨是生产能力较小的工厂供货。

于是，生产厂的厂长与中方公司的代表共 4 人组成了谈判小组与日方谈判，由中方公司代表为主谈。谈判前，工厂厂长与中方公司代表对谈判底价进行讨论，工厂方面认为可以在 380 美元成交，因为工厂需要订单维持连续生产；公司代表则表示，对外不能说，价格水平他会掌握。公司代表又向其主管领导汇报，分析价格形势。主管领导认为价格不取最低，因为中方是大公司，讲质量、重服务，谈判中可以灵活，但步子要小。若在 400 美元以上拿下则可成交，拿不下时把价格定在 405 ~ 410 美元之间，然后由主管领导出面谈判，请工厂配合。中方公司代表将此意见向工厂厂长转达，并达成共识，要和工厂厂长一起在谈判桌上争取该条件，中方公司代表担任主谈。

经过交锋，价格仅降了 10 美元/公吨，以每公吨 400 美元成交，比工厂厂长的成交价高了 20 美元/吨。中日双方对这次谈判都十分满意。

资料来源：http://www.docin.com/p - 1509445427.html。有删改。

2.3　博弈理论

由于商务谈判冲突性与合作性并存的特点，导致博弈论在商务谈判中被广泛应用。商务谈判不是简单地交涉与协商，而是谈判双方的一场博弈，是一种选择合作或非合作的博弈过程。

2.3.1　博弈论概述

1. 博弈与博弈论
博弈即一些个人、团队或组织，在一定的环境中和一定的规则约束下，依据所掌握的信息，同时或先后，一次或多次，从各自允许选择的行为或策略进行选择并加以实施，从中各自取得相应结果或收益的过程。

博弈论原意是指在下棋等休闲娱乐活动中，对弈双方在遵守游戏规则的基础上，通过分析对手可能采用的方法有针对性地选择相应的策略或计谋，以制胜对方的理论。后来，博弈论被引申为在研究各方策略相互影响的条件下，理性决策人的决策行为理论。

博弈思想最早产生于古代军事活动和游戏活动，众所周知的田忌赛马就是典型的博弈论例子。博弈论正式发展成一门学科则是在20世纪初。1928年，冯·诺依曼证明了博弈论的基本原理，宣告了博弈论的正式诞生。1940年，划时代巨著《博弈论与经济行为》由冯·诺依曼和摩根斯坦共同完成，书中将2人博弈推广到n人博弈结构，并将博弈论系统应用于经济领域，标志着现代系统博弈论的形成。不久，约翰·纳什利用不动点定理证明了均衡点的存在，为博弈论的一般化奠定了坚实的基础。20世纪50年代以来，在纳什、海萨尼、泽尔腾等人的努力下，博弈论终于成熟，并进入应用阶段。

2. 博弈的分类

博弈根据不同的基准有不同的分类。

（1）合作博弈与非合作博弈。一般认为，博弈主要可以分为合作博弈和非合作博弈。合作博弈和非合作博弈的区别在于相互发生作用的当事人之间有没有一个具有约束力的协议，如果有，就是合作博弈，如果没有，就是非合作博弈。"囚徒困境"就是著名的非合作博弈的例子，指每一方都追求最大利益，但实际却并非如此。

"囚徒困境"是1950年阿尔伯特·塔克（Albert Tucker）任斯坦福大学客座教授时，在演讲中使用的一个非常形象的例子。经典的囚徒困境如下：警方逮捕甲、乙两名嫌疑犯，但没有足够证据指控二人入罪。于是警方分开囚禁嫌疑犯，分别和二人见面，并向双方提供以下三项相同的选择：

若一人认罪并作证检举对方（即"背叛"对方），而对方保持沉默，此人将即时获释，沉默者将判监10年；

若二人都保持沉默（即互相"合作"），则二人同样判监1年；

若二人都互相检举（即互相"背叛"），这二人同样判监8年。

囚徒到底应该选择哪一项策略，才能将自己的刑期缩至最短？两名囚徒由于隔绝监禁，并不知道对方选择；而即使他们能交谈，还是未必能够尽信对方不会反口。就个人的理性选择而言，检举背叛对方所得刑期，总比沉默要少得多。试想困境中两名理性囚徒会做出何种选择？

若对方保持沉默，背叛会让自己获释，所以应该选择背叛。

若对方背叛指控自己，自己也要指控对方才能得到较低的刑期，所以也是会选择背叛。

二人面对的情况一样，所以二人的理性思考都会得出相同的结论——选择背叛。背叛是两种策略之中的支配性策略。因此，这场博弈中唯一可能达到的纳什均衡，就是双方都背叛对方，结果两人同样服刑 8 年。

从这个案例来看，只有合作才能实现整体利益的最大化。同样，在谈判中只有考虑双方利益最大化，跳出"囚徒困境"，谈判才能成功，才能实现双赢。

（2）静态博弈与动态博弈。从行为的时间序列性看，博弈进一步分为静态博弈和动态博弈两类。静态博弈是指在博弈中，参与人同时选择或虽非同时选择但后行动者并不知道先行动者采取了什么具体行动；动态博弈是指在博弈中，参与人的行动有先后顺序，且后行动者能够观察到先行动者所选择的行动。可简单理解为：同时决策的，属于静态博弈；决策或行动有先后次序的，属于动态博弈。

（3）完全信息博弈与不完全信息博弈。按照参与人对其他参与人的了解程度分为完全信息博弈和不完全信息博弈。完全信息博弈是指在博弈过程中，每一位参与人对其他参与人的特征、策略空间及收益函数有准确的信息。不完全信息博弈是指参与人对其他参与人的特征、策略空间及收益函数信息了解不够准确，或者不是对所有参与人的特征、策略空间及收益函数都有准确的信息，在这种情况下进行的博弈就是不完全信息博弈。

2.3.2　博弈论在商务谈判中的运用

1. 建立博弈模式

博弈有很多形式，我们主要借助于经典博弈问题分析，建立谈判合作的一般模式。比如：甲先生和乙先生为谈判双方，甲先生要转让一家超市，乙先生想接手经营；这家超市对甲先生来说是 10 万元的利润，乙先生则认为其市场价值为 12 万元。所以交易时，甲先生要价 10 万元以上，乙先生只愿支付 12 万元以内的价格，双方之间有个差额，这就是谈判的余地。假如交易是完全自愿的，交易会在 10 万 ~12 万元的某个点上成交，假定成交价格为 11 万元，则双方分别获得了 1 万元谈判剩余利益。

可见，在谈判中，只有双方合作、谈判成功，才能有谈判剩余。

2. 博弈谈判过程

（1）建立风险价值。风险价值是指打算合作的双方对所要进行的交易内容的评估确定。例如，要购买的货物，估计可能价值是多少，最理想的价格是多少，总共需要多少资金，其他的附带条件是什么，可接受的最高价是多少，等等，其中包括产品风险、资金风险、舆论风险、社会风险等。风险价值是双方谈判的基础，没有风险价值是构不成谈判的。

（2）确定合作剩余。合作剩余即合作比不合作增加的价值。如何进行分配是最关键的问题，双方讨价还价、斗智斗勇，就是为了确定双方的剩余。合作剩余的分配一般取决于双方实力的对比和谈判策略与技巧的应用。谈判不是将一块蛋糕拿来以后商量怎么分，而是想把蛋糕做大，让每一方都多分点，即变和博弈，也就是说博弈的结果是各方利益都增加了。在上例中，甲先生与乙先生有"合作"和"不合作"两种结果，"不合作"是双方谈判失败，甲先生仍保留他的超市，乙先生仍保留他的资金，双方利益总和为 22 万元。"合作"是指双方在 10 万~12 万元之间达成协议，超市成功转让，由于成交价分别高于和低于他们各自的风险值，因此获得了谈判增加的利益，增加的利益之和刚好是 2 万元，利益总和 24 万元。可见，"合作"比"不合作"增加了 2 万元的利益。

（3）达成分享剩余的协议。如果难以继续谈判，双方就不能进行有效的合作，也就无法创造出新的价值，实现更大的利益，同时也有可能使自己自身的利益受损。达成协议，是谈判双方分享合作剩余的保证，也是维系合作的纽带。

2.3.3　博弈论带来的启示

1. 树立"双赢"理念是谈判双方合作的前提

博弈反映的是单方最大利益和合作所得利益之间的矛盾，在个体看来最有利的选择，则可能带来整体的不利。一场成功的商务谈判，应该是双方的预期目标都得到满足，并为此达成协议，同时融洽和改善彼此的合作关系。

2. 沟通是双赢的手段

如果谈判双方没有沟通，则根本无法达成双赢。

3. 诚信是双赢的关键

双方通过沟通达成共识后，诚信成为达成双赢的必经之路。

4. 信息是双赢的法宝

在谈判实践中，谈判者面对的信息五花八门、千差万别，既有真实信息也有虚假信息，既有有用信息也有无用信息，这就要求谈判者必须具有敏锐的辨别信息和处理信息的能力。

5. 一次性利益和长远利益的关系

谈判双方对合作时间长短的预期，会影响其利益选择行为。如果谈判当事人认为合作时间是有限的，往往会做出不顾对方利益而单纯追求己方一次性利益最大化的选择；如果谈判当事人认为合作是长久的，则会兼顾一次性利益和长远利益。

【阅读资料 2-3】　　　　　　　　合作剩余之外的收益

江苏仪征工程是世界上最大的化纤工程，该项目引进了国际上最先进的技术设备，与多家公司合作。但是，在与前西德吉玛公司的合作中，发现从对方引进的圆盘反应器有问题，并给中方造成了重大的经济损失，由此引发了中方对德方的索赔谈判。中方提出了索赔1100万德国马克的要求，而德方只认可300万德国马克。由于双方要求差距太大，几个回合之后，谈判搁浅了。中方谈判首席代表、仪征化纤公司总经理任传俊反复考虑，决定以情为重，真诚相待。他提议陪德方公司总经理理扬·奈德到扬州游览。

在大明寺的鉴真和尚面前，任传俊真诚地说："这里纪念的是一位为了信仰，六度扶桑，双目失明，终于达到理想境界的高僧。""你不时常奇怪日本人对华投资比较容易吗？那是因为日本人理解中国人重感情、重友谊的心理。你我是打交道多年的老朋友了，除了彼此经济上的利益外，就没有一点个人之间的感情吗？"理扬·奈德深受震动。

双方从扬州直接回到仪征，谈判继续。任传俊开门见山地说："问题既然出在贵公司身上，为索赔花太多的时间是不必要的，反正要赔偿。"理扬·奈德耸耸肩膀："我在贵公司中标，才1亿多美元，我无法赔偿过多，总不能赔本干。"任传俊紧跟一句：

"据我得到的消息，正是因为贵公司在世界上最大的化纤基地中标，才得以连续在全世界15次中标，这笔账又该怎么算呢？"对方语塞。

随后，任传俊直率地说："我们是老朋友了，打开天窗说亮话，你究竟能赔多少？我们是重友谊的，总不能让你被董事长敲掉饭碗。但你也要为我想想，中国是个穷国，我总得对这里的1万多名建设者有个交代。"中方这种实事求是的态度，终于感化了德方，最终以德方赔偿800万德国马克达成谈判协议。

资料来源：https：//u. sanwen. net/subject/lwxjfqqf. html。有删改。

2.4　行为理论

20世纪70年代后期，认知革命兴起，对谈判心理学产生重大影响。20世纪80年代和90年代，对谈判心理学的研究转向行为决定研究。描述性研究和规定性研究之间有了更多的相互影响，并促进了谈判的行为决定研究发展。

2.4.1　行为的涵义

行为心理学认为，只有受行为环境调节的行为，才可称作行为。这将行为限定在了特定的环境下，换句话说，行为受环境影响。特定的行为环境的影响，使行为最终得以发生。

行为心理学还指出，就发生的方式而言，人的一切行为都是一种反射。特定的环境定位会使人的意识或潜意识发生变化，这种变化有的是人们可以感受到的，有的则无法感知到，但它确实客观存在和发生着。正是由于这些内在的意识及潜意识的变化，引起表层现象对此发生反射，使其暴露。

环境刺激是作用于有机体，并引起有机体感应的环境因素。外部环境的刺激是人们行为反应的最初原因，行为反应是环境刺激引起的结果。在环境刺激及行为反应中，存在着一系列复杂的过程，就像是小麦进入机器被加工，进去的是一粒一粒的小麦，经过中间机器的复杂加工，出来的是成品面粉。这中间的加工过程复杂，不去深究，但是可以把中间的加工过程归结于那个机器。在行为反应与环境刺激的中间环节也有一个这样的加工机器，它复杂，但是却可以很好地解释为什么环境刺激从这边进去，行为反应从那边出来。而这个机器也可以为人类所用，掌握它的原理，并学会操作它，便可以了解其中的因果关系。

2.4.2　行为理论在商务谈判中的运用

人的意识或潜意识都将通过其外在的行为显露出来，内部心理过程最终决定人的特定的行为。而在整个环境刺激到行为反应的过程中，人的内部心理过程始终处于中心的地位。因此，应用行为心理学可以帮助谈判者根据谈判对手某些下意识的行为来推测其心理，以便采取合适的对策，运用相应的环境刺激，使对手做出己方希望的行为反应。

运用行为理论谈判时，谈判者要注意以下三点。

（1）首先要认真观察，明白行为背后的心理原因。在谈判中，不仅要注意对手的言语、语气，更要注意观察对手的一举一动。细小的肢体语言往往能暴露出更多的真实信息。比如，在思考时可能会皱眉头，对所说的话极不自信时可能会单肩耸动；高兴时嘴角会翘起，面颊上抬起皱，眼睑收缩，眼睛尾部会形成"鱼尾纹"；一个人说谎时，会不自觉遮掩嘴部，或摸鼻子、摸耳朵，或揉眼睛、搔脖子。此外，嘴巴、眼睛、眉毛、鼻子等处都能暴露人的心理。谈判者要仔细观察，尤其当对方说出表示同意或不同意而肢体语言却显示相反时，要做进一步判断。

（2）运用条件反射，通过环境刺激，掌握对手行为、人的行为无不是条件反射的结果，在观察对手行为、掌握其心理情绪后，便可采取相应的刺激方式，推动对手做出己方希望的反应，从而将主动权牢牢地控制在己方手中。

（3）运用行为心理学，进行自我保护或刻意引导。谈判者应多锻炼自己的谈判能力及行为心理学的运用能力，学会克制自己的情绪，隐藏自己易暴露情绪的行为，从而避免自身陷入被动的境地。

【阅读材料 2 - 4】　　　　　日本某知名企业谈判实例

2010 年，日本某知名企业与客户的谈判进行到最后一天，双方争执不下，都不让步。及至中午用餐时间，谈判依旧在进行。日方注意到对方谈判人员表现出不停地摩擦椅子把手，并不自觉地习惯性地碰撞水杯。而此时尽管午餐已准备好，日方却不急不躁，采用消磨的谈判方法，一旦对方不同意自己的条件，便以"慢慢谈"回应，最终

> 对手答应了本不愿答应的条件，日方取得完胜。
>
> 　　手摩擦椅子或不自觉碰撞水杯这样的小动作在行为心理学上被认为是一种想要赶快逃离的难耐的心理情绪的外在表现。当谈判对手有这样的行为表现时，日本企业谈判者通过观察与推测即可知对方是急于结束谈判去用餐，进而采取拖延的做法，加剧对手的急躁感，使其迫于自身心理情绪而答应日方条件。

　　资料来源：潘苗："行为心理学在国际商务谈判中的应用与分析"，《现代经济信息》2012 年第 16 期，第 243 页。有删改。

本章习题

一、单选题

1. (　　) 是有机体缺乏某种事物时产生的一种主观状态，是有机体受到客观事物某种需求刺激的反映。

　　A. 需要　　　　　　　　　　　B. 需求

　　C. 欲望　　　　　　　　　　　D. 动机

2. 马斯洛需要层次理论中处于最高级的是 (　　)。

　　A. 安全需要　　　　　　　　　B. 社交需要

　　C. 尊重需要　　　　　　　　　D. 自我实现需要

3. 以下不属于原则谈判理论的基本要点的是 (　　)。

　　A. 人　　　　　　　　　　　　B. 立场

　　C. 利益　　　　　　　　　　　D. 方案

4. 1928 年，(　　) 证明了博弈论的基本原理，从而宣告了博弈论的正式诞生。

　　A. 约翰·纳什　　　　　　　　B. 摩根斯坦

　　C. 冯·诺依曼　　　　　　　　D. 阿尔伯特·塔克

5. "囚徒困境" 怎样做可以使双方利益最大化 (　　)。

　　A. 两囚犯都坦白　　　　　　　B. 两囚犯都不坦白

C. 一名囚犯坦白，另一名囚犯不坦白　　　D. 以上都不对

二、多选题

1. 需要的特点包括（　　）。

　　A. 对象性　　　　　　　　　　　B. 确定性

　　C. 紧张性　　　　　　　　　　　D. 层次性

　　E. 单向性

2. 原则谈判法的三个阶段分别是（　　）。

　　A. 分析阶段　　　　　　　　　　B. 策划阶段

　　C. 实施阶段　　　　　　　　　　D. 讨论阶段

　　E. 总结阶段

3. 根据博弈论，商务谈判程序应包括（　　）。

　　A. 建立风险价值　　　　　　　　B. 制定合作规则

　　C. 确定合理剩余　　　　　　　　D. 达成分享剩余协议

　　E. 形成风险共识

三、名词解释

1. 需要　　2. 动机　　3. 原则谈判理论　　4. 变和博弈　　5. 完全博弈

四、简答及论述题

1. 马斯洛需要层次理论的主要内容是什么？

2. 原则谈判法的主要内容包括哪些？

3. 运用行为理论在谈判中需注意哪些问题？

4. 试论述"囚徒困境"。

5. 试论述博弈谈判的过程。

案例讨论

玻璃制造商做成石油大生意

曾经有一个名不见经传的商人，正是凭借需要层次理论打败了远比他强大得多、看上去占尽优势的竞争对手而获得了谈判的成功。这个商人叫图拉德，在 20 世纪 60 年代中

期，他只是一家玻璃制造公司的老板。但是，作为一个自学成才的石油工程师，他希望能做石油生意。一天，他从一个朋友那里得知，阿根廷即将在市场上购买 2000 万美元的丁烷气体，他就去那里看看是否能谈成这笔生意。

在阿根廷，他既没有石油界的关系，也没有经验可言，只能凭着一股勇气硬闯。当时他的竞争对手是非常强大的英国石油公司和壳牌石油公司。

但是，在进行了一番摸底以后，他发现了一件事：阿根廷的牛肉供应过剩，正想不顾一切地卖掉牛肉。单凭这一事实，他就已经获得了竞争的第一个优势。于是，他告诉阿根廷政府："如果你们向我买 2000 万美元的丁烷气体，我一定向你们购买 2000 万美元的牛肉。"他以买牛肉为条件，争取到了阿根廷政府的合同。

图拉德随即飞往西班牙，那里有一家主要的造船厂因缺少订货而濒临关闭，它是西班牙政府所面临的一个政治上棘手而又特别敏感的问题。他又告诉西班牙人："如果你们向我购买 2000 万美元的牛肉，我就在你们造船厂订购一艘造价 2000 万美元的超级油轮。"西班牙人不胜欢喜，通过他们的大使传话给阿根廷，将图拉德 2000 万美元的牛肉直接运到西班牙。图拉德的最后一站是美国费城的太阳石油公司。他对他们说："如果你们租用我正在西班牙建造的价值 2000 万美元的超级油轮，我将向你们购买 2000 万美元的丁烷气体。"太阳石油公司同意了。就这样，一个玻璃制造商成功地做成了 2000 万美元的石油交易，而他的竞争对手只能自叹不如。

？ 思考讨论题

1. 本案例给我们哪些启示？
2. 在商务谈判中，有哪些基本理论可以运用？

第 3 章

商务谈判程序

本章导读

不同类型的谈判，其过程或复杂或简单，但都需要遵循一定的程序。正式谈判一般可以分为准备阶段、开局阶段、报价阶段、磋商阶段、成交阶段以及谈判后管理阶段。本章介绍了谈判各阶段的概念和做法、应采取的策略和注意的问题。通过本章学习，有助于我们对开展商务谈判活动的程序有一个系统而又全面的认识。

知识结构图

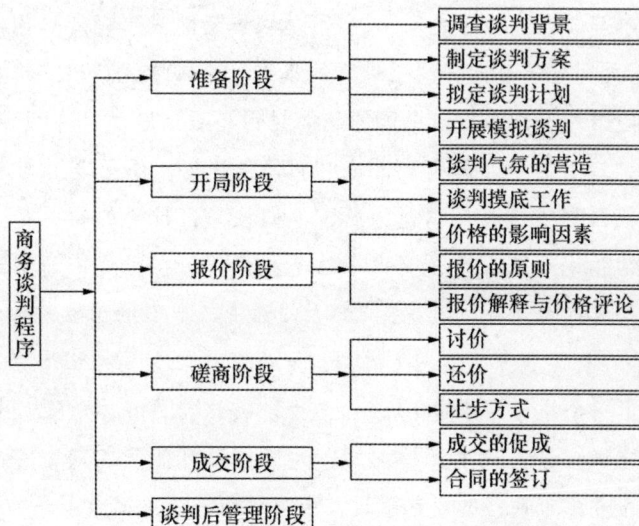

【开篇案例】 日本人如何获知大庆油田的奥秘

在商务谈判中，必须十分重视情报信息的收集和掌握，及时、准确地了解与标的对象有关的市场行情，预测分析其变化动态，以掌握谈判的主动权。如在20世纪60年代，中国与日本进行的石油设备交易谈判就是一个有代表性的例子。

1959年9月26日，在松辽地区具有工业价值油流的第一口探井——松基三井开始喷油，标志着大庆油田的诞生。1960年5月16日，大庆油田第一口生产油井7-11井投产出油。当时，由于中国对于大庆油田的这些情况尚未在国内外公布，绝大多数中国人也不知道大庆油田到底在什么地方，而日本因为战略上的需要，极为重视中国石油的发展。当听说中国正开发大庆油田时，日本人始终不明底细，于是就把摸清大庆油田的详细情况作为情报工作的重中之重。

首先获得突破的是日本三菱重工财团的信息专家。1964年4月19日，中央人民广播电台播出《大庆精神大庆人》的报道。第二天，《人民日报》又专门撰文报道。三菱重工的专家们据此判断，中国的大庆确有其事，但他们还不清楚大庆的具体位置。在1966年7月的一期《中国画报》上，他们看到一张照片：大庆油田的"铁人"王进喜头戴大狗皮帽，身穿厚棉袄，顶着鹅毛大雪，手握钻机刹把，眺望远方，在他背景远处错落地矗立着星星点点的高大井架。唯有中国东北的北部寒冷地区，采油工人才需要戴这种大狗皮帽和穿厚棉袄，专家们由此断定："大庆油田是在冬季为零下30度的北满，大致在哈尔滨与齐齐哈尔之间"，但具体位置仍然没有确定。同年10月，《人民中国》杂志第76页刊登了石油工人王进喜的事迹。事迹中说，以王进喜为代表的中国工人阶级，为粉碎国外反动势力对中国的经济封锁和石油禁运，在极端困难的条件下，发扬"一不怕苦，二不怕死"的精神，抢时间，争速度，不等马拉车拖，硬是用肩膀将几百吨采油设备扛到了工地。据此分析，他们认为，最早的钻井是在安达东北的北安附近，而且从钻井运输情况看，离火车站不会太远。在报道中还有这样一句话：王进喜一到马家窑，看到大片荒野时说："好大的油海，把石油工业落后的帽子丢到太平洋去。"于是日本人从伪满洲旧地图上看到：马家窑是位于黑龙江海伦县东南的一个小村，在北安铁路上一个小车站东边10多公里处。就这样，日本人彻底搞清楚了大庆油田的确切位置：马家窑是大庆油田的北端，大庆油田可能是北起海伦的庆安，西南穿过哈尔滨市与齐齐哈尔市铁路的安达附近，南北达400公里的范围。

搞清了位置，日本人又对王进喜的报道进行分析。王进喜原是玉门油矿的 1259 钻井队队长，是 1959 年 9 月在北京参加国庆之后自愿去大庆的。从王进喜所站的钻台油井与他背后隐藏的油井之间的距离和密度断定，大庆油田在 1959 年以前就进行了勘探，并且大体上知道了油田的大致储量和产量。1964 年，王进喜参加了第三次全国人民代表大会。日本人认为，大庆油田不产油，王进喜肯定不会当选人大代表。因此，他们认为这时候大庆油田已经开始大量产油，但炼油规模又如何呢？1966 年 7 月，他们在《中国画报》上发现了一张炼油厂反应塔的照片。根据反应塔上的扶手栏杆的粗细与反应塔的直径相比，得知反应塔的内径长为 5 米。加之《人民日报》刊登的国务院政府工作报告，他们进一步推算出大庆的炼油能力和规模、年产油量等。至此，他们比较全面地掌握了大庆油田的各种情况，揭开了当时尚未公布的一些秘密。

在对所获信息进行剖析和处理之后，根据中国当时的技术水准和能力及中国对石油的需求，三菱重工断定中国必定要大量引进采油以及炼油设备。三菱重工立即集中相关专家和技术人员，全面设计出了适合中国大庆油田的设备，做好了充分的夺标准备。不久，中国政府向国际市场寻求石油开采设备，三菱重工以最快的速度和最符合中国所要求的设计、设备，一举中标，获取了巨大的商业利益。

资料来源："日本人如何获知大庆油田的秘密"，http://blog.sina.com.cn/s/blog_48679f1a0100gwoe.html。

不同类型的谈判，其过程或复杂，或简单，而复杂的谈判过程和简单的谈判过程区别很大。一般来讲，正式谈判可以分成准备阶段、开局阶段、报价阶段、磋商阶段、成交阶段和谈判后管理阶段。

3.1　准备阶段

成功的谈判，实际上是双方在坐到谈判桌之前就开始了。如果不对谈判做充分的准备，无论在谈判时有多么高明的技巧，面对已进行了充分计划和准备的对手，都将处于十分不利的地位。因此，为了更好地实现自己的谈判目标，谈判人员必须事先做好充分的谈判准备。

3.1.1　调查谈判背景

商务谈判是在特定的环境中进行的政治环境、经济环境、社会文化环境、法律环境、技术环境、自然环境等，都会直接或间接地影响谈判。谈判人员必须对上述各种环境因素进行全面系统的调查和分析，以便因地制宜地制定出正确的谈判方针和策略。

其中，对谈判对手的调查是谈判准备工作关键的一环。如果同一个事先无任何了解的对手谈判，会造成极大的困难，甚至会带来巨大的风险。谈判对手的情况是复杂多样的，主要应调查分析对方的客商身份、资金情况、资本、信用及履约能力、谈判目的和谈判人员的权限等。此外，对于对方谈判人员个体的性格、好恶、素质、谈判经验等也应了解。

"欲胜人者，必先自胜；欲知人者，必先自知。"在正式谈判前，还必须要客观洞悉自身的谈判资源和筹码，以及自身的优势与劣势。

3.1.2　制定谈判方案

商务谈判方案由领导者和有关谈判人员共同拟定，通常包含谈判目标、战略、步骤等一系列内容。它对谈判活动具有指导意义，起着重要作用。谈判方案内容应简明、具体、灵活，既罗列出谈判的主要内容和问题，又对可能发生的事项留有机动余地；此外，方案要具有预见性和可行性，既照顾双方的需要，又尽量转移双方争论的焦点。

一般而言，谈判方案主要包括谈判目标、谈判对象、谈判要点、谈判方式、谈判期限与替代方案等内容。

谈判目标是指谈判双方想通过谈判而得到的经济利益。根据对商务谈判的影响程度，可将目标分为基本目标、二级目标和掩护目标三类。基本目标是指对企业的经济利益具有根本作用的目标。在谈判中，必须保证这些目标的实现，否则宁可放弃谈判。二级目标，也称可协议目标，要努力争取，但必要时也可放弃。二级目标能否实现，很大程度上体现出谈判人员能力的高低。掩护目标具有很大的弹性成分，这类目标的提出和放弃是为了换取更高级目标的实现，在谈判中具有迷惑对手的作用。

在选择谈判对象时，通常优先考虑与本企业有良好业务关系的企业，或产品工艺、质量符合要求且实力相当的企业作为谈判的对象。

谈判要点指在谈判中对企业的经济利益最具影响力的问题或条款，其实质是谈判目标的具体化。明确谈判要点，可以使谈判人员做到心中有数，合理安排时间和进程，集中精力解决要点问题。

谈判方式包括横向谈判和纵向谈判两大类。横向谈判是采用横向铺开的方法，对所列出的各个问题同时进行讨论；纵向谈判则先集中对其中一个问题进行讨论，达成一致意见后，再进入下一个问题的磋商。在实际谈判进程中，两种方式经常是交叉进行的。

谈判期限的确定，有利于安排谈判的进度，有效使用时间，并根据情况的变化运用策略。在计划谈判期限时，不仅要规定整场谈判的大致时间，而且要细化到每个交易条件需要多长时间。期限规定应留有机动时间，以充分发挥谈判者的主动性和灵活性。

最后，一个有效的谈判方案必然要包含替代方案。有的替代方案核心内容不变，只是换了一种提法，也有的替代方案彻底推翻前方案，改换新思路。替代方案越多，谈判的灵活性越大，谈判中选择的余地就越大。

3.1.3　拟定谈判计划

商务谈判计划实际上就是谈判方案的具体化，是谈判人员为实施谈判方案、达到谈判目标而制订的具体措施。谈判计划一般包括组织谈判团队、谈判人员分工、拟定谈判议程、选择谈判时间与地点等内容。

1. 组织谈判团队

谈判的主体是人，因此，筹备谈判的第一项工作内容就是人员准备，也就是组织谈判团队。谈判队伍的素质及其内部协作与分工对于谈判的成功是非常重要的。

优秀的商务谈判人员需要具备良好的素质和能力，这也是在选拔谈判人员时应考虑的。谈判者应具备的基本素质包括以下七点。

（1）忠于职守，有团队意识。作为商务谈判人员，必须要有高度的责任心和事业心，自觉遵守组织的纪律，维护组织的利益，严守组织的机密；有团队意识，在谈判中要一致对外，积极主动。

（2）良好的观察判断能力。商务谈判人员不但要善于察言观色，还要具备对所见所闻做出正确的分析和判断的能力。

（3）善于灵活应变。随着双方力量的变化和谈判的进展，谈判中可能会出现比较大的变动。如果谈判人员墨守成规，那么谈判可能陷入僵局，或者破裂。所以，优秀的谈判人员要善于因时、因地、因事而随机应变。

（4）巧妙的语言表达能力。谈判的过程也就是谈话的过程，适宜的谈判语言能力重如千斤，谈判人员必须有熟练驾驭语言的能力。

（5）高度的自信心和创造力。优秀的谈判者要有一定的创造力，有丰富的想象力，有勇于拼搏的精神，有顽强的意志和毅力。

（6）心理承受能力。谈判人员要有广阔的胸怀、良好的修养，在顺境时不骄不躁，在逆境时保持良好的进取心态。

（7）恰当的礼仪礼节。在谈判中，礼仪礼节作为交际规范，是对对方的尊重，也是谈判人员必备的基本素养。谈判者的彬彬有礼、举止坦诚，能为谈判营造一种和平、友好的气氛。

不同类型的谈判，需要不同的谈判人选。大型谈判的团队，要有控制全局的谈判领导者，还要有主谈人员、商务人员、技术人员、法律人员、翻译人员及其他的辅助人员。在组建团队时，要注意谈判者之间知识与能力的互补性。

2. 谈判人员分工合作

团队组建后，应进行明确的分工，使每个谈判人员都有自己适当的角色，各司其职。即要明确规定某人在何种场合下负责哪些问题，哪些问题由谁通过何种方式去回答或提出，在何种情况下何人去解决问题等。

谈判人员的配合指谈判人员之间思路、语言、策略的相互协调一致，主要有两点。一是主谈必须与辅谈密切配合。在谈判中，重要的观点和意见主要由主谈表达，辅谈要配合主谈起到参谋和支持作用。在主谈发言时，自始至终都应得到辅谈的支持，例如通过口头语言或肢体语言做出赞同的表示，或随时拿出相关证据证明主谈观点的正确性。二是在复杂的谈判中，可组织"台上"和"台下"两套班子，以提升谈判效果。台上人员是直接在谈判桌上谈判的人员，台下人员则不直接与对方面对面谈判，仅为台上谈判人员出谋划策或准备资料和证据。台下人员通常是负责该项谈判业务的主管领导，或是具有专业水平的参谋。

3. 拟定谈判议程

谈判议程包括所谈事项及次序和主要方法。典型的谈判议程应包括：谈判举行的时机和期限、谈判的期次、每期谈判花费时长、每期谈判间隔时长、谈判的地点、谈判讨论事项及顺序、每个讨论事项所占时长等。谈判议程的拟定，对整个谈判结果有着实质性的影响。一个良好的议程可使己方谈判人员始终掌握主动权，使双方交易迅速达成，而很少陷入僵局。

拟定谈判议程时，应注意系统、合理地进行人员、时间、地点的规划。若是对方提出谈判议程，则应审核议程安排的公平合理性，发现问题，及时给出修改意见和建议。此外，拟定大型谈判的议程时要留有机动时间，以保证谈判能够按照计划顺利进行，不至于因为意外情况打乱全盘谈判计划甚至终止谈判。机动时间最好安排在焦点问题谈判的第二天或谈判的最后一天。

4. 谈判时间地点

时间是影响谈判的重要因素，恰当地选择谈判时间十分重要。在选择某一场谈判的特定时间时，应考虑三点。一是己方对谈判的准备程度。当己方还没有做好充分准备时，不要轻易开始谈判。二是宏观形势的影响。最好选择在政治、经济形势相对宽松的条件下进行商务谈判。三是谈判的紧迫程度。当需要进行某项谈判时，要适当提前举行谈判；若时间已经非常紧迫，应通过恰当的方式掩盖这种紧迫性，以免对方趁机胁迫己方让步。此外，还要尽可能考虑谈判人员的情绪状况，不在疲倦、烦躁、情绪不佳时与对方谈判。

选择谈判地点时，首先要确定谈判场所。对于日常的商务谈判，最好能争取在己方办公室或会议室举行。因为在主场举行，可占据天时、地利、人和，增加一定的获胜可能性。其次，要注意谈判空间的布置。谈判室最好宽敞、舒适、幽静，不受干扰，并且交通便利；在谈判室旁边，应准备休息室，在休息室安装电话。另外，谈判桌的选择、谈判空间的色调、物品的设置、装潢的规格乃至光线的强弱，都会对谈判产生微妙而又重要的影响。总而言之，谈判空间的布置应与谈判目的、谈判气氛、谈判策略等相吻合。

3.1.4　开展模拟谈判

对于大型商务谈判，在制定好谈判计划后还要进行一次模拟谈判，即在正式谈判开始前，企业组织有关人员对本场谈判进行预演。其目的是通过模拟对手在既定场合下的种种表现和反应，检查谈判方案在实施中可能产生的效果，以便进一步修正和完善。

模拟谈判的方法主要有以下三种。

1. 全景模拟法

全景模拟法指在想象谈判全过程的前提下，企业有关人员扮成不同的角色所进行的实战性排练。虽然这种方法复杂、成本高，但最为有效，通常用于大型谈判当中。

实施全景模拟谈判，应注意合理地想象谈判全过程，并尽可能地扮演谈判中所有会出现的人物。合理的想象是全景模拟法的基础，要求谈判人员按假设的谈判顺序展开充分想象，想象在谈判中双方可能发生的一切情形，并演绎双方交锋时可能出现的一切局面，如谈判氛围、双方的策略与技巧、对方可能提的问题及己方的答复等。在角色扮演时，应指派合适的人员对谈判中可能出现的人物的言谈行为加以模仿；尤其是主谈人员，最好扮演一下谈判中的每个角色，包括自己、己方的顾问、对手及其顾问等，以便对谈判中可能会遇到的问题、人物有充分的预见，并能换位思考，完善谈判策略。

2. 讨论会模拟法

讨论会模拟法分为两步。首先，组织谈判及相关人员召开讨论会，对己方谋求的利益、对方的基本目标、对方可能采取的策略及己方对策等问题畅所欲言，并记录上报领导，作为决策参考。接着，请其他人员就谈判中可能发生的情况、对方可能提出的问题等提问，让谈判组成员来解答。在运用这种方法时，反对意见对方案的重新审核拟定特别重要，可以帮助谈判团队从多种角度和多重标准来评价方案的科学性和可行性，不断完善准备的内容，企业应加倍重视。

3. 列表模拟法

列表模拟法比较简便，适用于小型、常规性的谈判。它通过表格的形式，分别列出己方和对方的目标及策略，再对应列出谈判中应采取的措施。这种模拟方法只是尽可能搜寻问题并列出对策，并没有通过实践检验对策的可行性及有效性，主观成分相对较大。

此外，由于模拟谈判是依据谈判者主观所提出的一系列假设来制定谈判对策及采取相应措施的过程，因此，假设对模拟谈判的效果有很大影响。进行假设时应注意：假设包含对客观环境的假设、对自身的假设和对对方的假设；假设的情况必须以事实为基础，所依据的事实越多、越全面，假设的精度也越高；假设应由具有丰富谈判经验的人提出；假设必须按照正确的逻辑思维进行推理；假设具有或然性，不能将其当作必然发生的事去指导行动。

最后，模拟谈判后应进行总结，并依据总结的结果完善方案。总结主要涉及己方的有利条件及运用状况、己方的不足及改进措施、谈判信息情报掌握的完善程度，对方的观点、风格及策略，双方可共同接受的条件及各自的妥协条件等。

3.2　开局阶段

开局阶段是指谈判双方见面后，在讨论具体、实质性交易问题之前，彼此熟悉及就本次谈判的内容分别发表陈述和倡议的阶段。谈判的开局阶段，也称为非实质谈判阶段，它在很大程度上影响着整个谈判的走向和发展趋势。良好的开局将为谈判成功奠定扎实的基础，谈判人员应给予高度重视。

谈判人员在谈判开局阶段的主要任务是营造融洽的谈判气氛和进行谈判摸底。

3.2.1　谈判气氛的营造

热烈、积极合作的气氛会促使谈判双方尽快达成一致协议，而冷淡、对立紧张的气氛则会把谈判推向破裂的边缘。因此，谈判各方都力求在开局时创造一种合作、诚挚、轻松的谈判气氛。为营造良好的谈判气氛，谈判人员应做到：①注意个人形象，包括服装、仪表、语言、行为等。有经验的谈判者会从一个人的形象中看出他的性格、状态、风格。个人形象要与身份相符，服饰应该美观整洁、大方得体，同时尽可能地兼顾对方的审美习俗和审美心理。②径直步入会场，以坦诚、友好的态度出现在对方面前。神态要自然，目光的接触要表现出可亲和自信。③首次交谈时选择中性话题，如旅途见闻、天气情况、风土人情、个人经历与爱好等，以便活跃气氛，引起共鸣。在双方感情趋近、气氛和谐的情况下，慢慢地开启正式谈判之门。

当然，面对例外情况时，谈判者也可根据需要，人为地制造一种敌对的、对峙的气氛来配合谈判战术的实施。

【阅读资料 3-1】　　　　　　　赵匡胤"杯酒释兵权"

一些杰出的谈判家采取有意淡化谈判氛围，谈笑间解除对方的心理戒备，使其在不知不觉中接受了己方条件的策略。这种看似没有谈判氛围的谈判谋略实质上是一种无形的谈判氛围，使得己方可以暗度陈仓，轻而易举地达到自己的目的。《续资治通鉴长编》卷二中记载的北宋时期宋太祖赵匡胤的"杯酒释兵权"，便是其中有代表性的一例。

赵匡胤自"陈桥兵变"而"黄袍加身",做了大宋王朝的开国皇帝之后,一方面剪除异己力量,一方面谋求结束五代十国的分裂局面,加强中央集权统治。他和宰相赵普商议,应削弱藩镇的势力,夺回兵权,改变"君弱臣强"、尾大不掉的不利局面。但是怎样削藩,夺回藩镇的兵权、财权,则是历朝历代的一个非常棘手的问题。

赵匡胤经过深思熟虑,吸取了历史上因为削藩而激起兵变的教训,没有采取强硬手段,而是导演了一场"杯酒释兵权"的戏剧性场面,同手握重兵的故将举行了一场预设的没有谈判氛围的谈判,巧妙地解决了这一历史性难题。

首先,他举行宴会,邀约石守信、王审琦等大将参加。席上酒菜丰盛,场面豪华,鼓乐齐奏,热闹非凡,使得众将沉浸在一片喜悦的气氛之中,根本没有察觉到这里面还有什么计谋,解除了一切心理防线,为君臣共乐所陶醉。

其次,在宴会达到高潮时,众将处于酒酣耳热之际,赵匡胤突然大发感慨,说出了"为天子亦大艰难,殊不若为节度使之乐"的话,并道破石守信等人的部下亦难免有人重施"黄袍加身"、猎取富贵的故伎,使得石守信等人大为震撼,方知皇上猜忌已久,大祸即将来临,"兔死狗烹"的历史惨剧又将重演,即胆战心惊,惶恐不安,伏地哀怜,请赵匡胤指条生路。

最后,赵亮出谈判底牌,以富贵换兵权。赵匡胤见众将已被震慑,便开诚布公,晓谕众将,"视人生如白驹过隙,忽然而已",不如珍惜生命,交出兵权,换取高官厚爵,"日饮酒相欢以终其天年",君臣之间约为婚姻,两无猜疑,上下相安,不亦乐乎。终使众将乐于接受,顺利地达成了以富贵换兵权的协议,使得北宋王朝的专制集权得以加强和巩固。

赵匡胤精心策划的"杯酒释兵权",是一场特殊形式的谈判。从表面上看,没有谈判的氛围和迹象,实质上是将融洽与紧张的气氛交织在一起,同赋予无形的状态之中,取得了意外的成功。赵匡胤在谈判谋略的氛围营造中,可谓是匠心独运,这种谈判水平不但在后世统治者很难达到,亦令后世愧叹不如。

资料来源:景楠:《商务谈判》,对外经济贸易大学出版社2014年版。

3.2.2 谈判摸底工作

谈判者在开局阶段应注意察言观色,弄清对方谈判人员的意向、风格、策略等。行为学家研究表明，双方初次见面的头 10 分钟内，85% 的信息是靠彼此的神态和动作来传递的。若对方谈判员从容不迫、侃侃而谈，想方设法了解己方实力，肯定是一位谈判的行家里手。反之，则可能是谈判经验略为逊色的谈判者。同时，通过察言观色还可以识破对手的假象和伪装，捕捉到对方真实的内心世界，例如对方对于成交的渴望程度等。

开局阶段，在双方互相介绍之后，可以明确参加谈判人员的职级、角色，并通过谈判人员的规格，看到谈判的规格与双方的重视程度。在双方进一步明确谈判目标和议程时，可以了解双方共同追求的合作目标和谈判的大体进度，需要共同遵守的纪律和共同承担的义务。

除此之外，谈判摸底工作主要是通过开场陈述进行的，开场陈述是谈判双方借以进一步阐述自己的观点和弄清对方的观点、想法的过程。在进行开场陈述时，双方把本次谈判将涉及的内容全部提出，并就存在的分歧发表一些建设性建议或倡议。开场陈述要简短、有重点地陈述己方立场和对问题的理解。在对方陈述时则应做好三件事，即倾听、弄懂、归纳，尤其要善于思考理解对方的关键问题。开场陈述时，谈判双方的注意力应集中在自己的利益上，不要猜测对方的立场。

3.3 报价阶段

商务谈判报价不单指产品价格方面的要价，而是泛指谈判的一方对另一方提出的与整个交易相关的各项交易条件，包括商品的数量、质量、包装、价格、运输、保险、支付、商检、索赔、仲裁等方面，其中价格条件占据核心地位。

3.3.1 价格的影响因素

商品价格是商品价值的货币表现。影响价格的直接因素包括商品本身的价值、货币种类及市场供需状况等，而每一种影响因素又由许多因素决定，这就造成商品价格的复杂多变。

从商务谈判的角度看，通常要考虑商品品质与受欢迎程度、交易规模大小、需求的迫切程度、销售时机、货款支付方式、市场状况等。

1. 品质与受欢迎程度

品质是商品内在质量与外在质量的综合表现，品质的优劣很大程度上决定着价格的高低，高品质的商品通常也意味着投入成本更高。但有时，某一商品是好是坏，不同的顾客会有不同的评价标准，这种主观上的好恶可能与品质关系不大，因此商品的受欢迎程度也影响着它的价格。

2. 交易规模大小

比起小笔生意或单一买卖，大宗交易或一揽子交易更能减少价格水平在谈判中的阻力。同样的情况下，买方单次购买量大或长期购买时，即便成交价格相对低，也可以为卖方带来更为可观的利润。

3. 需求的迫切程度

如果买方带着迫切需要某种原材料、产品、技术或工程项目的心情来谈判，那么价格高低可能就不是他们关注的主要问题了，这时谈判的重点可能就是产品品质、交货期、供货数量等。如果卖方在谈判前能够及时了解到买方的境地和成交意图，就可以在报价阶段给出一个合理但略微偏高的价格，提高获利水平。

4. 销售时机变化

商品旺季畅销，淡季滞销。所以，在旺季的谈判中，商品报价偏高；而在淡季时，则不得不降价销售，以免造成库存成本增大、资金周转变缓的局面。

5. 货款支付方式

在商品买卖中，货款的支付方式很多，不同的货款支付方式对价格产生不同的影响。根据支付工具划分，货款可以采用现金、汇票、本票、支票、信用卡或产品抵偿等来结算；根据货款支付时间来划分，货款的支付方式有一次性结清货款、分期付款、延期付款、赊账等，这些都对价格有重要影响。谈判中，如能提出易于被对方接受的支付方式，将会增加成交的可能性。

6. 市场状况

报价时考虑的市场状况，一是指市场行情，二是指竞争者报价。市场行情指谈判标的物在市场上的一般价格及波动范围，它是价格磋商的主要依据。若想取得价格谈判的主动权，谈判者必须全面及时地了解市场的供求状况及趋势，了解商品的价格水平和走向。同时，竞争者的报价对卖方的决策产生影响，如果竞争者的价格比较低，买方就会以这个价格作为参照和讨价还价的条件；反之，则会对谈判中卖方的报价相对满意，使卖方在价格谈判中处于有利地位。

3.3.2　报价的原则

在商务谈判中，谈判双方既相互制约又相互统一，报价时应全面考虑各种因素的影响，通过反复比较和权衡，设法找出报价者利益与报价被接受的成功率之间的最佳结合点。具体来讲，报价时应把握以下原则。

1. 态度坦诚

报价时，各方都应保持坦诚的态度，把问题摆到桌面上进行讨论，以便妥善解决，将彼此的不同观点纳入共同利益的轨道。为此，谈判者应使己方要求合理，并平和对待对方提出的要求；双方的其它需求，则要等时机成熟、条件允许时提出。

2. 卖方报高价

卖方的报价一般都是越报越低的，因此第一次报价代表卖方想得到的最大利益。报价越高，报价者所留的让步余地也就越大。卖方第一次的高报价为以后的妥协准备了很有用的筹码。在不了解对方真实目标的情况下，这种尝试是有益的。

3. 买方报低价

如果谈判中由买方先报价，买方也应在自己合理核算的基础上，报出一个较低的价格。因为在价格磋商时，卖方会努力抬高价格，此时的报价可以为以后的议价留有余地。

4. 报价清晰完整

无论买卖双方哪一方先报价，务必使报价明确、清晰而完整，让对方能够准确了解己方的期望，以免产生不必要的误解。一方以口头报价时，对方可在较近的距离内记录要点，如所写内容有差错或遗漏，报价方人员要及时纠正或补充。

5. 态度果断坚定

谈判人员在报价时态度一定要坚定、果断、毫不犹豫，如此方能显示出报价者的信心，并给对方留下认真而诚实的好印象，夯实合作基础。

6. 不主动解释报价

报价时，谈判者不需要主动对所报价格作过多的解释和说明，因为对方肯定会对有关问题提出质询。如果在对方询问之前主动地加以说明，会使对方发现己方最关心的问题是什么，有时过多的说明和辩解反而帮助对方从中找到突破口。

【阅读资料3-2】　　　　　谈判中期望值对结果的影响

　　有两位教授进行了一次试验。他们在讨价者和还价者之间设一块挡板，使任何一方都看不见也听不见另一方的表情和声音，讨价和还价都是从桌子下面递给对方。教授给双方的指示基本是相同的，只有一点除外，那就是告诉一个人期望他能得到7.5元，而告诉另一个人是2.5元。试验的设计不偏袒任何一方。结果是：期望得到7.5元的人得到大约7.5元，被告之期望能得到2.5元的那个人得到大约2.5元。

　　实验证明，期望值较高的人能得到较好的结果，期望值低的人则会满足于较差的结果。人们在生活中制定和修订目标的方法，为我们在谈判中制定和修订目标提供了一种借鉴，即甚至当人们还没有意识到时，就已经为自己定下了目标。同时，在选择目标时，人们要权衡成功后得到的有形和无形的报偿、失败的概率及可能付出的代价。人们不能够确切地进行这种计算，但是可以根据以往在类似情况下成功和失败的概率来推断出一个最好目标。

　　愿望随成败次数的多少而高低浮动。愿望是人们根据自己能力跟别人打赌的判判标准。一个人制订的目标应该与他心甘情愿承担的风险一致。人们在谈判中制订目标就像在生活中制订目标一样，他们会在经历成功和失败之后再修改它。

　　谈判是个闭路反馈系统，目标是由买方和卖方各自制订的，然后产生相互反馈。每一种需求、让步、威胁、拖延、最后期限、权力限制以及"红脸—白脸"两种角色的评说，都会对各方的期望产生影响。"价格"随着每一个字眼和新的进展在人们头脑中上下浮动。

　　在谈判中，那些制订较高目标并专心致力于它的人，要比那些愿意低价成交的人干得好。自然，这里面也有风险，愿望高的人得到的多，但他们陷入僵局的几率也大。交易依赖于好的判断，建议谈判者尽管有风险，也要努力提高期望目标。

资料来源：冯伟：《商务谈判》，浙江工商大学出版社2013年版，第85~86页。

3.3.3　报价解释与价格评论

1. 报价解释

通常，在一方报价结束后，另一方会将己方对报价的理解进行归纳总结与复述，并要求对方做价格解释。价格解释，是指报价方就商品特点及报价的价值基础、行情依据、计算方式等所做的介绍、说明或解答。

对方通过报价方的价格解释，可以了解其报价的实质与意图。因此，报价方在报价解释时，必须遵照"不问不答、有问必答、避虚就实、口头解释"的原则，即：对方不主动问的问题，不要解释；对方所问的问题要逐一流畅地予以回答，表现出自信与诚意；对己方报价中比较实质的部分应多讲，缺少依据的部分要少讲；尽可能口头表达和解释，少用文字来表述，因为口头表达失误所产生的负面影响远小于书面表达失误。

2. 价格评论

在一方报价并作出相应解释后，对方就价格与价格解释作出的评析和论述称为价格评论。谈判方在价格评论中，可指出报价的不合理之处，或价格解释中的不实之处，为其后的磋商创造有利条件；报价方则可通过对方对报价的反馈，了解对方需求及其关注的问题，对接下来的议价有所准备。

价格评论的关键在于充分说理，以理服人。评论时要切中要害地指出对方报价中的问题，对问题逐个评论，但应心平气和，切忌态度、语气粗暴。在进行价格评论时，报价方会进一步辩解，对此，评论方不仅应当允许并注意倾听，而且还应善于引导，通过报价方的辩解了解更多的情况，使评论逐步向纵深发展。尽管评论方参加谈判的人员都可以针对报价方的报价及解释发表意见，但一定要事先精心谋划，并在主谈人的暗示下，适时、适度发言。这样既显示出内部立场的一致，又能够巩固防线，不给对方可乘之机。

价格评论过程中，报价方应沉着应答，据理力争。但对于评论方所指出的明显矛盾之处，可以适当让步，以显示交易诚意和保持价格谈判的主动地位。

3.4　磋商阶段

在价格磋商开始之前，买卖双方都会各自准备好多套价格方案，方案内设定不同的价格目标。一般来说，价格目标分为临界目标、理想目标和最高目标三个层次。临界目标是卖方的最低售价或买方的最高买价，这是双方价格谈判各自坚守的最后防线，不能突破；理想目标是谈判双方根据各种因素所确定的最佳价格方案，通常也是成交价格的实际接近目标；最高目标，即初始报价，由于该价格多是在理想价格基础上加策略性虚报部分形成的，一般不会为对方所接受，但标示了价格谈判中讨价还价的范围。

3.4.1　讨价

讨价是另一方对报价方的报价表示不认同，要求报价方重新报价或调整报价的行为。

讨价的方式有全面讨价和针对性讨价。全面讨价是指讨价者从总体的交易条件入手，要求报价方从整体上全面改善价格，重新报价，常用于复杂交易的首次讨价。这种讨价可以根据情况使用一次、两次或更多次。针对性讨价指讨价者有针对性地从交易条款中选择某些条款，要求报价者重新报价。

商务谈判中常用的讨价方法有以下五种。

（1）举证法。谈判者以市场行情、交易惯例、竞争者报价、产品成本、产品质量与性能等事实为依据，增加讨价的力度，要求报价方改善报价。这种证据要客观，至少是让报价方难以反驳或难以查证的（如竞争者的状况等）。

（2）假设法。可以假设更优惠的条件来向报价方讨价，如以更大数量的购买、更优惠的付款条件和更长期的合作等。假设不一定会真正履行，但这种方法可以帮助了解报价方可以承受的大致底价。

（3）求疵法。这种讨价法是针对报价条款的差错、失误而来的，谈判者会以严格的标准衡量报价，寻找报价中的瑕疵点，并以此作为请求调整报价的理由。

（4）沉默法。这种做法是在报价方报价后，只声明报价方必须调整价格，否则很难成交，就闭口不言。借此给报价方施加强大的心理压力，迫使其主动降价。

（5）声讨法。指在捕捉到一些报价虚高的情况后，故意声讨和指责报价方的漫天要价、没有诚意，对其进行心理加压，从而迫使其报出较实的价格。

3.4.2　还价

谈判中，针对一方报价，另一方做出的反应性报价，称为还价。还价是谈判方在讨价的基础上，根据己方的理想价格与估算的报价方保留价格，考虑策略性虚报部分，所提出的反应性报价。如果说报价规定了价格谈判中磋商范围的一个边界，那么还价将规定与其对立的另一个边界。

1. 还价前的筹划

还价前的筹划，要通过对报价内容的分析、计算，设计各种相应的方案、对策，使谈判者在还价过程中得以贯彻，以期后发制人。

2. 还价的分类

根据还价依据的不同，还价分为按可比价还价和按成本还价两种类型。按可比价还价，是指按同类商品的价格或竞争商品的价格作参照进行还价。这种方法要求所选择的参照商品具有可比性且价格合理，只有这样，还价才能使对方信服。按成本还价，是指还价方计算出所谈商品的成本，然后以此为基础，加上一定比率的利润，进行还价。这种方法的关键是所计算的成本要准确。

按照还价项目，还价可分为总体还价和分别还价。总体还价，即一揽子还价，是与全面讨价对应的还价方式。针对性还价，指对报价中的个别项目进行还价，对应针对性讨价。

3. 还价起点确定

关于还价起点的确定，以卖方报价、买方还价为例来说明。

首先，买方还价起点要低。因为还价起点低，可以给卖方造成压力并影响和改变卖方的判断及对盈利的要求，对最终成交价格起到不可忽视的作用。

其次，还价起点要接近成交目标，使对方有接受的可能性。如若价格太低会使对方失去交易兴趣而退出谈判，或使己方不得不重新还价而陷于被动。

此外，确定还价起点主要考虑报价中的含水量和成交差距大小。虽然经过讨价，卖方对其报价做出了改善，但改善的程度各不相同，因此，在还价时还应重点考虑报价水分的多少。对于含水量小的报价，还价起点相对高一些，以使对方同样感受到交易的诚意；反之，还价起点应较低。对方报价与己方价格目标的差距是确定还价起点的另一要素。差距越小，其还价起点应当较高；反之，还价起点应较低。但不论还价起点高低，均要低于己方准备成交的价格，为后续的讨价还价留有余地。

3.4.3　让步方式

没有让步就没有谈判的成功。但是在谈判中如何让步、让多少，却是一个很复杂的问题。表 3－1 假设谈判全部可让利益值为 40，有四次让步机会，来解释八种不同的让步方式。

表 3 − 1 　　　　　　　　　　　　　　磋商中的八种让步方式

	坚定式	等额式	高峰式	低谷式	渐缓式	反弹式	钓钩式	一次式
磋商时段 1	0	10	7	20	20	35	30	40
磋商时段 2	0	10	3	10	10	14	10	0
磋商时段 3	0	10	10	3	7	0	10	0
磋商时段 4	40	10	20	7	3	1	− 10	0

资料来源："八种常见的理想让步方式的特点和优缺点"，http：//www.doc88.com/p − 732497165630.html。

第一种方式是在磋商的最后阶段一次让出全部的可让利益，由于该方式使对方感觉一直没有妥协的希望，被称为坚定的让步方式。在运用这种方式时，要冒着形成僵局的危险和可能。优点是：由于在起初阶段寸利不让，若谈判对手缺乏毅力和耐性，就有可能被征服。缺点是：因谈判寸步不让，有可能给对方造成己方缺乏谈判诚意的印象，失去伙伴，风险较大。

第二种，等额式是每一次机会中都均等地让出可让利益的让步方式。优点是：让步平稳、持久，容易利益均享；遇到无时间长谈的对方时，会占上风。缺点是：低效率、成本高。

第三种是先高后低，然后又拔高的让步方式，称之为高峰式。优点是：起点恰当、适中，谈判富有变化；二期让步中的减缓步伐，易促使对方尽快拍板。缺点是：易鼓励对方继续讨价还价，二期让步使对方产生接近尾声的感觉，不利于双方建立诚信合作的关系。

第四种是先让出较大的利益，然后再逐期减让，到最后一期让出较小利益，称之为低谷式。这种方式较符合谈判讨价还价的一般规律。优点是：容易接受，先大后小的方式利于促成谈判的和局，一步比一步谨慎可避免让步失误，达成等价交换。缺点是：让步由大到小，可能使买主心情沮丧；是一种缺乏新意的让步方式。

第五种是从高到低，再到微的让步方式，称为渐缓式。这种方式体现了合作为主、竞争为辅的理念。优点是：起点较高的让步，富有诱惑力，后三期逐步让到微利，使对方产生获胜感而达成协议，并感到满意。缺点是：因开始让步大，易造成己方柔弱可欺的不良印象，强化对方进攻，头两期的大让利和后两期的小让利，易给对方产生诚意不足的印象。

第六种是前几期让步幅度大幅递减，后反弹的让步方式，称为反弹式。这种方式的优点是：让出多半利益，有可能获得对方较大的回报；最后让出小利，显示自己诚意，使对方难以拒绝签约。缺点是：开始的软弱表现，会使对方有机会变本加厉。如果前期让步遭拒绝，会令谈判出现僵局。

第七种，钓钩式是起初两期全部让完可让利益，三期赔利相让，到最后一期再讨回赔让部分的让步方式。这是具有冒险性的一种让步方式。优点是：开始两期让出全部利益，具有吸引力，利于僵局起死回生；若前两期让利不能打动对方，第三期冒险让出不该让的利益，会有诱惑力，使得对方沿着自己的思路前进。缺点是：开头两期让出全部利益，会导致对方期望增大，强化对方议价能力；额外的让利会损害自己利益，在四期讨回让利时，可能导致谈判破裂。

第八种是一次式让步，这种方式是在谈判进入让步阶段，即亮出底牌，从而达到以诚取胜的目的。优点是：一开始亮出底牌，打动对方采取回报行为，促成和局；大幅度让步，富有诱惑力；利于速战速决，降低成本。缺点是：让步方式过急，容易给对方误传还有利可图的信息，提升对方讨价的能力；一次性让利，可能导致失掉本来能够力争的利益。

3.5　成交阶段

商务谈判的结果有三种可能：谈判破裂、谈判中止和达成协议成交。谈判破裂是因为双方分歧严重导致交易失败而结束。谈判中止是双方因某种原因未能就交易内容或条件完全达成协议而结束谈判的做法，中止可由双方共同商定，也可由单方要求。而当具备了成交的条件，一方表达成交的意愿，另一方接受后，即可达成协议成交。

3.5.1　成交的促成

1. 成交意图的表达

尽管一个完整的商务谈判过程需要经历开局、报价、磋商等不同阶段，但实际谈判工作中如果具备了成交条件，在任何一个阶段都有成交的可能。因此，商务谈判人员应灵活、及时、准确地表达成交意图。根据具体谈判情境，成交意图可以被明确地表达、含蓄地表达或暗示给对方。

明确表达成交意图可用于以下几种情形：①对方有成交意向，但略有犹豫时，主动提出成交意图促使对方下决心；②对方没有提出异议也没有作出明确的反对时，主动向对方提出成交要求；③各种主要问题基本明确，特别在解决某项疑难问题之后，应该趁机主动明确地表达成交请求；④多数条件都已谈妥，对方又提出一些细节问题，对此谈判人员应加以利用和转化，明确提出成交请求；⑤对于关系好的老客户，适合直接明确地表达成交意图。

含蓄表达成交意图，即间接、委婉地表达己方成交意图，通常适用于以下情形：①在尚不能准确把握对方的成交意向时，不失面子地表达己方的成交意图；②当对方难以定夺时，使用含蓄的语言进行诱导，或用严密的逻辑进行推理，进而表达成交意图，力争使对方理解并接受；③针对具有某些特征的谈判对手，投其所好地采用含蓄方式表达成交意图，例如精明、老成、敏锐或地位显赫的谈判对手。

暗示表达法是通过语言、行为或媒介物、情景的暗示来表达成交意图。具体做法包括：①向对方强调说明现在成交对其有哪些方面的好处。②设想一切问题都已解决，询问对方交货地点、货款结算方式等，以暗示自己的成交意图。③向对方反复说明，如果现在不签约，将可能发生利润的损失；或用时间限制、存货有限等理由，暗示自己的成交意图并促使对方尽快作出成交决定。④采取结束商务谈判的某种实际行动，如将拟好的合同递呈对方签字，或开始与对方握手等。

2. 成交信号的判断

谈判对方在已经决定成交，但尚未采取成交行动时，或有成交意向但不十分确定时，常会通过语言、表情、行为等不自觉地表露其心态。

语言方面的成交信号主要有：①价格为中心的谈话。例如，一再要求降低价格，对新旧产品及有关产品反复比价，讨论支付问题等。②较多地讨论具体问题。比如询问交货的时间、产品的保养、售后服务情况等。③提出较多要求。如要求展示商品，或详细说明使用时的注意事项，或要求实地试用产品等。④对产品价格、重量等方面提出一些异议。经过一系列谈判步骤后，对方在产品价格、质量等方面再次提出问题。如，价格真的不能再低了吗？真的能保证产品的质量吗？

商务谈判人员通过观察分析谈判对手的面部表情、情绪等也可以判断其成交意向。这需要谈判者在关注对方谈吐的同时，结合谈判心理学的知识，深刻地洞察谈判对手的表情变化，及时发现成交意图，以促成交易。但要对不同民族、国别、文化背景及不同性格的谈判者的表情、动作等区别判断，不可一概而论。

除了对谈判对手的语言及表情进行观察判断，还必须通过分析谈判进展中的情形、局势的变化去进行成交判断。预示成交的情况主要有：对方乐于接受约见；对方主动索取产品样本或估价单；对方接受邀请参加商品展示会；对方在洽谈期间不再接见其他公司的有关人员；对方主动介绍公司采购（销售）人员等。

总之，只有对谈判人员的语言、表情及谈判局势进行综合判断，才能更准确地捕捉成交信号，做出正确的成交判断。

3. 回顾与分析

在真正达成交易以前，谈判人员应进行回顾和分析，包括：预先准备的谈判内容是否都已谈妥；交易条件是否与谈判目标吻合；让步条款和幅度是否合理；需要采用何种谈判结尾技巧；起草好书面协议。

3.5.2　合同的签订

合同签订应遵循以下原则：①合同当事人的法律地位平等；②在公平、自愿基础上订立合同；③当事人应诚实守信，按照合同约定履行自己的义务；④依法签署的合同具有法律约束力，并受法律保护。

签约过程中应注意以下方面。首先，尽量争取由己方起草合同文本，以掌握更多的主动权；即使做不到这一点，也要争取双方共同起草合同文本。其次，签约时必须对合同的主体进行严格的审查，包括对合同的主体、客体以及合同的签订过程的审查。再次，合同条款必须缜密、详尽，以便于合同的履行。最后，争取在己方所在地举行合同的签字仪式，尤其是国际商务谈判。因为签约地点往往决定采取哪国法律解决合同中的纠纷问题。

3.6　谈判后管理阶段

谈判结束后，不管是成功还是破裂，都要对整个谈判工作进行全面、系统的总结。总结从准备工作开始，直至结束，都要回顾、检查、分析和评定，以吸取谈判的经验和教训，不断提高谈判水平。谈判后管理包括以下几点。

1. 合同再审

虽然合同已经签字生效，在一般情况下没有更改的可能，但是如果能尽早地发现其中的不足和隐患，就可以主动地采取补救措施，尽力避免可能产生的负面影响。

2. 谈判总结

从总体上对本次谈判的组织准备工作、谈判方针、策略和战术进行再度评价，检查有哪些得失成败，今后要如何改进。同时，每个谈判者从个人的角度，对自己在该次谈判中的工作进行反思，总结经验和教训，从而有效地培养和提高谈判人员的谈判能力。

3. 关系维护

合同签字表明交易双方的关系进入了一个新的阶段。合同不仅在近期内把双方紧密地联系在一起，也为今后双方继续合作奠定了基础。因此，为确保合同顺利地履行，及深入发展未来的业务关系，应该安排专人负责同对方保持经常性的联系，使双方的关系保持良好的状态。

4. 资料管理

谈判后资料的管理包括：谈判文件的及时回收；根据谈判的原始档案或已签订的协议撰写和分发谈判纪要；谈判材料和原始档案及协议、合同的立卷归档等。

谈判资料应妥善保存，并注意保密。对该次谈判的资料，包括总结材料，应制作成客户档案妥善保存，以后再与对方进行交易时，这些材料就会成为非常有用的参考资料。在妥善保存谈判资料的同时，还应注意给予一定程度的保密。如果被对方或相关组织获知己方的谈判方针、策略和技巧方面的资料，有可能直接损害公司的利益。因此，企业对于谈判档案应严格管理，非有关人员，未经许可，一律不得调阅。

【阅读资料 3 - 3】　　　　　　商务谈判的 PRAM 模式

PRAM 模式是指谈判是由制订计划（Plan）、建立关系（Relationship）、达成协议（Agreement）、维持关系（Maintenance）四个部分和步骤组成的，同时这四个部分是相互联系、相互促进的。PRAM 模式提供了一条通向谈判成功的道路。

PRAM 模式的设计与实施有一个重要的前提，这就是必须树立正确的谈判观念，它是整个谈判模式的灵魂。这种观念包括：谈判是协商而不是比赛；谈判双方的利益关系应是互利合作关系；在谈判中除了利益关系还有人际关系；谈判不仅要关注眼前还要放眼未来。

　　PRAM 模式依次经过四个步骤，也就完成了某个具体交易的谈判过程。不仅如此，还为今后与对方的交易谈判奠定了基础。因为这四个步骤是相互联系的，前一个步骤为下一个步骤打下了基础，从而可以实现循环，形成一个连续不断的过程，如图 3.1 所示。

图 3.1　PRAM 模式运行图

　　一般的谈判者习惯于把谈判当作是一个个独立的、互不联系的过程，把双方的初次会面看作开始，而把协议的达成看作结束。PRAM 模式则不同，它把谈判看作是一个连续不断的过程，因而一次交易的成功将会导致以后交易的不断成功。

资料来源：周忠兴：《商务谈判原理与实务》，东南大学出版社 2012 年版。

本章习题

一、单选题

1. 谈判人员在谈判开局阶段的主要任务是（　　）。

　　A. 制定谈判计划　　　　　　　　　　B. 谈判气氛的营造和谈判摸底

　　C. 撰写谈判方案　　　　　　　　　　D. 相互介绍和报价

2. 关于价格评论说法，正确的是（　　）。

　　A. 价格评论的关键在于充分说理，以理服人

　　B. 评论时态度一定要严厉，不能客气

　　C. 在进行价格评论时，报价方不能辩解

D. 对于买方所指出的明显矛盾之处，也不可让步

3. （　　）是另一方对报价方的报价表示不认同，要求报价方重新报价或调整报价的行为。

　　A. 讨价　　　　　　　　　　　　　B. 还价

　　C. 再报价　　　　　　　　　　　　D. 询价

4. （　　）让步的优点是：让步平稳、持久，容易利益均享；遇到无时间长谈的对方时，会占上风。缺点是：低效率，成本高。

　　A. 一步式　　　　　　　　　　　　B. 等额式

　　C. 高峰式　　　　　　　　　　　　D. 低谷式

5. 价格为中心的谈话，较多地讨论具体问题预示着（　　）。

　　A. 对方不想成交　　　　　　　　　B. 即将成交

　　C. 没有可能成交　　　　　　　　　D. 不好判断

二、多选题

1. 模拟谈判的方法主要有（　　）。

　　A. 全景模拟法　　　　　　　　　　B. 讨论会模拟法

　　C. 列表模拟法　　　　　　　　　　D. 面对面讨论法

　　E. 以上都对

2. 谈判后的管理工作包括（　　）。

　　A. 草拟合同　　　　　　　　　　　B. 合同的再次审查

　　C. 关系维护　　　　　　　　　　　D. 资料管理

　　E. 谈判总结

3. 商务谈判的结果有（　　）。

　　A. 谈判暂停　　　　　　　　　　　B. 谈判中止

　　C. 谈判破裂　　　　　　　　　　　D. 达成协议成交

　　E. 其他结果

三、名词解释

1. 谈判目标　　2. 报价解释　　3. 价格评论　　4. 模拟谈判　　5. 全景模拟法

四、简答及论述题

1. 简述商务谈判的程序。

2. 商务谈判报价的原则主要有哪些？

3. 试论述商务谈判准备阶段的工作。

4. 试论述模拟谈判的方法及其特点。

案例讨论

店铺转让谈判案例

在阳光城商业中心闪耀着一家名叫 DEMON 的精品时尚外贸店。DEMON 店的前任店主正面临房租到期的状况，铺面急于出手。买家于 5 月中旬向卖家提出盘店意向，5 月 18 日，双方在 DEMON 店铺中开始谈判。

一开始，卖家秦先生具体介绍了店内的基本状况和装修情况，包括面积、水电、墙面、地板、货架、付款台以及其他重金属装饰品，装修成本逼近 2 万元。卖家以行业熟手的姿态，为开价说明了事实根据，算是恰到好处地拉开了谈判序幕。买家并未被卖家高屋建瓴的气势所影响，而是提出质疑："店面装修的确是有特色和个性，但是我们无从考证装修的成本，更何况目前的装修风格不一定会利用到将来我们的营业中。所以请介绍一下该店铺的其他方面。"

卖家看出了买家虽然是初来乍到，但并不是冲动情感型的租铺者，于是开口询问对方对于开店的想法。买家谈判者李先生事求是地说："我们都是跳街舞的，开店也主要是搞街舞用品和轮滑用品之类的时尚产品。"卖家对这一关键信息立即做出反应："你们做街舞用品最主要的就是服饰，这店以前就是做服饰的，你们接手以后可以直接做。并且不是每个人都喜欢那种夸张风格，你们还是应该卖一些比较大众的外贸服装，现在店里的货你们就可以直接拿去卖。"买家明白，这是卖家打算把店铺卖给他们的同时，再让他们把货盘下来。卖家继续："我在广东和成都等地都有货源，开店以后，可以帮你们拿货，保证最低价。"

此时，买家就其他方面发表意见："不过这里位置太偏了，在整条街的尾巴上，而且是个拐角，怎么会有客流？"秦先生解释说："后面的金巴黎三期工程 10 月份就完工。到时玛利影院、德克士等会入驻进来，这里将会成为商业中心，不用担心客流。"

"不，在做生意时我们要把一切考虑清楚，如果有那么长一段时间的萎靡期，我们为什么不选择一个开店就能赢利的地理位置呢?"买家摆明态度。双方在认定铺面价值上陷入僵局。卖家坚持说买家疑虑过多,该铺面是个黄金口岸;买家则表示有待做更多的考察。

"那这个店你打算卖多少钱?"买家成员试探性地询问。

卖家拿出早就拟好的价单说:"渠道 + 现货 + 铺子 5500 元;现货 + 铺子 4500 元;铺子 3500 元。"了解了价格之后,买家表示要再做商量。

其后,买家要求卖家重新报价并对价格所含内容进行解释。卖家回应:"如果付渠道费,那我将最低成本给你们供货;如果付了货款,店里一切物品都是你们的;如果只是铺款,就只给你们空铺。"买家立即做出反应:"首先,我们不能保证你供的货是否符合我们的要求;其次,我们无法确定你拿货的价格水平;再次,我们不认为铺子的价值值3500 元那么多;并且马上就是 6 月份,有些学校已经放假了,到 7、8 月份暑假,根本就没有利润,我们认为你的价格太高了。"

卖家反问:"你们认为多少钱合适?"买家不紧不慢地说:"目前最多拿出 2000 元,并且我们十分想要你的渠道……"

卖家淡然一笑说:"到哪里 2000 元也找不到一个像样的铺子。"买家不依不饶:"如果那么贵的价钱,我们可以找其他地理位置更好的铺子。"这一招很奏效,顿时把卖家将住了。卖家自知铺租即将到期转而以恳切的态度征询:"你们最多能给多少钱? 2000 元真的太低了。"

买家看出卖家的软肋,毫不退让。卖家无奈只能答应 2000 元给对方空铺。买家见形势不对,立即阻挠,表示要求留下货品,最好再把渠道给他们。卖家濒临崩溃的边缘,说:"如果加货品和渠道,最低 3500 元。"买家答应并表示目前还是只有 2000 元,1500元于 1 个月后支付。双方签订协议,谈判告终。

资料来源: http://www.795.com.cn/wz/98230_3.html。

？思考讨论题

请分析以上谈判中经历了哪几个程序。在谈判过程中,买卖双方运用了何种谈判策略?

第 *4* 章

商务谈判信息

本章导读

俗话说"知己知彼，百战不殆"，商务谈判也是如此。在商务谈判过程中，获取可靠的信息是谈判的前提和基础。本章在介绍商务谈判信息内涵的基础上，从不同的角度对商务谈判信息进行分类，并总结商务谈判信息的特征、归纳商务谈判信息的收集及处理方法。通过本章的学习，有助于我们正确了解和认识商务谈判信息的涵义及重要性，学习掌握正确收集和处理谈判信息的方法。

知识结构图

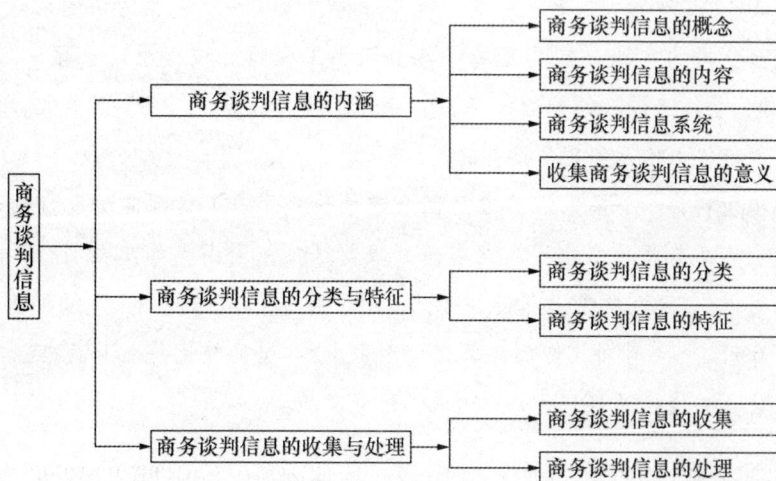

【开篇案例】　　　　　全面信息，助力价格谈判

我国某冶金公司欲向美国购买一套先进的组合炉，派出一名高级工程师与美商谈判。

为了不负使命，这位高级工程师作了充分的谈判准备工作：首先，制定详细的洽谈计划、谈判方案，清楚了解双方谈判的目标；其次，查找大量有关冶炼组合炉的资料，花费很大精力把国际市场上组合炉的行情及美国这家公司的历史、经营现状等了解得一清二楚；最后，为了使谈判能在友好的气氛中顺利进行，详细计划谈判时间、地点、高素质人员及人员的管理问题。

在开局阶段，双方握手寒暄，人员间自由交流，双方逐步展示己方的要求、意图。中方的开场陈述，主动满足了美商欲了解中方真实意图的需要；在美商陈述时，中方人员察言观色，探寻美商真实意图。

进入磋商阶段，美方以其组合炉技术的先进为最大优势，自认为一定能卖个高价，一开口就要价 150 万美元。此时，中方工程师一一列举出各国成交价格，令美商目瞪口呆，最终以 80 万美元达成协议。当谈判进行至磋商购买冶炼自动设备时，美商报价为 230 万美元，经过一番讨价还价，降到 130 万美元，中方仍然不同意，坚持出价 100 万美元。美商表示不愿继续谈下去了，把合同往中方工程师面前一扔，说："我们已经作了这么大的让步，贵公司仍不能合作，看来你们没有诚意，这笔生意就算了，明天我们回国了。"中方工程师闻言轻轻一笑，把手一伸，做了一个优雅的请的动作。美商真的走了，冶金公司的其他人有些着急，甚至埋怨工程师不该抠得这么紧。工程师说："放心吧，他们会回来的。同样的设备，去年他们卖给法国只有 95 万美元，国际市场上这种设备的价格 100 万美元是正常的。"

果然不出所料，一个星期后美方又回来继续谈判了。工程师向美商点明了他们与法国的成交价格，美商又愣住了，没有想到眼前这位中国商人如此精明，于是不敢再报虚价，只得说："现在物价上涨得利害，比不了去年。"工程师说："每年物价上涨指数没有超过 6%。一年时间，你们算算，该涨多少？"美商被问得哑口无言，在事实面前，不得不让步，最终以 101 万美元达成了这笔交易。

资料来源："企业商务谈判中的砍价技巧"，http://wuxizazhi.cnki.net/Search/BJWJ199907019.html。有删减。

4.1　商务谈判信息的内涵

4.1.1　商务谈判信息的概念

信息指对事物的存在方式、运动状态及其对接收者的效用的综合反映。信息也可泛指人类社会传播的一切内容。

商务谈判是谈判双方协商、合作达成一定目的的一种经济活动。商务谈判信息是指在一定的时间和条件下，与商务活动及商务谈判相联系的各种消息、情报、数据、资料等的总称。它是对与谈判活动有密切联系的条件、情况及其属性的一种客观描述，是一种特殊的人工信息。

美国未来学家托夫勒（A. Toffler）曾指出："如果前工业社会的财富是土地，工业社会的财富是资本，那么后工业社会（信息社会）的财富就是信息。"今天，在迅速发展的信息时代，于众多信息之中了解、掌握所需的信息已经成为成功进行各种活动的保证。商务谈判对信息的要求则更为严格。所以，想要了解谈判对方意图、制定合适的谈判计划、确定谈判策略及谈判战略，就必须重视商务谈判信息的收集。

4.1.2　商务谈判信息的内容

下面从自然环境信息、社会环境信息、本企业现状信息、谈判对手情况的信息及竞争对手的信息等方面来阐述商务谈判信息的内容。

1. 自然环境信息

在自然环境方面，是否有特殊的地形地貌、是否易发生自然灾害、气候是温暖潮湿还是寒冷干燥，这些都是在商务谈判中需要了解的信息。

2. 社会环境信息

社会环境信息包含政治、经济、法律、宗教、社会习俗和商业习惯等方面的信息。

（1）政治环境。政治环境的变化对商务谈判的影响是显而易见的，它将直接影响谈判的外部环境，并在一定程度上决定了该项目是否适合执行及如何执行。收集政治环境信息可以从两点着手：①该国的政治体制是什么，政治格局是否稳定，国内是否有战争。

②该谈判项目受政治因素影响的程度有多大。政治状况关系到谈判项目是否成立和谈判协议履行的结果，所以必须了解对方国家的政治制度和政府的政策倾向、政治体制、政策的稳定性，以及非政府机构对政策的影响程度。特别是要了解对方国家或地区的政局稳定性，以判断政治风险的大小。政治风险一般来源于政府首脑机构的更替、政局的改变、社会的动荡或战争的爆发、政府经济政策的突然变化、国家间关系的重大变化等。若在合同履行期内发生重大的政治风险，将使相关企业蒙受沉重的经济损失，这是企业应该尽力避免的。

（2）经济状况。商务谈判是一种经济行为，谈判前必然要了解以下经济情况：①项目所在国家或地区的经济政策、政府与企业的关系、是否有政策支持企业发展。②政府对企业的宏观控制程度如何。若控制程度较低，表明企业有较多的自主决定权；反之，则应更多关注政府的有关约束政策与机制。③该国家或地区的基础设施是否完善，有无项目所需的基础设施，是否能够顺利地运输或销售产品。

（3）法律制度。在一个国家或地区进行商业活动，必须了解当地的法律规章。①该国家或地区的法律制度如何。②法律体系是否完善，有无执行力。③法院受理案件时间的长短。法院若能快速审理案件，可使谈判纠纷对双方的影响降低。

（4）宗教信仰。宗教信仰对商务谈判的影响也是不容小觑的，需要收集的宗教信仰信息有：①该项目所在地的宗教信仰是什么，宗教信徒是否广泛。②该宗教影响程度如何，对项目的执行是否有影响。跟不同宗教信仰的商人谈判，特别要注意对谈判对象宗教信仰和社会习俗的了解，这些情况的掌握不仅可以避免不必要的冲突和误会，而且可以更快更好地理解对方的谈判行为，促进谈判的成功。

（5）社会习俗。一个国家或地区有着不同的社会习俗，这些习俗将会或多或少地影响着商务谈判活动，所以应该较好地加以了解和把握。例如，①在该国家或地区，怎样称呼、怎样衣着才是合乎标准及规范的。②对谈判业务的时间有没有固定要求，对方是否反感在业余时间谈业务。③礼品及赠送方式方面有什么习俗等。这些社会习俗都会影响双方意见交流的方式及所采取的对策，是谈判前必须了解的环境因素之一。

（6）商业习惯。商业习惯不同，会使商务谈判在语言使用、礼貌和效率及接触报价、谈判重点等方面存在极大的差异。商业习惯，在国际贸易谈判中显得更为重要，因为几乎每一个国家或地区的做法都有自己的特色，如果不切实了解其商业习惯，就会误入陷阱，或使谈判破裂。例如，法国商人往往在谈妥合同的重要条件后就会在合同上签字，签字后又常常要求修改，因此，同法国人谈成的协议必须以书面形式互相确认。

3. 本企业现状信息

本企业的现状信息是商务谈判成功的基础。包括：①我方经营状况、财务是否有亏损。②产品性能、质量、品种、数量、销售情况，以及在市场上的占有率。③我方谈判目标，即想要达成什么样的结果。

4. 谈判对手情况信息

谈判对手情况信息的掌握程度是商务谈判是否成功的决定性因素。如果和一个没有任何了解的谈判对象进行谈判，成功的几率小之又小。当年，肯尼迪总统为前往维也纳同赫鲁晓夫进行首次会谈，除研究赫鲁晓夫的全部演讲和公开声明外，还搜集了所有可以找到的赫氏的其他资料，甚至包括其早餐嗜好和音乐欣赏趣味，从而为这场至关重要的谈判奠定了基础。

对谈判对手的了解应从多个方面着手。

（1）对方企业的现状。其中包括：①企业的发展历史、组织特征、产品技术特点、产品销量、产品品种、产品质量，产品性能及包装方面的优缺点。②产品市场占有率和市场半径、价格水平、价格策略、让价策略、利润率、分期付款等。③企业经营状况，财务是否有亏损。④分销渠道状况，如分销、储运、配送等方面的实力。⑤促销状况，如推销力量、广告宣传、营业推广、服务项目等方面。

（2）对方企业的资信。对对方的资信状况进行调查分析，若谈判对手资信状况较差，谈判主体没有履约的能力，那么谈判所得的结果就是没有保障的。谈判协议没有保障，谈判也就前功尽弃了。谈判对手的资信情况包括两方面内容：①对方主体的合法资格。②对方的资本、信用与履约能力。

（3）对方谈判人员的权限。要在谈判前了解对方谈判人员的谈判权限，弄清对方谈判人员的权限有多大，能不能独立对谈判结果做出决定。若不了解谈判对手的谈判权限，将没有谈判决策权的谈判者作为重点对象，不仅浪费时间，还可能错过谈判机会。

（4）对方的谈判时限。谈判时限与谈判任务、谈判策略、谈判结果都有着重要的关系。可供谈判的时间长短与谈判者的技能发挥状况成正比。谈判的时间越长，谈判者越能发挥自己的谈判能力，能更好地掌握谈判的进度。

（5）对方谈判人员的其他情况。要从多方面搜集对方的信息，全方位掌握对方的信息才能运筹帷幄。比如，①对方团队组成情况，是年轻者居多还是年长者居多。②谈判者的性格、爱好、背景、宗教信仰、禁忌是什么。③谈判对方是否信任我方，对我方的经营现状、财务情况等的评价如何。④对方的谈判目标、对方想要达到的结果是什么，想要得到什么样的利益。

5. 竞争对手情况信息

对竞争对手情况的了解程度是谈判双方力量对比中一个重要的"砝码"，会影响谈判天平的倾斜度。一般来说，了解竞争者是较困难的，但如果是卖方，至少应该知道一个销售价格高于自己而质量比自己差的竞争对手的详细情况。作为买方，则应掌握有关供货者的类似情报。通过对竞争者的了解分析，找出他们对本企业商品交易的影响，认清本企业在竞争中所处的地位，并制定相应的竞争策略，更好地掌握谈判的主动权。

【阅读资料4-1】　　　　迪巴诺面包公司成功的启示

迪巴诺面包公司是纽约一家颇有名气的面包公司，但是纽约两家大饭店却从未向它订购过面包。4年来，公司经理迪巴诺每星期去拜访大饭店经理曼次，也参加他所举行的会议，甚至以客人的身份住进大饭店。不论他采取正面攻势，还是旁敲侧击，这家大饭店仍是丝毫不为其所动，这反而更激起了迪巴诺推销面包的决心。但需要采取什么方式呢？

通过调查，迪巴诺发现，饭店的经理是饭店协会的会长，特别热心协会的具体工作，凡是协会召开的会议，不论在何地，他都一定参加。这一次，迪巴诺去拜访他时，便大谈起协会的有关事情，果然引起了经理的兴趣，大饭店经理滔滔不绝地讲了协会的各种情况，声称协会给他带来了无穷乐趣，并邀请迪巴诺参加。在两人交谈中，丝毫没涉及购买面包的事宜。但几天后，饭店的采购部门打来电话，表示要购买迪巴诺公司的面包。这使得迪巴诺感慨万分，单纯为了推销面包，历时4年，竟连一粒面包渣也没卖出去，可仅仅对饭店经理所热心的事情表示关注，形势竟然完全改观。

资料来源："浅谈商务谈判中的情报收集"，http：//www.docin.com/p-737220415.html。有删减。

4.1.3　商务谈判信息系统

信息系统是由人员、设备和计算机程序共同组成的可有效地收集、筛选、整理、分析、评估信息的互动系统。商务谈判信息系统具有整合功能，可以通过收集、筛选、分析、评估等整合处理，得到准确而有价值的商务谈判信息，为商务谈判决策服务。

1. 商务谈判信息系统的构成

商务谈判信息系统是由内部报告系统、谈判情报系统、调研系统和谈判分析系统组成的。

内部报告系统是商务谈判信息系统中最基本的子系统，由会计报告系统和市场报告系统构成。内部报告系统的信息来源于企业内部的生产、技术、销售和财务等职能部门，主要任务是及时提供有关参与谈判企业的产品订货数量、销售额、产品成本、存货情况、现金流量、应收账款、应付账款等各种反映企业经营管理状况的信息，为企业制定商务谈判策略提供参考依据。

外部情报系统是企业情报信息人员用以获得企业外部环境发展变化趋势信息的各种来源和程序。主要任务是利用各种方法收集、观察和提供参与谈判企业环境发展情况的信息，其信息来源主要是中间商或合作伙伴及购买者信息反馈。

商务谈判调研系统是针对特定的谈判现象，系统地、客观地收集、分析、整理、处理和传递有关参与谈判企业的各方面的信息，为谈判者制定有效的谈判决策提供依据。谈判调研系统有企业内部谈判调研机构和企业外部谈判调研专业机构两种类型，此类系统主要侧重于解决谈判过程中的某些特定问题。

谈判信息分析系统是用先进的统计、分析技术和方法，对复杂的商务谈判现象和信息数据进行处理和分析，做出最佳的商务谈判决策。商务谈判分析系统由资料库、统计库、模型库三部分组成。

2. 商务谈判信息系统的特点

（1）实用性。在激烈的商务谈判竞争中，及时、准确的谈判信息是谈判决策的基础。所以，商务谈判信息系统提供的信息必须是有价值的、实用的。

（2）系统性。商务谈判信息系统是各方面信息在一定时间和空间范围内形成的集合，在时间上具有一定的连续性、动态性，在空间上具有广泛性、完整性。

（3）社会性。商务谈判信息系统反映社会经济活动情况，是商务谈判活动中人与人相互传递的社会信息，是多结构、多渠道、多层次的社会信息系统。

3. 商务谈判信息系统的功能

商务谈判信息系统有五个基本功能：输入、存储、处理、输出和控制。

（1）输入功能。信息系统的输入功能取决于系统所要达到的目的、系统的能力和信息环境的许可。

（2）存储功能。存储功能指的是系统存储各种信息资料和数据的能力。

（3）处理功能。整个系统的处理功能基于数据仓库技术的联机分析处理（OLAP）和数据挖掘（DM）技术。

（4）输出功能。商务谈判信息系统的各种功能都是为了保证最终实现最佳的输出功能。

（5）控制功能。系统所带的控制功能对构成系统的各种信息处理设备进行控制和管理，通过各种程序对信息加工、处理、传输、输出等环节进行控制。

4.1.4 收集商务谈判信息的意义

商务谈判信息是多种多样的，有的信息直接关乎商务谈判的成败，而有的信息只能发挥间接作用。收集商务谈判信息的意义在于以下几点。

1. 商务谈判信息是制定谈判计划与战略的依据

一个组织想要制定出切合实际的谈判计划与谈判战略，大量与谈判密切相关的信息是必不可少的。而谈判计划与谈判战略的正确与否，是打开谈判成功之门的钥匙。若没有大量可靠的谈判信息作为谈判的基础，所制定的谈判计划可能不切实际，谈判战略也就成了无本之木。在商务谈判中，谁占有足够可靠的信息情报，能够了解对方的真正需要及其相关环境因素，谁就有可能在谈判中占据优势，并在谈判中掌握主动权，在更大程度上满足自己的某种欲望和要求。因此，只有收集大量可靠的信息情报，才能制定出正确的谈判战略和计划。

2. 掌握商务谈判信息有利于与谈判方沟通

在商务谈判中，尽管每次谈判涉及的标的物可能不同，具体的谈判内容和细节不同，但谈判双方都是借用谈判信息情报来相互沟通的。没有谈判信息作为双方沟通的中介，谈判就无法排除许多不确定因素和相互猜疑，也就无法进一步协商、调整和平衡双方的利益。而掌握了一定数量的谈判信息，就能从扑朔迷离、纷乱如麻的信息中发现机会，认知风险，捕捉住达成协议的契机，使谈判活动从无序到有序，消除谈判中不利的因素，促成协议的达成。

3. 掌握商务谈判信息有利于谈判过程控制

为了使谈判过程始终指向谈判目标，使谈判在合理的限度内正常进行，必须有谈判信息作为准则和尺度；否则，无法有效地对谈判过程加以控制、协调。谈判过程千变万化，技术、经济及内外部间的联系非常复杂，如果谈判信息不真实，或传递迟缓，就可能发生谈判过程的导向错误，贻误时机；如果缺乏必要的信息反馈，就可能失去控制谈判过程的能力。因此，在实际谈判过程中，不仅要用提前收集的信息，还应从谈判现场通过对方的言行获取新信息，及时反馈，方能使谈判活动得到及时的协调控制，按照预定的谈判目标顺利进行。

谈判人员必须清楚，商务谈判资料，无论是资料的来源还是资料的构成，都比较复杂和广泛，在有些资料的取得和识别上具有相当难度。商务谈判资料在特定的谈判圈及特定的当事人中流动，谈判者对谈判资料的敏感程度，是其在谈判中获取优胜的关键。商务谈判涉及己方和谈判对手的资金、信用、经营状况、成交价格等，具有极强的保密性。

【阅读资料 4 - 2】　　　　　　掌握情报，后发制人

在某次交易会上，我方外贸部门与一客商洽谈出口业务。在第一轮谈判中，客商采取各种招数来摸我们的底，罗列过时行情，故意压低购货的数量。我方立即中止谈判，搜集相关的情报，了解到日本一家同类厂商发生重大事故停产，又了解到该产品可能有新用途。仔细分析了这些情报以后，谈判继续开始。我方根据掌握的情报后发制人，告诉对方：我方的货源不多；产品的需求很大；日本厂商不能供货。对方立刻意识到我方对这场交易背景的了解程度，甘拜下风。在经过一些小的交涉之后，乖乖就范，接受了我方的价格，购买了大量该产品。

资料来源：http://www.chinavalue.net/Biz/Blog/2015 - 1 - 17/1151403.aspx。

4.2　商务谈判信息的分类与特征

4.2.1　商务谈判信息的分类

商务谈判信息纷繁复杂，一般来说，可以按照以下几个不同的标准将其分类。

1. 按商务谈判信息的内容划分

根据不同的商务谈判信息内容，可将信息分为自然环境信息、社会环境信息、本企业相关信息、谈判对手情况的信息、竞争对手情况的信息。

2. 按商务谈判信息载体划分

按照不同的商务谈判信息载体，可将信息分为文字信息、声像信息、语言信息和实物信息。谈判信息可以依托不同的载体存在。其中，文字信息指的是以文字形式存在的信息，如报刊、著作、产品目录、产品说明书等；声像信息包括图片、录音、录像、视频采访等以声音和影像形式存在的信息；语言信息是指通过座谈、交流所获得的信息以及在公共场所听到的信息；实物信息是指各种以样品形式存在的物品所提供的信息。

3. 按商务谈判信息获得渠道划分

按商务谈判信息获得的渠道，可将其分为直接信息和间接信息。直接信息是指由谈判人员获得的第一手资料，如产品说明书或通过实地走访获取的信息；间接信息指不是由谈判人员直接获取的资料，而是通过其他渠道获取的资料，电视采访信息就属于这一范畴。

4. 按商务谈判信息获取的时段划分

谈判信息的获取并不局限于谈判前的准备过程中，在谈判时谈判双方的交流也传递了大量信息。根据这一标准，可以将谈判信息分为谈判准备信息和谈判实时信息。

4.2.2　商务谈判信息的特征

商务谈判信息既有信息的共性特征，更具有商务领域的个性特征，并结合了谈判的要求，具体表现在以下几个方面。

1. 时效性

并不是任何时间收集的商务谈判信息都可以在谈判桌上派上用场。谈判信息的来源多、范围广，任何一个方面发生变化，谈判信息都会随之改变。因此，谈判信息具有时效性，昨天收集的信息可能会因为今天的变化而失效。收集商务谈判信息，需要及时关注信息来源的变化，掌握最新的谈判信息。

2. 广泛性

为了达成商务谈判的成功，需要掌握多种多样的谈判信息。商务谈判信息涵盖谈判主体的情况，如当事人的职业、年龄、性格、社会经历等；影响谈判进程或结果的各种客观环境，如国家政策、法律法规、贸易惯例、风俗习惯及一些偶然因素；与谈判主题直接相关的情况，如产品的销售状况、技术水平、质量等一系列因素。

3. 不确定性

商务谈判信息的广泛性决定了商务谈判信息的复杂性，商务谈判信息的复杂性又带来了许多不可控因素，因此商务谈判信息需注意甄别，不可盲目使用。

4.3　商务谈判信息的收集与处理

4.3.1　商务谈判信息的收集

根据谈判资料的收集渠道，可将其分为两大类：直接资料和间接资料。

直接获取资料是在与谈判对象接触后，径直向其提出所要了解的内容和要求；同时，在双方接触中，应主动介绍已方情况，提供有关资料。这种方法收集的资料叫直接资料，也叫原始资料。

间接获取资料，即通过国内外有关部门、单位和企业了解谈判对象的情况。这种方法收集的资料叫间接资料。间接资料大多数是公开发表的，比较容易找到。

1. 直接资料的收集

直接资料的收集是一项十分复杂且花费很大的工作，是市场调研的中心部分。目前普遍采用的方法有以下几种。一是询问调查法，即调查者直接向被调查者询问有关问题，当场记录所答资料。二是观察调查法，即以直接观察的方法作为收集资料的手段。三是实验调查法，即实验者按照一定的实验假设，通过改变某些实验环境的时间活动来认识实验对象的本质及其发展规律的调查。

2. 间接资料的收集

间接资料主要指那些已经整理好了的资料。收集间接资料的渠道很多，归纳起来有以下几种。

（1）己方档案资料。如获取销售额的资料时，可以从以往记录中找出各个时期的销售数字，各地区、各客户、各品种的数字和逐年、逐季的增减数字，可以从本企业与国外客户来往函件中寻找国外市场各方面的资料。

（2）科研机构、政府统计资料。每个国家都有官办和私办的科研机构及各种业务机构，它们都供应公开出版的统计和各方面的情况介绍资料。如各国的海关、各国政府出版的有关贸易、金融及其他方面的出版物。

（3）图书馆提供资料。每个国家都有国立的大图书馆，各大学、各省区也有公立图书馆，它们都提供有关贸易方面的资料。

（4）国际机构公开资料。国际贸易中心、联合国、联合国经济合作与发展委员会等组织出版的有关贸易、工业和经济方面的统计资料，以及有关开发市场问题的资料。

（5）他国外交机构资料。各国驻外的外交和经济商务机构都供应它们国家的出版物。

（6）各级商会提供资料。国际商会总部在法国巴黎，它的会员是各国的商会。各国商会所能提供的资料种类和范围不一，一般来说，对各自国家的贸易条例和资料是可以供应的。

（7）贸易协会的行业资料。贸易协会一般是一种行业性的组织，它们能提供各行各业的有关资料。它们有时出版定期的统计资料和年鉴。

（8）银行的广泛资料。银行能提供的资料很广泛，诸如各国的经济趋势、政策展望、工业与贸易的发展，提供商号的资信情况，有关国家的信贷期限、利率、汇率等。

（9）商情调研机构出版物。这些机构除了接受个别的咨询工作外，还定期出版一些资料。如英国的经济学人报社，美国的斯坦福科研所，都是规模较大的经济研究机构，都有定期的出版资料。

3. 谈判信息资料的要求

谈判信息资料必须符合准确、全面、适用、及时的要求。

（1）准确。准确是指信息资料的真实性。真实是信息的生命，不真实的信息会把商贸谈判决策引向歧途。为保证信息的真实性，首先，要求资料来源要真实可靠；其次，在信息资料加工时，要注意鉴别，去伪存真，剔除不真实的信息资料；再次，要弄清模糊度较大的资料，不明确的资料要暂时搁置起来。

（2）全面。全面是指信息资料的完整性、系统性和连续性。残缺不全的资料常常会导致谈判中的判断失误。因此，要求搜集的信息资料必须是与商贸谈判有关的全方位的信息资料。搜集时要尽可能详细，网开四面，广泛搜集，防止遗漏重要的信息资料。同时，要保持系统性，要能反映有关政治、经济等活动的动态变化状况与转化过程及其特征。

（3）适用。适用是指所准备的信息资料要适合商贸谈判工作的实际需要。切实适合谈判决策或解决问题的信息就具有适用性。因此，要求资料搜集必须有明确的目的，按专题进行，不要面面俱到。同时，要求在资料整理分析时，善于选择与某一谈判行动有关的重要信息资料，送交决策者作为谈判决策时的参考。

（4）及时。及时是指信息资料的时效性。信息资料应尽可能地反映最新动态。信息有很强的时效性，适时的信息便是财富。信息时效性要求，一方面要及时地搜集发展变化着的有关情况；另一方面，信息资料的整理、分析、传递的速度要快。

4.3.2　商务谈判信息的处理

已经收集来的资料不能直接使用，要对其进行分析整理。对已收集来的资料进行分析整理的目的不仅仅是对谈判信息的简单分类处理，而是包含了对谈判信息的甄别，分析谈判信息与谈判项目的关系，判断它们对谈判结果的影响程度，进行分类，再据此分析制定出具体的谈判方案与对策。

1. 资料整理

（1）资料评价。信息资料处理的第一步是资料的评价与筛选，对资料所包含的信息做初步的判断。在收集资料的过程中，收集到的资料不可能全部都是有用的，资料的重要程度也各不相同。因此必须首先对资料进行评价，初步判断哪些是有价值的资料，哪些是没有价值的资料，没有价值的就应舍弃。对认为有价值的需保存的资料，也要根据重要性不同，将其分为可立即利用的、将来肯定可用上的和将来有可能用上的资料。

（2）资料筛选。在资料评价的基础上对资料进行筛选，及时删除无用的信息。筛选信息既有利于信息的储存，不至于储存空间不足导致信息丢失，又便于查找信息、及时利用信息。因此，应不断对资料进行清理。资料的筛选有以下几种方法。①查重法。这是筛选信息资料最简便的方法，目的是剔除重复资料，选出有用的信息资料。不完全排除重复，非完全相同的重要资料可保存一部分。②时序法。即逐一分析按时间顺序排列的信息资料，在同一时期内，较新的取，较旧的舍弃，这样可使信息资料在时效上更有价值。③类比法。将信息资料按市场营销业务或按空间、地区、产品层次，分类对比，接近实质的保留，其余的舍弃。④评估法。此法需信息资料收集人员有较扎实的市场学专业知识，即对自己所熟悉的业务范围，仅凭资料题目就可决定取舍。

（3）资料分类。在资料整理阶段，对筛选以后的资料认真地进行分类是最耗费时间的一项工作，也是极其重要的环节。分类方法大致有两类。①项目分类法。该法既可与工作相联系，按不同使用目的分类，如可以分为商务开发资料、销售计划资料、市场预测资料等，或按谈判的必备资料分为市场信息资料、技术信息资料、金融信息资料、交易对象的情况资料、有关政策法规等；也可根据资料的内容，按不同性质划分，如可根据不同产业或经营项目分类，产业中可以分为粮油产品、五金产品、纺织产品、机械设备等。②从大到小分类法。即从设定大的分类项目开始，大项目数最好不要超过 10 项，经一段时间使用后，若有必要再细分时，可把大项目再进行细分，但不要分得太细，以免重复。以上两种分类法，可根据工作需要，结合使用，一般是以前者作为基本分类法，再将后者渗透进去。

（4）资料保管。将已分类的谈判信息妥善保管，制作出完整的检索目录和内容提要，采用科学的迅速的查询方法和手段，以便检索查询，为谈判所用，及时提供决策依据。

2. 信息传递

为获得有利的谈判地位，谈判人员必须注意信息的传递方式，恰当选择传递的时机，把握好传递场合。通过谈判信息的传递，实现信息交流和沟通，保持谈判人员与己方的有效联系，最大限度地实现己方的谈判目标。

（1）谈判信息的传递方式。

谈判信息传递方式的选择受到其自身特点制约。因此，传递方式的选择既要考虑谈判的目的，又要随时注意自身条件、环境的影响和对方的变化情况。谈判者为减少特定的谈判传递方式对自己的不利影响，必须注意观察、收集、识别对方做出的反应，根据反馈的信息，敏锐地做出推断，及时修正、调整、变换谈判信息传递方式。谈判信息传递的一般形态是谈判者或信息机构之间借助于口语、手势、文字、形象等进行信息传递。

有的谈判学研究者认为，谈判信息的传递方式有以下几种。①明示。即谈判者在有关的恰当的场合，明确提出谈判的条件和要求，阐明谈判的立场、观点，表明自己的态度、打算。明示可通过下列任何一种渠道进行，如双方相见的谈判场合、宴会、礼宾场合、群众性集会场合、官方或团体会议场合、单独会见场合、业务洽谈场合等。②暗示。即谈判者在有关的、恰当的场合，用含蓄、间接的方法向对方表示自己的意图、要求、条件和立场等。暗示可通过语言的形式进行，也可通过其他的方式进行。暗示在谈判中具有重要意义。在谈判各方态度明确的情况下，暗示是一种极好的信息传递方式，它可避免不必要的直接对抗，传递出在明示条件下无法传递的谈判信息。对谈判者来说，采用暗示比采用明示更具灵活性。谈判过程中，谈判者必须善于运用暗示，这就要求对影响暗示效果的主客观因素有一定的了解。主观上，缺乏主见、随波逐流的人极容易接受暗示；独立性很强、善于独立思考的人往往很难接受暗示。客观上，暗示者本人的条件，如地位、权力、声望、知识、信心、相貌、身材、性别、年龄及谈判双方的相互关系，谈判信息与谈判环境等，都会对暗示效果产生不同影响。③意会。它是一种特殊的谈判信息传递方式。即谈判信息的发出者与谈判信息的接受者早已有了信息交流的准备，对信息交流的背景有所了解，或就信息传递的渠道达成了某种默契，为避免直接明示或暗示给各自带来的不利影响，同时也为避免信息泄露而采取的一种较为谨慎的谈判信息的传递方式。意会在传递谈判信息方面有特殊的作用，它不同于明示的直截了当，当谈判各方传出或接受的信息彼此矛盾或尖锐对立时，不会在"面子上"引起相互关系的紧张；它也不同于暗示的含蓄，采用意会方式传递给对方的信息都是明白无误的，不会引起像暗示那样因为含蓄而产生的理解障碍甚至歧义。但意会也极有可能成为无效的信息传递方式，这主要取决于人们对信息传递效果的理解、体会、推断和社会生活经验，以及人们对意会的积极或消极态度。譬如，当谈判信息交流的双方能够意会出彼此传递信息的全部含义，而双方或某一方根据自身的社会生活经验，预感到后果对自己不利，就可能采取消极的态度，不予意会。

（2）谈判信息传递的时机与场合。

谈判信息的传递时机是指谈判者在充分考虑到各方的相互关系、谈判的环境条件、谈判信息的传递方式的情况下，能积极调动各相关因素的谈判信息传递的最佳时间。谈判信息传递时机的把握是否恰当，很大程度上影响着传递效果。谈判信息的传递不是仅以特定的方式传递出去即可，它需对谈判的有关因素进行判断，尤其是对谈判信息在特定条件下传递的后果和对方的反应做出预测。在对传递的后果和反应有一定的准备的情况下传递信息，才能确保信息准确送达接受者。

谈判信息的传递场合，主要指谈判信息进行传递的现场。选择恰当的场合传递谈判信息有利于增强传递效果，避免不利因素的影响。谈判者在选择谈判信息传递场合时应考虑以下问题。①是自己亲自出面还是请第三方代为传递信息。一般自己亲自出面传递信息的可靠程度较高。②是私下传递信息还是选择公开场合传递信息。如果对方与己方私交较深，可选择私下传递信息方式。如果己方对相互关系、环境条件、各种意外因素都考虑得比较周全，而与对方无私交时，可选择公开传递信息的方式。

在具体的谈判过程中，如能根据谈判活动的条件和需要，正确选择谈判信息的传递方式、传递时机和传递场合，将会使谈判信息的传递产生较好的效果，掌握谈判的主动权。

本章习题

一、单选题

1. 商务谈判信息系统中最基本的子系统是（　　）。

　　A. 内部报告系统　　　　　　　　　B. 外部情报系统

　　C. 谈判调研系统　　　　　　　　　D. 商务谈判信息分析系统

2. 下列不属于信息系统特点的是（　　）。

　　A. 实用性　　　　　　　　　　　　B. 社会性

　　C. 广泛性　　　　　　　　　　　　D. 系统性

3. 商务谈判的收集需要及时关注信息来源的变化，掌握最新谈判信息体现了商务谈判信息的（　　）。

　　A. 社会性　　　　　　　　　　　　B. 广泛性

　　C. 时效性　　　　　　　　　　　　D. 不确定性

4. 谈判信息的传递方式不包括（　　）。

　　A. 明示　　　　　　　　　　　　　B. 暗示

　　C. 争吵　　　　　　　　　　　　　D. 意会

5. 以下说法不正确的是（　　）。

A. 根据谈判资料的收集渠道可将其分为两大类：直接资料和间接资料

B. 已经收集来的资料可以直接使用，不需要对其进行分析整理

C. 谈判信息收集的全面性是指信息资料的完整性、系统性和连续性

D. 商务谈判信息的内容包含自然环境信息、社会环境信息、本企业现状信息、谈判对手情况的信息、竞争对手的信息。

二、多选题

1. 信息系统的功能包括（　　）。

A. 输入功能　　　　　　　　　　B. 存储功能

C. 处理功能　　　　　　　　　　D. 控制功能

E. 补充功能

2. 资料的筛选有以下几种方法（　　）。

A. 查重法　　　　　　　　　　　B. 类比法

C. 评估法　　　　　　　　　　　D. 时序法

E. 文献法

3. 下列有关信息的收集，说法正确的有（　　）。

A. 直接资料的收集是一项十分复杂而花费很大的工作，是市场调研的中心部分

B. 直接资料的收集可以采用个别访问法、观察调查法和实验调查法

C. 间接资料，主要指那些已经整理好了的资料

D. 谈判信息资料必须符合准确、全面、适用、及时的要求

E. 以上都不对

三、名词解释

1. 信息系统　　2. 商务谈判信息　　3. 商务谈判调研系统

4. 商务谈判信息分析系统

四、简答及论述题

1. 简述商务谈判信息系统的构成。

2. 收集商务谈判信息的意义是什么？

3. 简述谈判信息资料准备的要求。

4. 简述商务谈判信息收集方法。

5. 试论述商务谈判信息的处理方法。

案例讨论

A公司的成功

非洲某国两年前开始对其国家某政府部门大批成套设备进行选择性招标采购，金额达几千万美元，投标方涉及英国、德国、南非及中国的十几个大公司。而各大公司各有优势，其中一些与该国家还有一定渊源。如德国以技术过硬、态度严谨、产品质量高著称；而该非洲国家以前曾是英国的殖民地，历史渊源更深；南非公司与当地印巴人关系较好，而印巴人在政府中有一定的势力。在这种情况下，中国A公司也想参与竞争并积极做准备。

在正式谈判前，A公司首先仔细分析了该国的历史背景和社会环境及谈判对手的特点。非洲国家历史上多为英属或法属殖民地，其法律程序较为完善，尤其是原英属殖民地国家，其法律属英美法系，条款细致而成熟，政府工作程序延续英国管理条例，部门分工很细，并相互牵制且配置一系列监察部门，监督各部门工作。但非洲国家又有自己的一些特点，即当地有势力的部族与上层社会、政府部门有千丝万缕的关系，并熟悉当地法律、法规、习惯做法与禁忌，影响着政府部门的各利益集团的决策。如果能有效利用当地有势力的部族为中方的工作服务，就可以四两拨千斤，是达到目的的有效途径。另外，该国存在不同的民族，信仰不同的宗教，在谈判前一定要搞清其宗教派系，避讳其禁忌的话题和其他禁忌。

在分析谈判对手方后，A公司决定一方面组织国内人员按正常程序准备投标文件、联系工厂并报价，另一方面派出团组到当地进行商务谈判。A公司出席人员为公司领导、主谈判手及翻译，对方出席人员为决策者、副手及秘书。见面后，领导说了开场白，回顾了中国与该非洲国家的传统友谊，追忆中国政治上支持其独立及经济上对其长期援助的历史，表明中方的态度：我们是一家人，要互相扶持，共同向前迈进。力图创造良好气氛以便提出要求。

接着主谈开始跟项目决策者及其副手谈A公司对于此项目的兴趣、A公司的实力、产品的质量及价格优势。对方是非洲上层社会的人，受过良好的教育，语速适中、声音平和、英文良好而且很注重礼仪，即便在40摄氏度的高温下，他们见客人都是西装革履。

对方的态度很友好，但语气很含糊，只说会按程序办事，应允会把中国公司作为有资格中标的公司之一来考虑。

领导的拜会，结果是积极的，首先接触的目的基本达到，建立了正面的联系，了解到一些情况。但显然，光正面接触是不够的，还需侧面做一些工作。领导向国内做了汇报，决定拨出一定的资金，给予谈判手一定的时间及便利来促成这件事。领导安排好公关相关事宜后，留下其他人员继续工作，自己先行回国。

其他人员依计划工作期间，领导不再露面，但并不是不再关注此事，逢该国重大节日，以及对方人事的变动，领导都会发传真祝贺，通过贺电也向对方传递一些中国经济形式的信息，如国内人民币升值压力有可能导致价格的变动，从而造成我们价格优势减弱的可能性，以敦促对方尽快推进此事进程等。

而 A 公司当地的联系人及代理不断将谈判对方以及竞争者的消息传递给 A 公司，以便 A 公司及时掌握对方的第一手资料。A 公司留在该国继续工作的人员及当地联系人通过消息灵通人士了解到某部族酋长在当地很有势力，与政府部门上下关系很密切，且长袖善舞，于是就花了一段不短的时间与之接触并建立了基于互相信任基础上的良好私人关系。A 公司从开始和他做一些小生意，逐渐过渡到几百万美元的生意。

通过一次次与相关部门的接触和侧面的工作，A 公司眼看时机成熟了，就通过代理穿针引线，顺利地获得选择招标的订单并获得对方政府的正式邀请，与其公开正式就合同细节问题展开谈判。此时，公司领导再次出访与对方直接面谈，最终获得了此项目。

? 思考讨论题

结合案例中 A 公司的做法，谈谈商务谈判过程中信息收集的重要作用。

第 5 章

商务谈判心理

■ 本章导读

　　商务谈判是心理与智慧的较量，谈判人员的心理直接影响着谈判决策的行为，掌握一定的心理学知识有助于谈判的成功。本章主要讲述商务谈判心理的特点、商务谈判需要与动机、商务谈判人员的心理特征与认知风格以及谈判的心理策略等内容。

■ 知识结构图

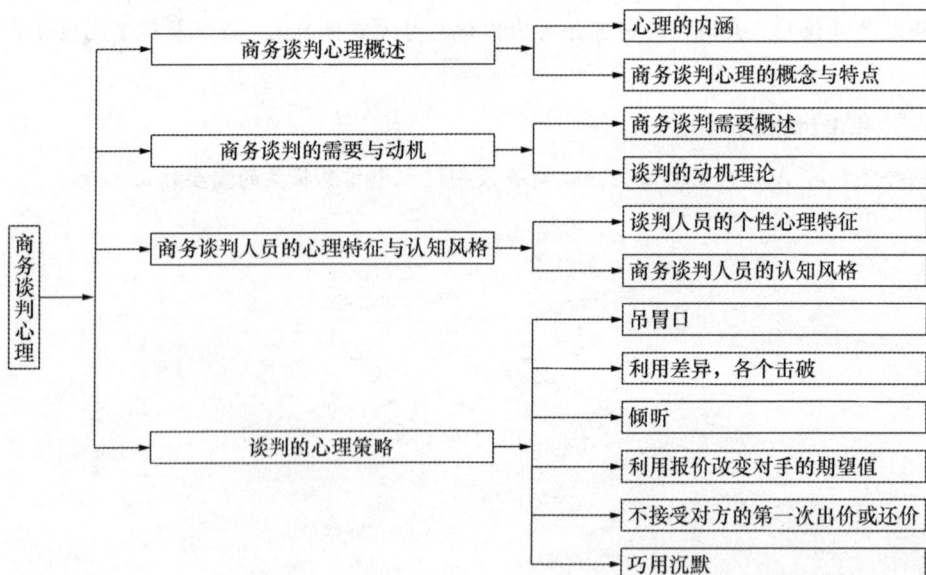

【开篇案例】　　　　　　　　　　　　开宗明义

　　A 公司是一家实力雄厚的房地产开发公司，在投资的选项上，相中了 B 公司的一块极具升值潜力的地皮。而 B 公司也有合作的意向。于是双方精选了得利的干将，对土地的转让问题进行谈判。

　　A 公司代表说："我公司的情况你们可能也有所了解，我公司是美国 C 公司与 D 公司（全国著名的）合资创办的，经济实力雄厚，近年来在房地产开发领域业绩显著。去年在你们市还开发了××花园，听说你们的王总也是我们的买主啊。你们市的几家公司正在谋求与我们的合作，想把他们手里的地皮转让给我们，但我们没有轻易表态。你们这块地皮对我们很有吸引力。我们准备把原有的住户拆迁，开发成一片居民小区。我们公司的有关人员已经对该地区的住户、企业进行了广泛的调查，基本上没有什么阻力。时间就是金钱啊，我们希望能以最快的速度就这个问题达成协议，不知你们的想法如何？"

　　B 公司代表说："很高兴能与你们有合作的机会。你我双方以前虽然没有打过交道，但对你们的情况还是有所了解的。我们遍布全国的办事处也有多家住的是你们建的房子，这可能是一种缘分吧。我们确实有出卖这块地皮的意愿，但我们并不急于脱手，因为除了贵公司外，兴华、兴运等一些公司也对这块地皮表示出了浓厚的兴趣，正在积极地与我们接洽。当然了，如果你们的条件比较合理，价钱比较优惠，我们还是愿意优先与你们合作的，还可以帮助你们简化有关手续，使你们的工程能早日开工。"

　　双方的谈判代表都不愧是久经沙场的谈判行家，三言两语的自我介绍，就把己方的实力充分地显示出来。特别是 A 公司代表的发言，简直就是 A 公司的"实力宣言"。"美国 C 公司与 D 公司合资创办"的背景已经令人刮目相看，而"去年在你们市还开发了××花园"又把 A 公司的实力立刻具体化了；"几家公司正在谋求与我们的合作，想把他们手里的地皮转让给我们"更是让对方感到迎面而来的压力；最后提及的该公司有关人员的调查结果也让人不得不赞叹该公司工作的高效率和无孔不入。

　　面对如此实力强大的谈判对手，B 公司的代表表现得相当镇静，不卑不亢，在对对方的合作愿望予以回应的同时，三言两语地介绍了己方不可小视的实力。"遍布全国的办事处"意味着该公司并不是局限于某市的小角色，而是有着雄厚实力和广泛影响的全国性的公司。而更可贵的是，这样意在显示实力的意图却隐藏在一句似乎轻描淡写、意在联络感情的客套话中，足见其谈判技巧的成熟与高超。"我们并不急于脱手"，"兴华、兴运等一些公司也对这块地皮表示出了浓厚的兴趣"，则是针对对方制造的压力，反将一军，增强己方谈判实力的同时给对方以危机感，使己方不至于在接下来的谈判中处于下风。

资料来源：http://www.chinadmd.com/file/6pvs3ov3aza3cxrstzw3cwrz_ 2. html。

5.1 商务谈判心理概述

商务谈判是商务活动中的重要一环。与其他商务谈判的要素不同的是，谈判心理涉及的谈判者个人因素最多。研究谈判心理，对更好地完成商务谈判工作、取得商务谈判的胜利具有重要的意义。

商务谈判心理，是指在商务谈判过程中发生的各种心理现象，具有内隐性、个体差异性、相对稳定性的特点。

5.1.1 心理的内涵

心理是影响一个人的内在思想和外在行为的素质。我们看到的事物、对事物的态度、对事物的思想以及因此产生的行为表现，都是由心理因素引起的。它既包括人的心理过程，如认知、意志、思维、情感等，也包括人的心理特征，如需要、气质、风格、性格、能力等。既有一般心理，又有特殊心理。既有个体心理，也有群体心理。总之，心理是复杂多样的，并且在不同的活动中，又有不同的心理活动。

5.1.2 商务谈判心理的概念与的特点

1. 商务谈判心理的概念

商务谈判心理是在商务谈判过程中发生的各种心理现象，主要指谈判过程中谈判者的各种心理活动。商务谈判归根到底还是人与人之间的互动过程，最重要的因素就是人的因素。人与人之间的互动本质是心理的互动，由此，研究商务谈判中的心理现象和心理过程就显得尤为重要。

2. 商务谈判心理的特点

商务谈判心理不同于一般的心理，其突出的特点主要有以下几点。

（1）内隐性。一般来说，心理活动与行为活动的主要区别就是内隐和外显的区别。我们可以通过观察，来发现人的外在行为、表情活动的变化，如手舞足蹈、愁眉苦脸、捶胸顿足、沉默不语等，但难以直接观察到人的心理活动。尽管如此，我们依然可以通过对外在行为表情的分析来推断人的内心活动，如手舞足蹈代表高兴，愁眉苦脸代表不高兴，捶胸顿足代表悔恨，沉默不语代表沉痛等。

虽然在理论上谈判者的内在心理活动可以通过外显行为来进行判断，但一个优秀的谈判者，往往是喜怒不形于色的，无论在价格、交易日期、形式乃至其他方面的谈判条件的变化，都不会直接表现在其外在行为特别是面部表情上。由此，商务谈判心理的一个显著特点就是内隐性。

【阅读资料 5-1】　　　　　　常见的表情及含义

1. **常见的面部表情器官及含义**

眼睛：最重要的表情器官。眼睛直视，代表内心坦诚。视线躲避，表示心虚。斜眼看人，代表不屑或轻佻。看见喜欢的东西，瞳孔会放大；看到不喜欢的东西，瞳孔会缩小。

眉毛：眉毛也是重要的表情器官之一。尤其是眉毛肌肉的变化，能够表达人的表情。低眉表示顺从；横眉表示敌意；皱眉表示不满；舒眉表示满意。

嘴：主要是口部肌肉和口唇的变化，能够表达人的情绪。张口表示惊讶；嘴角下垂表示不满；嘴角上扬表示高兴；愤怒时会咬唇。

2. **常见的动作表情及含义**

脚：站姿表示了倾向性。打开的双脚代表开放；脚尖向内表示拒绝；重心放在一条腿上，表示轻蔑；不时的抖腿表示焦虑。

手：手部包括手臂代表较为丰富的情绪。摊开的双手代表无奈。握拳表示愤怒。松弛的手和手臂表示放心和满意。双手交叉放在胸前，如果全身较放松代表底线明确而坚决；如果全身肌肉紧张同时伴有动作，那就意味着强烈的抗拒。

（2）个体差异性。商务谈判的个体差异性，是指谈判双方在谈判过程中，既具有谈判心理的普遍特点，同时又是以个体的身份参与到谈判活动中。既具有普遍的心理特点，又具有特殊的个体心理条件。这样参与商务谈判的个体之间就具有鲜明的差异性。这就要求研究者要考虑到这些差异性，更好地综合考虑商务谈判的特点和规律。影响商务谈判心理的个体差异，可以从认知风格、气质类型等方面进行研究。

（3）相对稳定性。尽管谈判心理有时会随着谈判活动的进行而发生变化，但是从一段时间内来看，谈判双方的心理又具有一定的稳定性。这种稳定性意味着商务谈判心理在一定时期内是稳定的，不会有较大的变化。但这种稳定又不是绝对的，所以叫做相对稳定性。

相对稳定性和个体差异性往往是结合到一起，来影响商务谈判心理的。如某个谈判对象的特有气质，在一段时期内都是相对稳定的，那么我们就可以以此为基础，科学地运用谈判心理的知识，来完成商务谈判。

5.2　商务谈判的需要与动机

5.2.1　商务谈判需要概述

商务谈判最主要的作用，也是谈判之所以能够开展的关键，是满足谈判双方的需要。双方的需要都得到满足，才是谈判能够成功的重要因素。

需要是有机体在生存和发展的过程中，感受到的生理和心理上对客观事物的某种要求，是有机体生存和发展的重要条件，它反映了有机体对内部环境或外部生活条件的稳定要求。人要生存，就需要有空气、水、食物、适宜的温度等等。除此之外，人的心理发展也有一定的需要，如人渴望归属，渴望爱与被爱，这些都是需要的表现。

在原始社会，人的需要往往通过武力来满足。如饥饿需要食物，原始人就通过抢夺来获得食物。后来大规模的武力行动就演化为战争。随着人类文明程度的不断提高，战争已经不是表达需要的主要模式，人与人、组织与组织、国与国之间的需要，不再以武力方式来表达，而更多地依赖于谈判的方式来表达。

商务谈判也是如此，买卖双方的需要，不能也不会以武力的方式完成，必然是在双方相对平等的基础上，以沟通的方式来实现双方或多方利益的最大化，也即满足各方的需要。

5.2.2　谈判的动机理论

动机是引发并维持活动的倾向，是由内部驱动力和外部诱因共同组成的。严格来说，需要就是动机的成分之一（内驱力）。动机对于行为具有三个作用。①激发。激发行为的产生。②指向。动机会使行为朝向某个目标。③强化。动机会维持行动的进行，并对行为的强度、方向和过程进行调整。

通常的心理学研究会把视点集中于动机对人行为的驱动方面。在这里，我们更多的研究具有不同动机的人在商务谈判中的表现和特点。

与商务谈判有关的主要动机理论有自我效能感和成就动机理论。

1. 自我效能感

（1）自我效能感的定义。

自我效能感（Self-Efficacy）是美国心理学家班杜拉（A. Bandura）所提出的一个关于期望的理论。班杜拉认为，人的行为会受到先行因素和后果因素的影响，其中后果因素对人的下一步行为产生了一定的影响。这些影响可以用强化来表示，分为外部强化、替代性强化和自我强化，也就是对下一步行为的强化。而先行因素则决定了人的行为是否发生。

先行因素依然分为两个部分。一个部分是结果期待，也就是人对行为产生的后果的"期望"，人一旦有了这种期待，相应的行为就会启动。如通过此次谈判，谈判者知道将获得的经济利益，谈判者就会努力准备，完成好这次谈判。另一个部分是效能期待，简单来说就是人对自己是否有能力完成行为产生后果的"期望"。这种期望就是"自我效能感"。

自我效能感是指个体对自己是否有能力完成某一行为所进行的推测与判断。自我效能感高，人完成某一行为并产生某一后果的动机和自信水平就会提高，反之则降低。

（2）自我效能感的功能。

①决定人们对活动的选择及对该活动的坚持性。高自我效能感的谈判者在谈判行为中会自主地选择谈判方式和谈判策略，对于谈判目的是否达到的执著程度也会高于低自我效能感的谈判者。

②影响人们在困难面前的态度。面对谈判中遇到的困境，高效能者的表现是坚持不

懈并且策略多样，而低效能者更容易放弃。

③影响新行为的获得和习得行为的表现。高效能者善于在谈判中总结自己，并掌握新的知识和行为，无论谈判是否成功，都能有新行为的获得，并且不断提高新行为的水平。

④影响活动时的情绪。高效能者对于谈判行为的情感投入是专注的、兴奋的，他们以积极的心态去面对谈判行为，不放过任何一个细节。低效能者则害怕谈判行为，不敢或不能投入全部情感。

（3）影响自我效能的因素。

①个体的直接经验。对于个体来说，成功经验能显著地提高其自我效能感，而且这样的自我效能感还能在相似的情境下出现泛化。如某个谈判者在某次谈判过程中获得了成功，那么此次成功的经验对于他在下一次遇到类似情况时的完成度、完成自信心方面都有很大的帮助，而且以后在类似的情况下都会使用同样的处理手段。

②个体的替代性经验。这里主要指谈判者对于他人成功或失败的借鉴。优秀的谈判者会积极主动地了解他人成功或失败的经验，并与自己的情况相对比，有利于提高自己的自我效能感。

一般来说，优秀的谈判者善于与自己能力高的人比较失败的经验，与比自己能力差的人比较成功的经验，这样会更有利于对自己参与谈判时的效能提高。

③个体受到的言语说服。有的时候，使用言语的直接说服，也有利于自我效能感的提高。不过这种言语说服往往难以持久。谈判者在决策者的言语说服下可能会提高自我效能感，但如果谈判持续时间过长，则这种效能会逐渐下降。

需要注意的是，对于个体来说，对其进行言语说服的人很重要，不是任何人都可以进行言语的说服，需要考虑说服者的身份、地位、可信度等。

④情绪唤起。自我效能往往在具有一定情绪的情境中才能被唤起。有的时候个体并没有感受到自我效能，但是在遇到一些特殊的情境，如应激的情境下，可能会有自我效能的唤起。如某些谈判者一直没有成功的信心，但是当谈判到了关键时刻，必须要做出决定的时候，可能会突然唤起自己的效能感，顺利完成谈判任务。

通常，能够唤起自我效能感的是紧张和危险的情境。但要注意的是，只有在一定程度下的紧张和危险才会唤起自我效能，过低的难以唤起，过高的反而会降低自我效能。谈判者在商务谈判的过程中要注意控制自己的情绪与情境的认知，避免出现过高或过低的情绪。

2. 成就动机理论

成就动机是指一种力求成功并选择朝向成功（或失败）目标活动的一般倾向。成就动机理论首先由美国心理学家麦克里兰（McClelland）提出，后来由阿特金森（Atkinson）于 1963 年做了进一步的深化和完善。

成就动机理论提示我们，人在做任何任务的时候，都会有力求成功和避免失败两种倾向：要么追求取得成功，要么趋向避免失败。因此在极端情况下，会出现力求成功的人和避免失败的人。前者事事追求成功，以完美为工作或任务的目标；后者事事避免失败，以不失败为目标。如果以学生为例子，那么前者就是追求 100 分的学生，后者就是 60 分万岁的学生。这必然会导致两种谈判的趋向：力求成功者在商务谈判时会追求全面的成功，无论是在经济利益还是谈判气势方面，追求全面胜利并压倒另一方；而避免失败者在商务谈判时会以满足底线为追求，其他利益不再考虑，可退让的就退让，能商量的就商量。

现实生活中很少出现力求成功人和避免失败人，往往是力求成功与避免失败两个趋向的动机同时出现。

力求成功的动机（TS）主要由对成就的需要（MS）、成功的可能性（PS）、成功的诱因（IS）组成，所以力求成功的动机 $TS = MS \times PS \times IS$。

避免失败的动机（TAF）主要由避免失败的需要（MAF）、失败的可能性（PF）、失败的消极诱因（IF）组成，所以避免失败的动机 $TAF = MAF \times PF \times IF$。

因此，当个体完成某个任务的时候，他的成就动机（TA）应该是 $TA = TS - TAF$。

如果某人的 $TS > TAF$，那么这个人在现实表现中就是力求成功的动机大于避免失败的动机，其行事比较偏向进取、进攻。对于这样的谈判者来说，太容易的谈判胜利没有意思，反而会降低成就动机；谈判的失败反而会激发谈判者的兴趣和竞争力，但经常的失败会降低成就动机。因此，这样的谈判者会对成功率居中（成功或失败率各占 50%）的谈判比较有兴趣。

如果某人的 $TS < TAF$，那么这个人在现实表现中就是力求成功的动机小于避免失败的动机，其行事比较偏向保守、防守。对于这样的谈判者来说，容易胜利的谈判可以保护其心理不受伤害；而谈判难度较大的任务，如果谈判失败不会损伤谈判者的避免失败动机，但如果谈判成功会极大地提高其成就动机。因此，这样的谈判者会对成功率在两端（成功率为 0 或 100%）的任务比较感兴趣。

作为谈判的决策者，对商务谈判的难度判断及对谈判者的成就动机的判断非常重要，一定要找好契合点，才会使谈判更易成功。

3. 动机与谈判效果的关系

尽管动机在商务谈判中非常重要，但并非一定是动机越强，谈判效果越好。动机与谈判效果之间的关系，可以用耶克斯－多德森定律来进行解释。

耶克斯－多德森定律是心理学家耶克斯（R. M Yerkes）与多德森（J. D Dodson）的心理学研究成果。它认为，动机强度和工作效率之间的关系不是一种线性关系，而是倒 U 形曲线关系；各种活动都存在一个最佳的动机水平，动机不足或过分强烈，都会使工作效率下降；而且动机的最佳水平随任务性质的不同而不同：在比较容易的任务中，工作效率随动机的提高而上升；随着任务难度的增加，动机的最佳水平有逐渐下降的趋势，也就是说，在难度较大的任务中，较低的动机水平有利于任务的完成；中等强度的动机最有利于任务的完成，也就是说，动机强度处于中等水平时，工作效率最高，一旦动机强度超过了这个水平，对行为反而会产生一定的阻碍作用。如谈判的动机太强、急于求成，会产生焦虑和紧张，干扰了记忆和思维活动的顺利进行，使谈判效率降低。商务谈判中的"怯场"现象主要是由动机过强造成的。

商务谈判的决策者要首先估计谈判的难度，再根据难度的高低调整谈判者的动机水平，才能取得谈判效果的最大化。

【阅读资料 5 - 2】　　　　　商务谈判常见的心理禁忌

商务谈判中的心理禁忌是多方面的，常见的心理禁忌大致有以下几种。

1. 戒弱

这方面的心理禁忌常指：过高地估计对方的实力，不敢与对方的专家、老手正面交锋、据理力争；让对方觉得自己是个弱者，容易被欺负。谈判无非是谋求双方利益的合理分配，即使自己所处的地位和实力都无与伦比，也不可欺弱，因为欺弱会导致最后双方谈不拢，谈判失败。

2. 戒贪

贪酒、贪色、贪财等都是商务谈判之大忌。这些忌讳令多少精英身败名裂。在竞争日益激烈的今天，谈判一方为了实现自己的企图，抓住另一方贪的心理，经常给他们施以小利，以求从心理上控制对方，使对方步步失守，铸成一些严重的后果。因此，有贪心的人是不可以参与谈判的。

3. 戒盲目谈判

一切尚未知己知彼的谈判都不能盲目进入。在谈判之前，应该收集相关的资料和信息，在充分研究的基础上，初步构想谈判的策略，把握谈判的重点，甚至连谈判阵容的设置都在运筹之中。只有这样，才能知己知彼。谈判人员一定要克服盲目介入，避免一上谈判桌就陷入被动局面。

4. 戒感情用事

对企业而言，谈判是一件严肃的事情，它是当今社会企业实现经济利益的常见业务交往活动；对谈判人员而言，谈判则是谈判者代表企业去完成重要的使命。因此，谈判者切不可在谈判中感情用事，要自始至终保持清醒的头脑。只要对方不是来肆意制造事端的，就应以礼相待，言谈举止应该得当，这样有利于消除由于矛盾隔阂而产生的戒备心理，促使双方互相沟通，保证整个谈判过程始终洋溢着诚挚轻松的气氛。

5. 戒失去耐心

谈判是一种耐力的竞赛，没有耐力素质的人，不宜进入谈判。在风云变幻的谈判桌上，耐心是一个不可忽视的制胜因素，它是在心理上战胜谈判对手的一种战术与谋略。耐心是提高谈判效率、赢得谈判主动权的一种手段，它能够让对方清楚地了解自己，同时又使自己详尽地了解对手。只有双方互相了解、彼此信任的谈判，才能使双方精诚合作，在较短的时间内签署谈判协议，而不会因为某一句话或某一个要求而导致谈判夭折，才能使谈判获得最终成功。谈判人员的这种耐心，就是产生谈判效益的一种直接原因。

资料来源："商务谈判中常用的心理战术"，https：//wenku. baidu. com/view/df9a2807a6c30c2259019e8b. html。

5.3　商务谈判人员的心理特征与认知风格

谈判能否成功，在很大程度上取决于坐在谈判桌对面的那个人或那一群人。对于参与商务谈判的人员而言，重要的是要辨别出对手的个性类型和性格特点，并以此为依据来调整自己的态度和方法，就为取得谈判的成功打下了基础。

5.3.1 谈判人员的个性心理特征

个性也叫性格，是心理学的重要研究内容之一。个性就是个体在物质活动和交往活动中形成的具有社会意义的稳定的心理特征系统。个性是在一般心理过程的基础上发展起来的。

个性主要包括两方面的内容：①个性倾向性，包括需要、动机、兴趣、理想、信念、世界观等。②个性特征，主要包括气质、认知风格等。

1. 商务谈判人员的气质

气质是表现在人们心理活动和行为方面的典型的、稳定的动力特征。人的这种具有先天性的气质是具有个体差异的，这是由神经类型的差异所造成。气质决定着人的心理活动进行的速度、强度、指向性等方面。

（1）气质类型的分类。

有关气质的分类较多，例如巴甫洛夫根据人的神经活动，将气质类型分为不平衡型、灵活型、安静型和弱型四种。而依据希波克拉底的体液说，现代心理学把气质定义为：气质是表现在人们心理活动和行为方面的典型的、稳定的动力特征。

（2）气质类型理论与应用。

胆汁质典型的特征是神经活动强而不均衡，由于具有强烈的兴奋过程和较弱的抑制过程，使得有人称胆汁质气质类型为兴奋型或不可遏止型。这种气质的人兴奋性很高，脾气暴躁，性情直率，精力旺盛，能以很高的热情埋头事业，兴奋时，决心克服一切困难，精力耗尽时，情绪又一落千丈。

多血质相当于神经活动强而均衡的灵活型。这种气质的人热情、有能力，适应性强，喜欢交际，精神愉快，机智灵活，但稳定性较差，富于幻想，不愿做耐心细致的工作。

粘液质相当于神经活动强而均衡的安静型。这种气质的人平静，善于克制忍让，生活有规律，不为无关事情分心，埋头苦干，有耐久力，态度持重，不卑不亢，不爱空谈，严肃认真；但不够灵活，注意力不易转移，因循守旧，对事业缺乏热情。

具有抑郁质气质类型的人具有较强的抑制过程，较弱的兴奋过程，属于呆板而羞涩的类型。这一类型人的典型特征是：孤僻多疑、缺乏自信、行动迟缓，但体验深刻、办事稳妥可靠、善于观察别人不易察觉到的细微事物等。

人的气质本身无好坏之分，气质类型也无好坏之分。在评定人的气质时不能认为一种气质类型是好的，而另一种气质类型是坏的。每一种气质都有积极和消极两个方面，在这种情况下可能具有积极的意义，在另一种情况下可能具有消极的意义。如胆汁质的人可成为积极、热情的人，也可发展成为任性、粗暴、易发脾气的人；多血质的人情感丰富，工作能力强，易适应新的环境，但注意力不够集中，兴趣容易转移，无恒心等。抑郁质的人工作中耐受能力差，容易感到疲劳，但感情比较细腻，做事审慎小心，观察力敏锐，善于察觉到别人不易察觉的细小事物。气质不能决定人们的行为，是因为人们可以自觉地去调节和控制。

商务谈判的决策者要熟悉谈判者的气质类型，同时也要了解对手的气质类型，以合适的气质面对不同的商务谈判情境。利用好谈判者的气质类型，也有助于组建适合的谈判团队。如胆汁质的人可以表达激烈的不可退缩的诉求；多血质的人适合去完成有挑战性的商务谈判内容；粘液质的人适合做主要谈判者，但是因循守旧，不愿意变通；抑郁质的人适合做谈判的观察者，可以敏锐地发现谈判对手的细微变化等。

5.3.2　商务谈判人员的认知风格

认知风格指个体在信息加工过程中，表现出的在认知组织和认知功能方面持久一贯的特有风格。它既包括个体知觉、记忆、思维等认知过程方面的差异，又包括个体态度、动机等人格形成和认知能力与认知功能方面的差异。以下介绍几种主要的认知风格。

1. 场独立型与场依存型

场，即环境，包括各种人、物和事。美国心理学家威特金森（Witkin）提出了场独立和场依存两种认知风格的差异，主要以对外界环境的依赖程度为划分的依据。

场独立型的人在处理任务时，不太依赖于外界环境，主要依据内在标准或内在参照物来完成。场依存型的人在处理任务时，主要依赖于外界环境，依据外在标准或外在参照物来完成。

这两种差异只是人在与外界环境（场）发生关系时的处理方式，并没有明确的好坏之分。场独立型的人有主见，有自己的长远规划，做事冷静，有自己的方式，效率较高，抽象逻辑思维水平高，自学能力强，喜欢自然科学知识；但不善于利用外界的事物，人际关系不好，社会交往水平差。场依存型的人善于理解他人，注重人际交往，注重工作细节，做事喜欢多参考他人意见，感性思维较强，比较喜欢社会学科知识。

商务谈判过程中，场独立型人容易自作主张，自行其是，理解问题较为主观；但冲劲足，有主见，受外界干扰小，比较能够专注投入，适合谈判中的"冲锋陷阵"。场依存型人可能优柔寡断，过于谨慎，对挫折的耐受性差；但能综合多种观点再做出决定，较为稳重，考虑长远，适合谈判中的"稳扎稳打"。

2. 冲动型与沉思型

如果说场独立和场依存是因对场的依赖程度划分的，那么冲动型与沉思型是因对问题的思考速度，即反应的快慢而划分的。

冲动型人的特点是反应快，但是精确性较差。常用的是整体加工方式，所以在完成需要整体解释的任务时成绩会好，注重整体效果，忽视细节。

沉思型人的特点是反应慢，但是精确性较好。常用的是细节性加工方式，所以在完成细节分析任务时成绩会好，注重细节，不在意整体。

商务谈判过程中，冲动型人反应很快，喜欢速战速决，对于对方提出的意见往往迅速做出回应。对谈判时己方的要求只要整体合适就好，不太关注于日期、方式等细节。沉思型人反应较慢，对于各种细节必须认真思考，不在意时间，对对方所有问题都会认真思索，不放过任何细节，谈判时对每一个标点符号的使用都会认真思索。

商务谈判的决策者应该了解谈判者的这种认知风格，在面对不同需求的谈判时选择合适的人进行谈判。如对于需要尽快完成，己方可以放弃个别小利益的时候，最好使用冲动型人，而不要使用沉思型。

3. 同时型与继时型

同时型与继时型主要是依据大脑加工的方式来进行划分的认知风格。同时型主要为右脑加工的认知风格，在面对问题时，采取宽视野的方式，同时考虑多种假设，兼顾各种可能性。继时型则主要为左脑加工的认知风格，在面对问题时，一步步的分析问题，每一步分析问题时只考虑一种假设，成立后再进行下一步，如链式紧密结合。

商务谈判过程中，同时型人的谈判方式往往是针对多个问题同时提出并综合考虑解决方式；而继时型人的谈判方式是按部就班，每一步谈好之后再进入下一步，一旦成功，不再回顾以前。

需要特别说明的是，同时型与继时型只是认知方式的差异，并非人格上的差异。如果谈判双方都是同时型或都是继时型，会使谈判过程相对流畅。如果一方是同时型而另一方是继时型，往往会造成谈判进度缓慢，甚至造成谈判的破裂。

【阅读资料 5 - 3】　　　　　　　商务谈判思维

在商务谈判中按照常规的思维定势去思考问题，往往不能达到预期的目的，甚至导致商务谈判的破裂或失败。所以就要求商务谈判者掌握发散思维的方式方法，以便能打破常规思维的定势，争取最佳的商务谈判结果，达到预期的目的。

在商务谈判中，常用的发散性思维有以下五种。

1. 反向思维

反向思维也称逆向思维，是指对传统的思维定势作反向思考。人们往往习惯于按一定的顺序和思路去思考问题，而善于反向思维的人，能够反向思考，从尾到头，从果到因，逆时针回溯等等。因此，反向思维能从传统认为是正确的观点、正常的现象中，发现谬误和不足之处；也能从传统认为是错误的观点、不正常的现象中，发现真理的成分；甚至做出与习惯相反的思维。

谈判过程中，优秀的谈判者可能会经常使用反向思维，站在对方的角度去思考问题、理解问题，为己方调整谈判策略、实现谈判目的而服务。

2. 深层思维

深层思维是指从一般思维的结论入手，作更深入一步的思考和剖析。人们往往习惯于已有的、现成的结论，思维的惰性阻止了人们作深层次的思考，往往也就不能发现现有结论掩盖下的新思想、新结论。

深层思维，也就是透过现象看本质。优秀的谈判者应该能通过谈判合同文书以及对方的表现，进行深层思维，探索对方诉求的本质。如有的商务谈判对于价格的要求非常细致，就可能不仅仅是经济利益方面的问题，还需进一步探索其本质含义。

3. 多解思维

多解思维是指从不同的角度、不同的途径，用不同的方法，得出同一结果的思维方法。最典型的多解思维是数学中的"一题多解"，这种思维方法的名称就是由此而来的。谈判中经常会用到多解思维。优秀的谈判者往往会"知人所不知，见人所不见"，能够从多种渠道和多种途径解决问题。如对方要求降低服务价格，就可以通过降低人员数量来实现。

4. 联想思维

联想思维是指在原来没有有机联系的事物之间，抓住某种时间上或空间上的接近关系，抓住某些特点方面的相似或对立关系，在原来没有有机联系的联想物之间建立起某种联系。

5. 辐射思维

辐射思维就是从同一情况中，导出不同的结果来。在谈判桌上，当你不肯折让价格时，对手有可能就改变要求，提出送货上门、要求改变支付方式、要求提高供货等级等。

5.4　谈判的心理策略

在商务谈判过程中，不可避免地会出现争论、冲突、僵持、风险、投机、利用等情况。这时，为实现既定的谈判目标，有经验的商务人员会积极运用各种有效的心理策略。值得注意的是，谈判的心理策略的选用需要考虑到具体的谈判时机、场合和状况，要因时因地因人因势而灵活运用。

在商务谈判过程中，常用的心理谈判策略主要有吊胃口、各个击破、倾听等多种，下面分别进行介绍①。

5.4.1　吊胃口

越是得不到的东西越发显得珍贵，越希望得到它，这是人性的特点之一。一般人总有一种倾向，就是对自己喜欢而越是无法获得的东西，越会产生强烈取得的意念。并且，人们总是比较珍惜难以得到的东西。

假如有个人，非常热心地想和你谈判，那么，这个人的谈判力就显得比较弱，而你的谈判力就显得比较强。对于谈判者来说，你可能非常希望与对方合作，但不应该表露得过于明显，否则，将削弱你的谈判力，甚至不得不在谈判中做出很大的让步、付出很大的代价。谈判者对于对方的提案，不要表现得很热心，只要表现出感到有兴趣，就会增加你的谈判力量。

人的心理特点之一便是人们不会欣赏轻易得到的成功，所以，应该让他们去努力争

---

① 改编自"国际商务谈判心理"，豆丁网（http://www.docin.com/p－1468399319.html）。

取每样东西。应该注意，在商务谈判中，除了不要太快让步以外，也不要太快提供给对方额外的服务，包括主动提供额外的配件、允诺快速的供货、由己方负责运费或者额外的包装费用、或者降低价格。即使要作这些让步，也不能做得太快。

5.4.2　利用差异，各个击破

如果参与谈判的是一个代表团，在代表团成员之间必然存在一定的差异，可能表现在观念，理解力、意见及经验等方面。只要存在差异，哪怕是极小的差异，就可能会被对方利用。

在一次商务谈判中，双方的谈判涉及了一些技术性很强的问题，于是，谈判一方从总部请来一位技术专家协助工作。但由于这位专家并没有全程参与谈判，对前一阶段的谈判情况并不了解，结果这个差异被谈判对手所利用。由于每个人都有得到他人尊重的需要，希望受到他人的认可，谈判对手就利用谈判专家的这种心理需求，在新一轮的谈判中，故意表现出对这位专家的极大尊重，将全部的注意力都集中在这位专家身上，而对其他人员则采用漠视的态度。结果，这位专家因为能引起对方注意而显得乐不可支，在得意忘形中向对方泄露了极为重要的情报，严重损害了己方在谈判中的地位。

如果由于成本上涨，公司希望给产品提价，然而，公司三家主要的批发商联合起来反对提价。现在他们要求与你公司进行谈判，你是选择跟他们一起谈，还是分别谈呢？明智的选择应该是分别与这几家批发商单独谈判。因为，表面上他们都是反对提价，但他们之间同样存在着许多不同的利益。当其他各方联合起来反对你的时候，对你的压力就会异常沉重。你的对策是要使联盟的成员相信，你与他们单个之间的共同利益高于联盟成员之间的利益，从而可以分别与他们达成较为有利的协议。

5.4.3　倾听

积极地倾听是对对方表示尊重的一种方式，同时，优秀的谈判人员善于倾听和理解对方表述的内容。在谈判中，需要谈判人员不光用耳朵听，而且要用眼睛去观察对方的表情和动作，研究对方话语背后的动机，做到耳到、眼到、心到地听。在谈判中，通过倾听来获取情报是一种行之有效的方法。

一位谈判大师曾举过一个例子：有一次，他到一家工厂去谈判，他喜欢提前赶到谈判地点，通过跟人聊天来获取一些正常情况下无法获得的情报。由于这位谈判大师非常善于倾听，他甚至可以使不爱说话的人也变得滔滔不绝。

当他与一位打算进工厂去上班的师傅聊天的时候发现，这位师傅居然是这家工厂的一位工段长而且非常了解谈判大师所在公司的产品。在双方融洽的交谈中，这位工段长称赞道："你们公司的产品真是不错，在我们用过的各公司产品中，只有你们的产品符合我们的规格和标准。"结束聊天时，工段长向谈判大师表达了祝愿，对他说，"希望你们这次谈判早日圆满结束，因为我们厂里的存货快用完了。"这位谈判大师之所以能够从这位工段长那里获得了极有价值的情报，与他善于积极地倾听。诱导性地发问是密不可分的，这些重要的情报使得采购经理处于非常不利的谈判地位。

5.4.4　利用报价改变谈判对手的期望值

1. 卖方的高报价策略

报价为谈判结果设置了一个上限，在谈判中可以或多或少地影响到对方对于谈判的期望值。

谈判桌上的结果在某种程度上取决于你的要求被夸大了多少。这种夸大，不仅仅从数量上表示出来，还可以通过夸大所提条件的程度，夸大质量及重要性的方式表达出来。谈判双方往往在谈判开始提出一些并不期望能实现的过高的要求。谈判的对手要求的东西往往比他真正想从你这里得到的东西要多。对方过分的要求所要达到的目的之一就是用来动摇你的自信心，使你修改你的期望与假设，并降低你的目标与要求。随着谈判的进行，通过双方的让步来逐步修正，达到合理的目标值。

卖方高要价的原则是指，只要能够找到理由，例如，质量好、技术先进、售后服务完善等等，报价应尽量高。

这样做有以下几个理由。

（1）卖方的报价对谈判结果设置了一个上限，在卖方报价之后，如果希望再提高报价，一般不会得到买方的接受，所以报价不得不高。

（2）高价会增加产品或服务的外在价值，影响对方对产品的评价，即高价格源于高质量。

（3）高报价给谈判者留出了巨大的谈判空间和让步余地，如果初次与对方谈判，做出更大的让步可以表明更大的合作诚意。

这是让买家感觉自己赢了的唯一方式，创造一种对方取胜的气氛。让步时给对方造成一种错觉——似乎卖方已经做出巨大的牺牲，但实际上只不过舍弃了一些微不足道的东西和过分的要求。

（4）如果你的开价让买家无法接受，你可以暗示对方你的价格具有一定的弹性，例如可以根据订货的数量、质量要求和供货的时间等等进行调整，让对方看到有商量的余地。

假如在一次商务谈判中，你可以有 60 个单位的让步空间，如果你打算在四轮谈判中让出这 60 个单位，在每一轮的谈判中该如何让步？以下五种方式可以参考，见表 5－1。

表 5－1　　　　　　　　谈判让步方式表

	第一轮	第二轮	第三轮	第四轮
方式一	0	0	0	0
方式二	15	15	15	15
方式三	8	11	16	25
方式四	25	16	11	8
方式五	60	0	0	0

方式一：采用这种方式的谈判者态度非常强硬，在谈判的前几个回合里丝毫不让步，给人一种没有讨价余地的感觉，如果谈判者具有很强的市场势力，而对方的谈判力又比较弱，往往可以使获得的利益最大化，然而，更多情况下，要冒使谈判破裂的风险。

方式二：采用这种方式会让你的谈判对手形成一种幻觉，似乎只要谈判一直进行下去，你就会不断让步，而你一旦停止让步，就很难说服对方，从而很可能导致谈判的中止或破裂。

方式三：如果说方式二使对手期待你下一次能做出同等水平的让步，方式三则诱发对手幻想你下一次更大幅度的让步，是一种诱发对方幻想的让步方式。

方式四：这种让步方式在合作性较强的谈判中常常使用。它不是方式三的简单颠倒，而是在最初的让步中显示让步者是愿意妥协的，希望在谈判中达成交易。但随着谈判进程的推进，让步幅度的减少，表明进一步的让步根本不可能了，从而有利于在一番让步之后达成协议。

方式五：这种方式有如在战争刚开始就交枪，不给自己留下任何的让步空间，从而断送了自己讨价还价的所有资本。

一笔好的交易通常都是经过双方不断地讨价还价，各自让步之后才显得更好。

2. 非整数报价

非整数报价策略意在利用一些巧妙的数字安排，给对方造成某种错觉，从而满足其特殊需要，促使谈判成功。

非整数价格是一种典型的心理价格策略。这种策略的心理依据是利用人的感知差异造成错觉而刺激购买。在报价时不要报整数，而是要提出一个有零头的数字。听起来觉得比较强硬、坚定，也较少有谈判的余地。带零头的非整数报价给对方的另一个明显感觉是：商品的定价非常认真，精细、准确、合理，并进而产生一种可信赖感。

非整数报价策略利用了人们希望商品"价廉物美"的心理倾向。它用避免达到某一个整数的带零头的标价造成一种价格偏低的感觉信息，使之易于接受。对于不同的国家、地区或不同的人，由于民族风俗习惯、文化传统和价值观念的影响，往往存在对某些数字的偏爱或忌讳。在具体运用时也存在一些差别。例如，我国港澳地区认为"8"字有"兴旺发达"之意；美国人讨厌"13"，认为"13"这个数字不吉利；日本人认为"8"字代表"吉祥如意"。通过非整数报价策略，给对方造成一种数字中意的感觉，有意识地选择对方偏爱的数字，投其所好，或避开对方忌讳的某个数字，以便使谈判取得满意的效果。

5.4.5 不接受对方的第一次出价或还价

在商务谈判中，必须要遵守"绝不接受对方的第一次出价或还价"。这是因为，一旦接受，不仅己方会失去以后提价的机会，而且还会让对方心存疑虑。对方会认为这么痛快的答应，一定是产品本身出了问题或是市场环境发生了变化。所以，在对方第一次出价或还价时决不可轻易接受。

5.4.6 巧用沉默

沉默应对策略是谈判中最有效的防御策略之一。其之所以有效，根据在于，表达得越多，暴露的信息越多。良好的语言表达能力对于谈判者来讲是必需的，而保持沉默同样也是一种谈判的技巧。在激烈的争论过程中，大多数人都不甘于保持沉默。对于很多性格较为外向的谈判者而言，他们不喜欢在进行交换意见时做长时间的停顿。他们感觉对方的沉默给他们带来一定的压力，让他们感到必须说点什么，以避免由于双方的沉默带来的尴尬，或者只是由于浪费时间会产生心理上的不安。这种沉默策略的使用，本质上是一种等待的博弈。在谈判中，一方保持沉默，或者以提问的方式设法使对方不停地谈下去，以便使对方暴露其真实的动机和谈判的目标。

使用沉默的策略要耐心地等待，这样才可能使对方失去冷静，形成心理上的压力。

保持沉默的另一个原因是让对方冷静下来。谈判中，谈判双方可能会由于某种原因表现出情绪化，例如，报价可能与对方的差距太大，令其对谈判前景非常失望，甚至发生相互威胁的方式，可能导致谈判的破裂。这时运用沉默的方法，使对方冷静下来，从而理智地解决问题。

本章习题

一、单选题

1. 商务谈判最主要的作用，也是谈判之所以能够开展的关键，是满足谈判双方的（　　）。

　　A. 心理满足感　　　　　　　　　　B. 需要

　　C. 面子　　　　　　　　　　　　　D. 以上均不正确

2. 在商务谈判过程中，谈判双方的（　　）是首先需要得到满足的。

　　A. 生理需要　　　　　　　　　　　B. 安全需要

　　C. 社交需要　　　　　　　　　　　D. 自我实现需要

3. 成就动机是指一种力求成功并选择朝向成功（或失败）目标活动的一般倾向。成就动机理论首先由美国心理学家（　　）提出的。

　　A. 马斯洛　　　　　　　　　　　　B. 亚当斯

　　C. 弗鲁姆　　　　　　　　　　　　D. 麦克里兰

4. 应该注意，在商务谈判中，除了不要太快让步以外，也不要太快提供给对方额外的服务，这属于（　　）的心理策略。

　　A. 吊胃口　　　　　　　　　　　　B. 各个击破

　　C. 声东击西　　　　　　　　　　　D. 巧用沉默

5. 在商务谈判中必须要遵守"绝不接受对方的第一次出价或还价"。这是因为（ ）。

　　A. 一旦接受，就显得不尊重对方

　　B. 一旦接受，不仅己方会失去以后提价的机会，而且还会让对方心存疑虑

　　C. 一旦接受，对方就会得寸进尺

　　D. 一旦接受，就会让对方产生怀疑，从而中止谈判

二、多选题

1. 商务谈判不同于一般的心理，其突出的特点主要有（ ）。

　　A. 内隐性　　　　　　　　　　B. 外显性

　　C. 个体差异性　　　　　　　　D. 相对稳定性

　　E. 一成不变性

2. 动机对于行为主要有三个作用，分别是（ ）。

　　A. 调整　　　　　　　　　　　B. 激发

　　C. 指向　　　　　　　　　　　D. 强化

　　E. 负激励

3. 下列有关气质类型，说法正确的是（ ）。

　　A. 胆汁质典型的特征是神经活动强而不均衡，由于具有强烈的兴奋过程和较弱的抑制过程，使得有人称胆汁质气质类型为兴奋型或不可遏止型

　　B. 多血质气质的人兴奋性很高，脾气暴躁，性情直率，精力旺盛，能以很高的热情埋头事业，兴奋时，决心克服一切困难，精力耗尽时，情绪又一落千丈

　　C. 粘液质相当于神经活动强而均衡的安静型。这种气质的人平静，善于克制忍让，生活有规律，不为无关事情分心

　　D. 多血质相当于神经活动强而均衡的灵活型。这种气质的人热情、有能力，适应性强，喜欢交际，精神愉快，机智灵活；但稳定性较差，富于幻想，不愿做耐心细致的工作

　　E. 抑郁质气质类型的人具有较强的抑制过程和较弱的兴奋过程，属于呆板而羞涩的类型

三、名词解释

1. 商务谈判心理　　2. 个性　　3. 自我效能感　　4. 认知风格　　5. 气质

四、简答及论述题

1. 商务谈判最主要的作用是什么？

2. 自我效能感的主要功能有哪些？

3. 试论述气质类型理论与运用。

4. 试论述冲动型与沉思型认知风格。

5. 试论述非整数报价的心理策略。

案例讨论

一场斗智斗勇的较量

案例背景

甲方：中国甲厂

乙方：美国乙公司

中国甲厂因为扩大生产的需要，决定向美国乙公司购进 6 台卷簧机、4 台测试仪、2 台双面磨床，想借此提高自身的产品质量，打入美国市场。因为该笔订单较大，美方也非常想做成这笔生意。

第一轮谈判

某年 11 月中旬，中国甲厂的徐厂长到美国乙公司考察，双方经过讨价还价，最后与乙公司谈定以 520 万美元的价格引进这 6 台卷簧机、4 台测试仪、2 台双面磨床设备，并相约年底由乙公司派代表到中国甲厂签订正式的合同。

第二轮谈判

当甲厂的徐厂长回国后，经过更为详细的调研和专家的论证，认为花 520 万美元引进这 12 台设备价格确实有点偏高。但由于双方已经敲定价格，估计难以变动，徐厂长决定在第二轮谈判中要从增加设备方面入手，以弥补可能的利益损失。

12 月 17 日，美方乙公司的总经理史密斯先生和助手迈克尔如约来到甲厂，与徐厂长开始了紧张的第二轮谈判。徐厂长鉴于上次的教训，这次做了充足的准备工作，除了对国际市场行情做了更为充分的调研之外，还对乙公司和史密斯总经理的情况及谈判特点做了相应的了解。

谈判刚开始，经验丰富、老练精明的史密斯总经理立刻表示："谢谢主人对我们的欢迎，我们这次来到贵厂，完全是带着诚意而来，我们信守以前谈判的意向，希望马上签订合同。我们已买好明早起飞的机票，希望此事能够尽快办好，好让我们赶回去过圣诞节。这是我们根据上次谈定的意向拟订的合同文本，请徐厂长过目，如无异议，请签字。"史密斯总经理一开始就吹响决战的号角，气势逼人，他的目的就是速战速决，尽快签订合同，以保住前面的既得利益。

徐厂长对此状况早有准备，他接过合同文本，并不急于翻看，而是把它放在一边，不慌不忙地说："史密斯总经理，离圣诞节还有一个多星期呢，这么急着回去干吗？作为主人，我们还没尽地主之谊呢！我们很乐意陪同客人到处看看，了解了解我们的国家。至于合同，我看还是谈得更细一点好，现在匆忙签字，将来出现纠纷反而不好。在正式签订合同之前，有关设备项目应该再商议一下，你看如何？"史密斯先生碰了个软钉子，他意识到马上签字是不太可能的了。

徐厂长这时才慢慢翻阅着合同文本，笑容满面地说："史密斯总经理，在贵方的合同文本中，对于我厂向贵公司购买的设备项目中，怎么连工艺装备都没写清楚，那到底是否包括工艺装备呢？"

"当然不包括。"史密斯总经理连连否认。

"是吗？史密斯总经理，我们购买设备是使用的，不是放着看的。一般人买台电视机，都包括天线、插头、导线等装备。你们这么做好像不大符合商业习惯吧！"

史密斯总经理一想，自觉有点理亏，说："好吧，那就写上。"他想，不能因小失大，反正这些没有多少钱，只要徐厂长签字，这点最后的甜头还是要给对方的。谁料到，对于徐厂长来说，他的策略才刚刚开始。徐厂长接着又说："我方购买4台测试仪，怎么没有配套的专业电子计算机呢？"史密斯总经理一听急了，一台专业配套的计算机价值上万美元，如果答应的话，利益就会受损很多。他赶紧连连摆手："不，不，徐厂长，如果这样，我们无法接受。"于是推磨式的谈判开始了，直到中午时，史密斯总经理终于让步了，他希望下午能够签字。

午饭后，徐厂长亮出了底牌，抛出了一系列新的条件。他说："我希望史密斯总经理能够谅解，照这样的合同条件，我还是无法签字。"他顿了顿又说："我们购买的这套设备，现在只能生产一般的弹簧，我们希望它也能够生产专用的弹簧，这需要贵方能免费提供相关的技术资料。除此之外，我们还希望引进设备投产后，在5年内每年能够返销

60 万美元的产品到贵国的市场；我们还希望贵公司在完成设备安装后，提够返销供所需的弹簧钢丝；此外，贵方应该再增加 2 台双面磨床。"

史密斯总经理听后，脸涨得通红，连说："不！这不可能！徐厂长，这种条件，我们根本无法签订合同了。"他的助手迈克尔也随声附和说："十分遗憾，没想到我们的诚意未被贵方理解。"两人便欲起身告辞。

徐厂长及时展开心理战："坦率地说，你们也知道，我们和另外一家厂商也有过接触，他们近期已许诺按极优惠的价格提供这些设备，但我们中国人是看重老朋友的，希望与你们做成这笔生意。当然，如果贵方实在觉得不行，也不必勉强，我相信，我们还会有别的合作机会的。"说着，徐厂长也站起身来。

史密斯总经理有点紧张，焦急地说："好吧，那我们再谈谈看。"谈判一直拖延到下午 6 点，双方仍未达成协议，关键是那 2 台总价值 32 万美元的双面磨床，史密斯总经理无论如何也不愿做出让步。

晚饭过后，晚上 8 点，双方在客人下榻的饭店继续谈判，你来我往地争论，一直到次日凌晨 3 点，谈判仍在僵局之中。徐厂长起身告辞，说："今天就谈到这儿吧。明天大家还有工作，我们的客人也该休息了。如果实在谈不成，明早送你们上飞机。"他留下助手便告辞了。

次日早晨，史密斯总经理终于憋不住了，让迈克尔来敲徐厂长助手的房门，并告知希望上午再谈一次。徐厂长的助手问："不是今早的飞机吗？你们有时间吗？"迈克尔回答说："不，是晚上 7 点。"

徐厂长听到这个消息，十分兴奋，这说明史密斯先生不愿意放弃这笔生意，谈判应该坚持住自己的立场，寸步不让。

在上午的谈判中，史密斯总经理只答应增加一台双面磨床，但徐厂长仍坚持自己的立场，谈判仍然没有结果。午饭时，史密斯先生和迈克尔只是闷头喝酒，行李已搬到汽车上了。

徐厂长与客人握手告别，送他们上汽车。这时，他的助手心里十分紧张，悄悄拉了一下徐厂长的胳膊，因为他知道，如果不签这个合同，项目申请下来的拨款资金就不算数了。徐厂长表面仍然泰然自若，对客人微笑着说："再见！"

就在汽车引擎发动的那一瞬间，史密斯先生突然说："徐厂长，您如果能够上车送我们去机场，也许我们还可以再谈谈。"

徐厂长不动声色地说："如果您真想谈，就请下车。去机场的时间还来得及。"史密斯总经理无可奈何地下了车，不到两个小时，双方就在合同上按照徐厂长的要求签了字。就这样，徐厂长得到了原来意向中并没有得到和提及的利益。

资料来源：http：//www.chinadmd.com/file/ixio6awsovauvvivrtrwat3i_ 2.html。

❓ 思考讨论题

1. 中方徐厂长在此次商务谈判过程中是如何捕捉对方的心理的？
2. 请结合本案例谈谈商务谈判过程中的心理运用技巧。

第 **6** 章

商务谈判语言

本章导读

语言是信息传递的媒介，是人与人之间进行交流和沟通的工具。美国企业管理学家哈里·西蒙曾说："成功的人都是出色的语言表达者。"商务谈判的过程其实就是谈判者运用语言进行协商、谋求一致的过程，成功的谈判有赖于语言技巧的使用。本章主要阐述了商务谈判语言的内涵、类型和原则，并介绍了谈判中有声语言和行动语言运用的一些技巧和原则。通过本章的学习，有助于正确认识和掌握商务谈判中语言运用的基本原则及技巧，提高个人的语言使用能力。

知识结构图

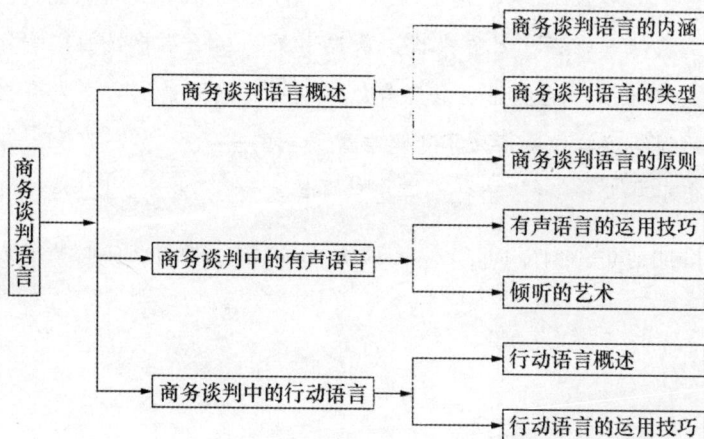

【开篇引例】　　　　　　　卡耐基的租金谈判

美国钢铁大王卡耐基的一次经历，可以作为谈判的典范。

卡耐基每季均要在纽约的某家大旅馆租用大礼堂20个晚上，用以讲授社交训练课程。

有一季度，卡耐基刚开始准备授课时，忽然接到通知，要他付比原来多3倍的租金。而这个消息到来以前，入场券早已发出去了，其他准备开课的事宜都已办妥。怎样才能交涉呢？

两天以后，卡耐基去找旅馆经理。

"我接到你们的通知时，有点震惊。"他说，"不过这不怪你。假如我处在你的地位，或许也会写出同样的通知。你是这家旅馆的经理，你的责任是让旅馆尽可能地多盈利。你不这么做的话，你的经理职位难得保住，也不应该保得住。假如你坚持要增加租金，那么让我们来合计一下，这样对你有利还是不利。"

"先讲有利的一面。"卡耐基说，"大礼堂不出租给讲课的而是出租给办舞会、晚会的，那你可以获大利了。因为举行这类活动的时间不长，他们能一次付出很高的租金，比我这租金当然要多得多。租给我，显然你吃大亏了。"

"现在，来考虑一下不利的一面。首先，你增加我的租金，却是降低了你的收入。因为实际上等于你把我撵跑了。由于我付不起你所要的租金，我势必再找其他的地方讲课。"

"还有一件对你不利的事实。这个训练班将吸引成千的有文化、受过教育的中上层管理人员到你的旅馆来听课，对你来说，这难道不是起了不花钱的广告作用了吗？事实上，假如你花5000元钱在报纸上登广告，你也不可能邀请这么多人亲自到你的旅馆来参观，可我的训练班给你邀请来了。这难道不合算吗？"

讲完后，卡耐基告辞了："请仔细考虑后再答复我。"当然，最后经理让步了。

资料来源："卡耐基的租金谈判"，http://www.doc88.com/p-901238091122.html。有改动。

6.1　商务谈判语言概述

6.1.1　商务谈判语言的内涵

语言是人类最重要的交际工具，是人们交流思想的媒介。语言是指生物同类之间由于沟通需要而制定的具有统一编码解码标准的声音信号。就广义而言，是一套共同采用的沟通符号、表达方式与处理规则，包括一切沟通作用的信息载体，不但包括说话、写字，就连距离、眼神、手势、表情、体势等都包括在内。从狭义上讲，语言是指由文字的形、音、义构成的人工符号系统。各种思维活动要用语言表达出来。

从根本上说，商务谈判就是谈判者进行语言表达和交流的过程，即通过语言表达自己的立场、观点，与对方讨价还价，协调双方的目标和利益，保证谈判的成功。从根本上说，就是持有不同意见的各方谈判人员通过语言和语言技巧进行交流，传递观点、沟通意见，并在最后说服对方以达成一致意见的过程。如何科学、合理、清楚、明白而又充分、完整、准确的表达自己的意见与意思，以获得谈判的成功，这是很有讲究的，要求语言的表达具有艺术性。语言艺术在商务谈判沟通过程中起着十分重要的作用。

1. 促进谈判的成功

商务谈判需要准确、无误地以恰当的语言表达自身的意思，并以巧妙的语言技巧来修饰、美化自己的表达，以便使自己的观点和理论在谈判中能够得到相对明显的利益优势。成功的谈判是谈判双方出色运用语言艺术的结果。同样一个问题，恰当地运用语言技巧可以使双方听来饶有兴趣，乐于聆听且愿意合作；反之，可能使对方觉得反感乏味，甚至导致谈判破裂。又如，富于艺术性的语言可使双方关系由冷转热、轻松愉快；相反，用语不当也可能破坏已经融洽的谈判气氛。在商务谈判中如何科学、合理地使用语言技巧，以获得商务谈判的成功，是开展商务谈判时必须充分考虑的核心问题。

2. 建立良好的人际关系

良好的人际关系是谈判成功的前提，而良好的人际关系往往需要语言艺术来调整、改善、巩固和发展。谈判者运用艺术性的语言，可以创造出一种自然、和谐的谈判氛围，并最终达成谈判的目的。横眉冷目、沉默不语，或语言生硬、蛮横无理，或夸夸其谈、离题万里，都会破坏谈判的气氛，影响人际关系，并最终导致谈判的破裂。具备较高的语言艺术水准既能准确地表达自己的意思，又能保持双方良好的关系。谈判者在谈判的过程中不仅要用恰当的语言表明本方的利益，而且还要在信息交换的过程中发现对方真实的需要、动机和目的，既要说得委婉，让对方听得入耳入心，又要说服对方改变立场、接受自己的条件，并不使对方反感。

3. 有利于阐明观点、实施策略

商务谈判的过程，其实就是谈判各方进行洽谈、沟通的过程。在谈判中双方要想将自己的判断、推理、论证等思维成果表达出来，必须熟练运用听、问、答、叙、辩、说服等语言技巧。在使用语言的过程中必须体现语言技巧的规律性，即要通过无数变化的语言技巧抓住谈判的重心和本质，而又不被华丽的语言技巧牵着鼻子走，使己方在谈判之中立于不败之地。幽默、含蓄、委婉等语言艺术手法是谈判取得成功的极佳方法，既要言之有据、入情入理，保持良好形象，又不能出言不逊、以势压人。

【阅读资料 6 - 1】　　　　　　　　　　农夫卖玉米

一个农夫在集市上卖玉米。因为他的玉米棒子特别大，所以吸引了一大堆顾客。其中一个顾客在挑选的过程中发现很多玉米棒子上都有虫子，于是他故意大惊小怪地说："伙计，你的玉米棒子倒是不小，只是虫子太多了，你想卖玉米虫呀？可谁爱吃虫肉呢？你还是把玉米挑回家吧，我们到别的地方去买好了。"顾客一边说着，一边做着夸张而滑稽的动作，把众人都逗乐了。

农夫见状，一把从他手中夺过玉米，面带微笑却又一本正经地说："朋友，我说你是从来没有吃过玉米咋的？我看你连玉米质量的好坏都分不清，玉米上有虫，说明我在种植中没有施用农药，是天然植物，连虫子都爱吃我的玉米棒子，可见你这人不识货！"接着，他又对其他的人说："各位都是有见识的人，你们评评理，连虫子都不愿意吃的玉米棒子就好吗？比这小的棒子就好吗？价钱比这高的玉米棒子就好吗？你们再仔细瞧瞧，我这些虫子都很懂道理，只是在棒子上打了一个洞而已，棒子可还是好棒子呀！我可从来没有见过像他这么说话的虫子呢！"他说完了这一番话，又把嘴凑在那位故意刁难的顾客耳边，故作神秘状，说道："这么大、这么好吃的棒子，我还真舍不得这么便宜地就卖了呢！"农夫的一席话，顺此机会，把他的玉米棒子个大、好吃，虽然有虫但是售价低这些特点表达出来了，众人被他的话说得心服口服，纷纷掏钱购买，不一会儿，农夫的玉米销售一空。

资料来源："农夫卖玉米"，豆丁网（https：//wk. baidu. com/view）。有删减。

6.1.2　商务谈判语言的类型

商务谈判语言多种多样，按不同标准，分为不同的语言类型。

1. 按语言表达方式的不同分类

（1）有声语言。有声语言是指通过人的发音器官来表达的语言，一般是指在谈判过程中，双方通过口头语言来交流、传递信息。

（2）无声语言。无声语言是指通过人的形体、姿势等非发音器官来表达的语言，一般是指人的体态语言，包括人的表情、手势、姿势等非语言信息行为。

2. 按语言表达特征的不同分类

（1）专业语言。专业语言是指在商务谈判中与谈判业务内容相关的一些专业术语。例如，在国际贸易谈判中，"CIF""CPR""FOB"等都属于专业语言。

（2）法律语言。法律语言是指商务谈判过程中所涉及的有关法律规定的语言。例如，"知识产权""工业产权""技术转让""信用证"等都属于法律语言。在商务谈判中，法律语言有其特定的内涵，不能随意使用。

（3）外交语言。外交语言是一种具有模糊性、缓冲性和圆滑性特征的弹性语言。在商务谈判中使用外交语言是非常必要的，因为外交语言既可以满足对方自尊的要求，又可以避免失礼；既可以说明问题，又可以为谈判决策留有进退的余地。例如，"互惠互利""无可奉告""双赢"等都属于外交语言。

（4）文学语言。文学语言是一种具有明显的文学特征的语言，即生动、活泼、优雅、诙谐的语言。在商务谈判中，文学语言的使用有助于营造良好的谈判气氛、化解紧张的谈判局面。例如，"柳暗花明又一村""播种友谊"等等，都是谈判中常用的文学语言。

3. 按谈判的基本态势分类

（1）强硬的谈判语言。强硬的谈判者在谈判中使用的语言往往是非常不客气的，并且是容易伤人的。在这种谈判者看来，谈判就是竞争，而不是合作，结果只能是我赢你输，而不能是双赢。

（2）软弱的谈判语言。软弱的谈判者在谈判中使用的语言往往是非常谦逊、非常客气的，他们非常注意对方的反应、注重对方的意见，任何事情跟对方都是商量的，绝不强加于对方。在这种谈判者看来，谈判就是合作，结果应该是双赢。

（3）原则性的谈判语言。喜欢使用这种语言的谈判者在谈判中坚持客观的标准，把重点放在基本利益的公平标准上，他们一般习惯于使用严肃、准确、平和的语言。

6.1.3　商务谈判语言应遵循的原则

商务谈判语言和一般的语言表达有着明显的区别。在商务谈判中，语言使用得当，会提升己方威信，促进协议的达成；反之，则会使对方疑惑、反感，成为谈判的障碍。要想掌握、运用好谈判语言，首先应该了解谈判语言运用的基本原则。

1. 准确性原则

谈判的主要目的是达成"共赢"。谈判双方通过谈判来说服对方理解并接受己方的观点，最终使双方在需要和利益方面得到协调和满足。所以，这是关系到个人和集体利益的重要活动，语言表述上的准确性就显得更加重要了。为了避免商务谈判过程中产生误会和不必要的纠纷，掌握谈判的主动权，谈判者应该准确地进行语言表述。谈判双方必须准确地把己方的立场、观点、要求传达给对方，帮助对方明确自己的态度。如果谈判者传递的信息不准确，对方不能准确理解你的立场和观点，势必会影响谈判双方的沟通和交流，容易导致谈判朝着不利的方向发展。如果谈判者向对方传递了错误的信息，而双方又将错就错地达成了协议，那么，就可能遭受巨大的利益损失。

在谈判中，谈判者经常会出于表达策略上的需要，故意使用一些模糊的语言，但使用模糊语言时，也要求它具有准确性。因为模糊语言反映了谈判者对某一个客观事物的一定的认识程度，而这种程度的表现必须是相对准确的。也就是说，使用模糊语言正是为了更准确地传递复杂信息，表达错综复杂的思想。模糊语言规定了一定的理解范围，如果抛开了准确性原则，超出了它的理解范围，模糊语言就变成糊涂语言了。

2. 针对性原则

谈判无处不在，谈判对象也各有不同。要取得谈判的成功，谈判者必须遵循针对性原则，针对不同的谈判对象，采取不同的谈判策略。针对性原则要求我们在谈判时，要根据谈判的不同对象、不同目的、不同阶段的不同要求使用不同的谈判语言。简言之，就是谈判语言要有的放矢、对症下药。

提高谈判语言的针对性，要求做到：①根据不同的谈判对象，采取不同的谈判语言。不同的谈判对象，其性别、年龄、文化程度、职业、性格、兴趣等均不同，谈判时所运用的语言必须体现这些差异。从谈判语言技巧的角度看，这些差异剖析得越细，谈判的效果往往就越好。②根据不同的谈判话题，选择运用不同的语言。比如，谈索赔问题，谈判语言相对要强硬一些；谈交货时间、地点等问题，可以用比较平和的语言。③根据不同的谈判目的，采用不同的谈判语言。比如，谈判的目的是双赢还是己方赢，这两种目的所运用的语言自然就不同。④根据不同的谈判阶段，采用不同的谈判语言。比如，在谈判开始时，以文学、外交语言为主，有利于联络感情，创造良好的谈判氛围。在谈判进程中，可以多用商业法律语言，并适当穿插文学、军事语言，以求柔中带刚，取得良好效果。谈判后期，可以以军事语言为主，附带商业法律语言，以定乾坤。

3. 逻辑性原则

谈判语言的逻辑性就是要求谈判者的语言要符合逻辑规律，表达概念明确清晰，判断准确，推理严谨。

在商务谈判中，逻辑性原则反映在问题的陈述、提问、回答、辩论、说服等各个方面。陈述时，要注意术语概念的同一性，问题或事件及其前因后果的衔接性、全面性、本质性和具体性。提问时，要注意察言观色、有的放矢，要注意和谈判议题紧密结合在一起。回答时，要注意切题，一般不要答非所问。说服对方时，要使语言、声调、表情等恰如其分地反映人的逻辑思维过程；同时，还要善于利用谈判对手在语言逻辑上的混乱和漏洞，及时驳倒对手，增强自身语言的说服力。

提高谈判语言的逻辑性，要求谈判人员必须具备一定的逻辑知识，包括形式逻辑和辩证逻辑。同时，还要求在谈判前准备好充足的材料，进行科学的整理，然后在谈判桌上用逻辑性强和论证严密的语言表述出来，促使谈判工作顺利进行。

4. 规范性原则

谈判语言的规范性，是指谈判过程中的语言表述要文明、清晰、严谨、准确。要求做到：第一，谈判语言必须坚持文明礼貌的原则，符合职业道德要求。无论出现什么情况．都不能使用粗鲁的语言、污秽的语言或攻击辱骂的语言。在涉外谈判中，要避免使用意识形态分歧大的语言，如"资产阶级""剥削者""霸权主义"等等。第二，谈判语言必须清晰、易懂。应使用普通话，不能用方言或黑话、俗语等与人谈判。第三，谈判语言应当注意抑扬顿挫、轻重缓急，避免吞吞吐吐、词不达意、噪音微弱、大吼大叫或感情用事等。第四，谈判语言应当准确、严谨，特别是在讨价还价等关键时刻，更要注意一言一语的客观性，表现出以诚相待。在谈判过程中，由于一句话不慎导致谈判失败的事例屡见不鲜。因此，必须认真思索，谨慎发言，用严谨精练的语言准确地表述自己的观点和立场。

5. 灵活性原则

谈判者在谈判之前应该对将要谈到的主要问题做充分的准备，对对方可能提出的问题、谈判可能出现的情况做充分地预测。但是，谈判形势的变化是难以预料的，往往会遇到一些意想不到的尴尬事情，这就要求谈判者具有灵活的语言应变能力，采取必要的应急手段，巧妙地摆脱困境。如果谈判中发生了意料之外的变化，切不可拘泥于既定的谈判策略，要做到以不变应万变，不妨从实际出发，在谈判目的允许的范围内有所变通，以适应对方的反应。如果思想僵化、死板，不能及时用灵活的方式去应对变化的形势，必将在谈判中失去优势，处于被动地位。

谈判者除了认真倾听对方的话，从话里分析反馈情况，还要察言观色，从对方的眼神、姿态、动作、表情等方面来揣测对方对自己所说的话的感受，分析对方是否对正在进行的话题感兴趣，是否正确理解了得到的信息，是否能够接受自己的说法。然后，根据分析的结果，及时、灵活地对自己的语言进行调整，继续或转移话题，重新设定说话内容、说话方式，甚至中止谈判，以保证语言更好地为实现谈判目的服务。

6. 幽默性原则

在谈判中使用幽默、风趣的语言可以有效地活跃会谈气氛，增进双方的沟通和了解，使枯燥、紧张的谈判工作变成轻松愉快的交流。在谈判双方争辩得紧张、激烈、僵持不下时，幽默、风趣的语言可以缓解紧张气氛。当谈判对手提出故意刁难的问题时，也可以使用幽默的语言应对，不仅能显示出说话者的机智，而且能化解尴尬的局面。

7. 隐含性原则

隐含性原则是指在谈判中应根据特定的环境和条件，委婉而含蓄地表达思想，传递信息。我们强调语言的客观性、针对性、逻辑性，但并不是说在任何情况下都必须直来直去、露而不遮。相反，语言的艺术性就在于它的委婉、含蓄。有时用隐隐约约、婉转曲折的表达方式比直截了当更容易被人接受、引起共鸣，起到良好的作用。

【阅读资料6-2】　　　　　　　　谈判中的博弈

　　美国一位著名的谈判专家有一次替他的邻居与保险公司交涉赔偿事宜，谈判是在专家的客厅里进行的，双方就保险理赔金额展开了谈判。

　　谈判开始理赔员先发表了意见："先生，我们都知道你是交涉专家，一向都是针对巨额款项谈判，恐怕我方无法承受你的报价，我们公司若是只出100美元的赔偿金，你看如何？"

　　专家表情严肃的沉默着，据以往经验，不论对方提出的条件如何都应表示出不满，因为当对方提出第一个条件后，总是暗示着可以提出第二个，甚至是更多。

　　果然理赔员沉不住气了："抱歉，请勿介意我刚才的提议，我再加一点，200美元如何？"

　　"加一点，抱歉，无法接受。"

　　理赔员继续说："好吧，那么300美元如何？"

　　专家沉吟了一会儿道："300？嗯……我不知道。"

　　理赔员显得有点惊慌了，他说："好吧，400美元，这在以往的赔偿金额中算很高的了。"

　　"400？嗯……我不知道。"

　　"那就500美元好了！真的不能再高了。"

　　"500？嗯……我不知道。"

　　"这样吧，我们最多出到600美元。"

　　专家无疑又用了"嗯……我不知道"。谈判在继续进行着。

　　最后这桩理赔案以950美元的赔偿金额达成协议，而邻居原本只希望得到300美元！

　　资料来源："谈判中的博弈"，http：//doc. mbalib. com/view。有删减。

6.2　商务谈判中的有声语言

有声语言是传递谈判信息的主要途径，它由声音和语言两种因素构成。没有声音，当然也就无所谓有声语言；即使有了声音，句式的选择、结构的安排、表达方式的选择也各不相同。更何况，语音的轻重、语气的抑扬、语调的高低，都是大有讲究的。谈判中既要有开诚布公的陈述，也要有旁敲侧击的试探，比起日常生活中的一般交际语言，谈判语言着实要复杂得多、高级得多。

6.2.1　有声语言的运用技巧

1. 陈述技巧

谈判的主要内容就是陈述。陈述，就是讲述自己的观点或说明问题。谈判人员在陈述时不能信口开河，也不能把对方想要知道的问题全部如实相告，并且还要明确清晰地表达自己的观点、态度和立场。这些都需要用到一些陈述的技巧。

（1）入题技巧。

谈判开始时，双方谈判人员都有一种紧张的心理，都会感到心理负担很重。采用适当的入题方法，将有助于消除紧张心理，轻松开始谈判。

①迂回入题。为了营造一个宽松的谈判氛围，避免单刀直入的尴尬，谈判时可以采取迂回入题的方法，主要包括四点。一是从题外话入题。可以先谈一些大家比较关注的社会新闻、体育赛事、娱乐消息以及天气或季节的情况等话题，来缓和一下谈判刚开始的紧张气氛。二是从自谦入题。如果对方是在己方所在地谈判，开始时可以谦虚地用以下这样的语句表示，如"条件有限，各方面照顾不周，请见谅""才疏学浅，如有不周之处，请多包涵""请多关照"等等，目的在于表达诚意。三是从介绍己方谈判人员入题。可以简单介绍己方人员的基本情况，这样既可以打开话题，使双方互相熟悉，也可以显示己方的强大谈判阵容，使对方不敢小视或轻举妄动。四是从介绍己方的生产、经营、财务状况等入题。这样做可以先声夺人，提供给对方一些必要的资料，充分显示己方的实力、良好的信誉和质优价廉的产品等基本情况，也给对方以充分的讨论空间。

②先谈一般原则，再谈细节问题。在商务谈判中，需要洽谈的问题很多，这需要双

方高级人员先谈一些原则性的问题。待原则性的问题达成一致之后，再由基层的谈判人员进行细节问题的谈判。

③从具体议题入手。在每次具体的谈判会议上，双方可以首先确定本次会议的谈判议题，然后从这一具体的议题入手进行谈判。这样做可以避免谈判时无从下手。

（2）谈判过程中陈述的技巧。

①语言通俗易懂。在陈述过程中，力求所使用的语言规范、通俗易懂，并且能够容易理解，避免使用晦涩的语言和专业性的语言，便于对方准确、完整地理解己方的观点。如果确实需要使用某些专业术语，也要尽量使用简明易懂的用语加以解释。一切语言均要以达到双方沟通、保证洽谈顺利进行为前提。

②语速适中。一般说话的速度可以分为快速、中速和慢速三种。针对不同的情绪与内容，这三种语速可以发挥出不同的效力。

在谈判中宜采用中速的节奏来说话。中速说话可以给对手必要的思考时间，让对手从容地领略你的观点、立场和态度，同时也可以营造一种平静的氛围，为策略所需要的"快速"与"慢速"创造条件和时机。

通常，我们不提倡在谈判中语速过快，但在表明立场时可以运用快速说话。另外，在表达激动的情绪时也可以采用快速说话的方式。说话节奏放缓，一般用于强调某个立场或是向对手表达你的不满情绪，以期引起对手的注意和重视。但原则上说，这两种方式都不宜过多使用。

③语气语调要中等。不同的语调可以赋予同一句话不同的含义，也可以表达说话者不同的思想感情。比如，"这个价格不错"，如果以平常诚恳的语调说，则是一个肯定的评价，表达了说话者对这一价格的同意或赞赏。但是，如果以高调带拖腔的方式说出，则表达了说话者对这个价格的不满。谈判者应该通过语调的变化显示自己的信心、决心、不满、疑虑和遗憾等思想感情。同时，我们也应该通过对方不同的语调来洞察对方肯定、赞赏、否定、不满等感情变化。

此外，谈判者声音的高低强弱，也是影响谈判效果的重要因素。声音过高过响，震耳欲聋，不会使人感到亲切；声音过低过弱，不会使人感到振奋。因此，应当合理使用声音的强弱，最好有高有低，抑扬顿挫。

④陈述要简明、扼要。通常，一般人一次只能接受 3~5 个事项。所以，谈判者在陈述自己的看法时，一定要做到简明、扼要；必要时，可以多花些时间，一部分一部分地

分几次提出来，中间给对方以思考和决策的时间；与此同时，也要提供己方的看法和主张所依赖的根据，这样才可使对方信服。不管是哪一种叙述方式，最重要的是要让对方感觉到你的提议可以给他带来实质性的利益。

（3）谈判结束时陈述的技巧。

结束语起着压轴的作用，在谈判中占据特殊地位。从人的听觉习惯去考察，往往我们对听到的第一句话和最后一句话常常能留下很深的印象。出色的结束语，既可以让对方深思，又可以引导对方陈述问题的态度与方向。如果己方所陈述的问题不单一，或陈述方式跳跃性过强，则结束时还应加以归纳、提炼，以便对方能清晰地了解沟通的重点所在。

一般来说，结束语宜采用切题、稳健、中肯并富有启发性的语言，做到有肯定、有否定，并留有余地，尽量避免下绝对性的结论。比如，"今天的会谈进一步明确了我们彼此的观点，并在某某问题上达成了一致看法，但在某某问题上还需要进一步沟通"；或者"对贵方的要求我刚才谈了我们的意见，但关于这个问题我们再进一步研究，待下次见面再详细谈，您看如何？"总之，结束语是很重要并且不可忽视的一个方面，在实践中应视会谈的情况而定，既有刻板的、公式化的结束语，也有友好、和谐、促进性的结束语，不能一概而论。

2. 提问技巧

提问是谈判中极为重要的谈判工具，商务谈判中常运用"提问"以摸清对方需要、心理和目的。提问作为一项谈判技巧，如何"问"是很有讲究的。灵活运用提问，不仅有助于谈判双方讨论和交流以获取信息，还可以控制谈判的方向。到底哪些问题可以问、哪些不可以问，为了达到某一个目的应该怎样问，以及问的时机、场合、环境等，有许多基本常识和技巧需要了解和掌握。

（1）怎样提问才能产生好的效果。

①尊重对方。尊重不是虚伪，尊重对方的问话，能引起对方最大的注意。比如，"你心直口快，热情爽朗，跟你谈生意最轻松了……不知道你这次想购买哪些东西？"这样的提问容易使对方感受到尊重，因而乐于回答问题。

②引起对方的好奇。每个人都有一种好奇的心理，聪明的谈判者常常提出一些带有悬念的问题，引起人们的好奇，使谈判气氛活跃而热烈。例如，"先生，我们公司出售的

这种工艺品是一位老艺人制作的，样式美观，他的工艺被列入了非物质文化遗产，你要不要了解一下这种神奇的工艺？"

③对比类推。人们常受周围事物的影响，谈判者假如能把握这种心理，妥善地加以利用，一定可以收到意想不到的效果。例如，"先生，前天报纸刊登了我们公司为冰箱厂推销产品，使该厂从困境中解脱出来的消息。您想知道我们签订合同的详情吗？"

④建议。适时地提出一些具有建设性的提议，引起对方的注意，从而使谈判能够引起对方的兴趣。例如，"您的橱窗如果摆上我们公司的产品，将使整个店面装饰显得富丽堂皇，容易吸引顾客，又充分利用了橱窗空间。不知道您对这种摆设有没有兴趣？"

⑤适当的反问。在谈判中，反问的作用有三个：一是为了加重语气，引起对方密切注意。此种反问并不期望对方做出回答。二是对某个问题不大清楚，抓不住要领，要求对方加以澄清。此种提问需要对方做出说明。三是在你不能及时回答对方的提问时，用反问的方法要求对方再次陈述，你可以利用时间思考问题。可见，反问在谈判中具有多种作用。虽然如此，谈判中的反问仍然不能滥用，只有在适当的时机提出来，才是有效的；否则，将引起对方的反感。

（2）提问的类型。

商务谈判中提问的类型有以下几种。

①封闭式提问。封闭式提问是指在特定领域中能带出特定答复（如"是"或"否"）的问句。例如，"您同意这个价格吗？""您是否认为售后服务没有改进的可能？""您第一次发现货品存在这些缺陷是什么时候？"等等。封闭式提问可以令提问者获得特定的资料和信息，而答复这种问句的人并不需要太多的思索即能给予答复。但是，这样的问句有时会有相当程度的威胁性，从而引起对方的不快。

②澄清式提问。这是针对对方的答复，重新措辞，使对方进一步澄清或补充其原先答复的一种问句。其作用在于确保谈判双方能在表述统一的基础上进行沟通。例如，"您刚才说对目前进行中的这一宗买卖您可以做取舍，这是不是说您拥有全权跟我们进行谈判？""您刚才说上述情况没有变动，是不是说你们可以如期履约了？"等等。

③强调式提问。强调式提问旨在强调自己的观点和本方的立场。例如，"这个协议不是要经过公证之后才生效吗？""按照贵方要求，我们已重新起草了新的方案。"等等。

④探索式提问。这是针对对方答复，要求引申或举例说明，以便探索新问题、新方法的一种提问方式。探索式提问不但可以进一步发掘较为充分的信息，而且还可以显示

提问者对对方答复的重视。例如，"这样行得通吗？""您如何证明贵方可以如期履约呢？""假设我们运用这种方案会怎样？"等等。

⑤借助式提问。借助式提问是一种凭借第三者意见来影响或改变谈判对方意见的提问方式。比如，"贵公司领导对贵方能否如期履约关注吗？""贵公司是怎么认为的呢？"采取这种提问方式时，应当注意提出意见的第三者必须是对方所熟悉而且是他们十分尊重的人，这样问题才会对对方产生很大的影响力。否则，运用一个对方不很知晓且谈不上尊重的人作为第三者被加以引见，则可能会引起对方的反感。因此，这种提问方式应当慎重使用。

⑥选择式提问。选择性提问旨在将本方的意见抛给对方，让对方在一个规定的范围内进行选择回答。如，"按照原订的计划，你们是在本周实施，还是下周？请给我方明确答复。"需要注意的是，在使用选择式提问时，要特别慎重，尽量做到语调温柔、措辞得体，以免给对方留下专横跋扈、强加于人的不良印象。否则，很容易使谈判出现僵局，甚至出现破裂。

⑦证明式提问。证明式提问旨在通过己方的提问，使对方对问题做出证明或理解。如，"为什么要更改原已订好的计划，请说明理由好吗？"

⑧多层次式提问。这是含有多种主题的问句，即一个问句中包含有多种内容。比如，"贵国当地的水质、电力资源、运输状况以及自然资源情况怎样？""您是否就该协议产生的背景、履约条件、违约的责任以及双方的看法和态度谈一谈？"这类问句因含有过多的主题而使对方难以周全把握。心理学家认为，一个问题最好只含有一个主题，最多不要超过三个主题，这样才能使对方有效地掌握。

⑨诱导式提问。这种问句旨在"开渠引水"，对对方的答案给予强烈的暗示，使对方的回答符合己方预期的目的。比如，"已经到期了，对不对？""你方如果违约是应该承担责任的，对不对？""谈到现在，我看给我方的折扣可以定为％％，您看可以吗？"这类提问几乎使对方毫无选择余地而按发问者设计好的答案回答。

⑩协商式提问。协商式提问是指为了使对方同意己方的观点，采用商量的口吻向对方发出的提问。例如，"您看给我方的折扣定为3%是否妥当？"这种提问，语气温和，对方容易接受。即使对方没有接受你的条件，但是谈判的气氛仍能保持融洽，双方仍有继续合作的可能。

（3）提问的时机。

①在对方发言完毕之后提问。在对方发言时，一般不要急于提问。因为打断别人的发言是非常不礼貌的，容易引起别人的反感。当对方发言时，你要学会认真倾听。即使你发现了对方的问题，很想立即提问，也不可以打断对方，可先把发现的和想到的问题记下来，待对方发言完毕之后再提问。这样不仅反映了自己良好的修养，而且能全面、完整地了解对方的观点和意图，避免操之过急，曲解或误解了对方的意图。

②在对方发言停顿、间歇时提问。在谈判过程中，如果对方发言冗长，或不得要领，或纠缠细节，或离题太远而影响谈判进程，那么，你可以借他停顿、间歇的时候进行提问。这是掌握谈判进程、争取主动的一个必然要求。比如，当对方停顿时，你可以借机提问："关于价格问题我们先不谈，先谈谈售后的问题？""细节问题我们以后再谈，请谈谈您的主要观点好吗？"

③在议程规定的辩论时间提问。大型商务谈判，一般要事先商定谈判议程，设定辩论时间。在双方各自介绍情况、阐述的时间里一般不进行辩论，也不向对方提问。只有在辩论时间里，双方才可以自由地提问，进行辩论。在这种情况下，要事先做好准备，可以设想对方的几个方案，针对这些方案考虑己方的对策，然后再进行提问。

④在自己发言前后提问。当轮到自己发言时，可以在谈自己的观点之前，对对方的发言进行提问，不必要求对方回答，而是自问自答。这样可以争取主动，防止对方接过话茬，影响自己发言。比如，"您刚才的发言要说明什么问题呢？我的理解是……""对这个问题，我谈几点看法……"

（4）谈判中提问的要诀。

为了获得良好的提问效果，需要掌握以下提问的要诀。

①要预先准备好问题。要预先准备好一些对方不能够迅速想出适当答案的问题，以期收到意想不到的效果。同时，也要预防对方反问。

②要避免提出那些可能会阻碍对方让步的问题。这些问题会明显影响谈判效果。事实上，这类问题往往会给谈判的结局带来麻烦。提问时，不仅要考虑自己的退路，而且也要考虑对方的退路，要把握好时机和火候。

③既不要以法官的态度来询问对方，也不要接连不断地提问。谈判需要双方心平气和地提出问题和回答问题，连续地重复发问，往往会使对方产生厌倦和乏味的感觉，从而不愿回答，有时即使回答也是马马虎虎，甚至会出现答非所问的情况。

④要以诚恳的态度来提问。在提问时，可以用十分诚恳的态度来问对方，以此来激发对方回答问题的兴趣。实践证明，这样做会使对方乐于回答，也有利于谈判者感情上的沟通，有利于谈判的顺利进行。

⑤不要强行追问。如果对方避而不答或答案不够完美，我们不要强行追问，而是耐心地等待时机的到来，这样做可以表示对对方的尊重。

⑥提出问题后应闭口不言，专心致志地等待对方做出回答。我们提出问题后，应闭口不言，等待对方的答复。如果这时对方也沉默不语，则无形中给对方施加了一种压力。

⑦提出问题的句子应当尽量简短。在谈判中，提出问题的句式越短越好，而由问题引出的回答则越长越好。当我们提问的话比对方回答的话还长时，我们将处于被动的地位。

⑧避免诱导性。尽量避免在谈判中出现那种你自己所喜欢的诱导性提问。如，"我不认为你会做那种事，是吗？我想你会告诉我这不会再发生了。"

（5）提问的注意事项。

①在谈判中一般不应提出四种问题。一是带有敌意的问题。尽量避免那些可能会刺激对方产生敌意的问题。二是有关对方个人生活、工作方面的问题。如对方的收入、家庭情况、年龄、信仰等都不应涉及。三是直接指责对方品质和信誉方面的问题。这样做不仅会使对方感到不快，而且还会影响彼此之间的真诚合作。四是为了表现自己而故意提问。这会引起对方的反感，往往会弄巧成拙、被人蔑视。

②注意提问的速度。提问的语速，应保持正常。语速过急，易使对方认为你不耐烦或产生审讯感；语速过慢，又易使人感到疑惑或沉闷。因此，提问时尽量使语速适中。

③注意对方的心境。谈判者受情绪的影响在所难免。谈判中，要随时留意对方的心境，在你认为适当的时候提出相应的问题。比如，对方心境好的时候，常常会轻易地满足你所提出的要求，而且会变得粗心大意，透露一些相关的信息。此时，抓住机会，提出问题，通常会有所收获。

3. 应答技巧

谈判的过程，从某种程度上来说，是不断地发问、不断地应答的过程。国外有种称为"安全应答"的方法。所谓"安全"，有两层含义：其一，指回答之前要充分听取他人的意见；其二，指回答之前应有足够的思考时间。

（1）应答的方式。

①模糊应答。它是指对所提问题不作明确、彻底的否定，只是作轮廓性或方向性的回答。模糊应答还可分为不彻底应答和不确切应答两种，前者指缩小范围回答或不正面回答，闪烁其词，似答非答；后者则指应答模棱两可，富有弹性，甚至答非所问。

②针对应答。针对应答是指应答人针对发问人的真实心理而不是字面意义作出回答。一般而言，发问总有其目的，但发问者有时会掩盖真实目的，或为获取额外信息。因此，应答者在把握对方真实心理的情况下，可针对其真实目的作答，而不按自己的心理假设或句面意思作答。

谈判者在谈判桌上提出问题的目的是多种多样的，动机也往往是比较复杂的。如果我们在没有深思熟虑、弄清对方的动机之前，就按照常规来作出回答，结果往往是效果不佳。如果我们经过周密思考，准确判断出对方的用意，便可以作出一个高水准的回答。

③间接应答。对于棘手的问题，应答者希望发问者不要继续追问或应答者觉得发问的问题不值得回答时，可采用间接答复的方式。这样，一方面可降低发问者追问的兴致，另一方面可使应答者以礼貌婉拒的形式不使对方难堪。

④拖延应答。在谈判中，当对方提出问题而你尚未思考出满意答案并且对方又追问不止时，可用资料不全或需要请示等借口来拖延答复。恰如其分的拖延答复反映了一个谈判者的成熟与老练。例如，"对您所提出的问题，我没有第一手资料来回复。我想您是希望我为您做详尽而圆满的答复的，但这需要时间，您说对吗？"

（2）应答的技巧。

①应答要遵循实事求是的原则，但同时又要讲究应答的技巧，即知道什么可以说、什么不可以说。

②应答要遵循针对性的原则，但同时又要讲究应答的技巧，即知道在什么情况下应这么回答。对不值得回答的问题，不必作答；有些问题可以只答复一部分；有时可以答非所问来避免正面回答，甚至必要时可以装糊涂。

③适度的"重申"和"打岔"，有时也很有效。谈判中，要求对方再次阐明其所问的问题，在对方再次阐述其问题时，我们可以考虑如何作答。此外，有人打岔有时也是好事，可以为我们赢得更多的时间来思考。打岔的方式多种多样，比如借口外面有某某先生电话，有某某紧急的文件需要某某先生出来签字等等。

总之，在实际谈判中，回答问题的要诀在于知道该说什么和不该说什么，而不必考虑回答得是否切题。对此，谈判人员必须熟练地加以掌握和运用。

4. 说服技巧

说服是一种设法使对方改变初衷而心甘情愿地接纳你的意见的技巧，这是一种复杂的、较难掌握的技巧。因为当你试图说服对方之际，你将处于同样的被人说服的地位，因而必将遇到重重阻力，你必须克服阻力才能达到说服对方的目的。一个谈判者，只有掌握高明的说服别人的技巧，才能在变幻莫测的谈判中左右逢源，达到自己的目的。

（1）有效说服的前提。

①创造良好的人际关系，取得他人的信任。一个人考虑是否接受说服之前，往往会先衡量一下他与说服者之间的熟悉程度、友好程度和亲密程度。如果相互熟悉、信任，关系融洽，对方就比较容易接受你的意见。因此，在企图说服他人之前，必须先与对方建立相互信赖、融洽的人际关系。

②分析你的提议可能导致的影响，简化对方接受说服的程序。为达到说服目的，应充分考虑己方的提议可能导致的影响。一是向对方诚恳地说明要他接受你的意见的充分理由，以及对方一旦被你说服将产生什么利弊得失；二是坦率地承认如果对方接受你的意见，你也将获得一定利益；三是为避免对方中途变卦，简化对方接受说服的程序。例如，在需要书面协议的场合中，可事先准备一份原则性的协议书草案，告诉被说服者"只需在这份原则性的协议书草案上签名即可。至于正式的协议书，我会在一周内准备妥善，到时再送到贵公司请您斟酌"。

③寻找对方能接受的谈话起点。要说服对方，还必须寻找到对方能接受的谈话起点，即寻求与对方思想上的共鸣。先表示出自己对对方的理解，然后步步深入，把自己的观点渗透到对方的思想中。但要循序渐进，不能急于求成，否则，将会事与愿违。

（2）运用说服技巧的基本原则。

①不要只说自己的理由，设身处地地为对方着想。要说服对方，就要考虑到对方的观点或行为存在的客观理由，即要设身处地为对方想一想，从而使对方对你产生一种"自己人"的感觉。这样，对方就会信任你，就会感到你是在为他着想，效果将会十分明显。

②消除对方的戒心、成见，创造良好的氛围。从谈话一开始，就要创造一个说"是"

的气氛，不要形成一个说"否"的气氛。不要把对方置于不同意、不愿做的地位，然后再去批驳他、劝说他。在说服他人时，要把对方看作是能够做或同意做的，从积极的、主动的角度去启发对方、鼓励对方，帮助对方提高自信心，并接受己方的意见。

③说服用语要朴实亲切，富有感召力，不要过多地讲大道理。在谈判中，欲说服对方，言语一定要推敲。事实上，说服他人时，用语的色彩不一样，说服的效果就会截然不同。通常情况下，在说服他人时要避免用"愤怒""怨恨""生气"或"恼怒"这类字眼。即使在表述自己的情绪，如担心、失意、害怕、忧虑等时，也要在用词上注意推敲，这样才会收到良好的效果。另外，忌用胁迫或欺诈的手法进行说服。

④不能急于求成，要以事实说服对手，争取认同。在谈判中要想说服对方，除了要赢得对方的信任，消除对方的对抗情绪外，还要用双方共同感兴趣的问题作为跳板，因势利导地解开对方思想的纽结，说服才能奏效。事实证明，"认同"是双方相互理解的有效方法，也是说服他人的一种有效方法。

（3）有效说服的技巧。

①谈判开始时，要先讨论容易解决的问题，然后再讨论容易引起争论的问题，这样容易收到预期的效果。

②多向对方提出要求，多向对方传递信息，影响对方的意见，进而影响谈判的结果。

③强调双方处境的相同，淡化与对方意志、观点、愿望的差异，更能使对方了解和接受。

④强调合同中有利于对方的条件，能使合同较易签订。

⑤说出一个问题的两面，比单单说出一面更有效。

⑥说服对方时，要注意精心设计开头和结尾，以便给对方留下深刻的印象。

⑦多次重复某些信息、观点，可促进对方对这些信息和观点的了解和接受。

⑧与其让对方做结论，不如先由自己清楚地陈述处理。结论要由你明确地提出，不要让对方去揣摩或自行下结论，否则可能背离说服的目标。

（4）说服"顽固者"的技巧。

在谈判过程中，绝大多数的对手都是能够通情达理的，但也会遇到固执己见、难以说服的对手。对于后一种对手，我们一般把他们称为"顽固者"。"顽固者"们往往比较固执己见，这通常是性格比较倔强所致。他们有时心肠很软，但表面上不轻易地"投降"，甚至态度还会十分生硬，有时还会大发雷霆。其实，有时他们自己也往往搞不清谁对谁错，但还是在外表上坚持自己的观点。有时他们尽管明知自己已经错了，但由于自尊心的作用，也不会轻易地承认自己的错误，除非你给他们一个台阶。事实上，只要我们抓住这种人的性格特点，掌握他们的心理活动规律，采取适宜的说服方法，晓之以理、动之以情，他们是完全可以被说服的。在说服"顽固者"时，通常可以采取以下几种方法。

①"下台阶"法。当对方自尊心很强，不愿意承认自己的错误，从而使你的说服无济于事时，你不妨先给对方一个"台阶"下，即说一说他们正确的地方，或说一说其错误存在的客观根据。这其实就是给对方一些自我安慰的条件和机会，使他感到没有失掉面子，因而容易接受你善意的说服。

②等待法。对方可能一时难以被说服，不妨等待一段时间。对方虽没有当面表示改变看法，但对你的态度和你所讲的话，事后他会加以回忆和思考的。等待不等于放弃，任何事情，都要给他人留有一定的思考和选择的时间。不要急于求成，要等待时机成熟时再和他交谈，效果往往比较好。

③迂回法。当对方很难听进正面道理时，不要硬逼着他进行辩论，而应采取迂回前进的方法。就像作战一样，对方正面已经防备森严，这时的解决办法最好是迂回前进，设法找到对方的弱点。说服他人也是如此，当正面道理很难说服对方时，就要暂时避开主题，谈论一些对方的看法，让他感到你的话对他来说是有用的，使他感到你是可信服的。这样你再逐渐把话题转入主题，晓之以利害，他就会更加冷静地考虑你的意见，容易接受你的说服。

④沉默法。当对方提出反驳意见或者有意刁难时，有时是可以做些解释的，但是对于那些不值得反驳的意见，需要讲究一点艺术手法。沉默有时候是一种比较好的策略。如果遇上不讲道理的人，只有当作没有听见，不予理睬。此时对方就会觉得他所提出的问题可能没有什么道理，人家根本就没有在意，于是自己也就感到没趣了，从而可能会不再坚持自己的意见了。

6.2.2　倾听的艺术

在面对面谈判的场合，"倾听"是谈判者必须具备的一种修养，谈判中的"倾听"不仅仅是听对方说的话，还应注意其说话的音调、流畅程度、选择用词、面部表情、身体姿势和动作等特种语言及非语言的行为。倾听是不容易做到的，据统计，只有10%的人能在沟通过程中注意倾听。倾听包括注意整体和全面理解对方所表达的意思，否则会引起曲解。

谈判桌上人们常说："最廉价的让步，就是让对方知道你全神贯注地倾听他的谈话。"这种廉价的让步所得到的往往比你所付出的更多。因此，谈判者要学会倾听的技巧。

1. 倾听的态度

（1）耐心。谈判者出于对其对手的尊重，应该保持耐心，不能表现出厌烦的情绪，更不能打断对方的谈话。耐心倾听对方的谈话，无形之中能提高对手自尊心，加深彼此的感情，为谈判成功创造和谐融洽的环境和气氛。为此，听人谈话时应保持饱满的精神状态，专心致志地注视对方。当然，倘若你确实觉得对方喋喋不休、令人生厌，或语无伦次、词不达意，则可以巧妙地提一些你感兴趣的问题，不露痕迹地转移对方的谈兴。

（2）专心。谈判者为不让信息流失，在倾听中要排除干扰，全神贯注地倾听。专心倾听包括注意对方的措词、表达方式、语气语调等细节，即善于抓住对手言语背后隐喻的真正需要。为了做到专心倾听，谈判者还要作一定的记录。

（3）会心。聆听谈判对手的谈话，不只是被动接受，还应积极主动予以反馈，这就需要做出会心的呼应。及时反馈是会心呼应的应有之义。反馈就是运用语言，阐述自己的理解，复述对方的内容，理解对方的意图，或做出不同形式的肯定或否定的答话；也可以运用非语言，如点头、摇头、微笑、眼神等。会心倾听迫使你察言观色，勤于思考，如听者往往要合理恰当地利用思考与讲话之间的速度差，将问题分析清楚，并力求记住和理解对方所谈内容。

（4）虚心。谈判旨在沟通信息、联络感情，为此，在听人谈话时应保持虚心聆听的态度。在一般谈判场合，如你不赞成对方的某些观点，应以委婉的方式表示疑问，并请对方作进一步的解释；如你想纠正对方的某个错误，也可在不伤害对方自尊的条件下以商讨的语气予以纠正。总之，不必要的争辩，会打乱双方和睦的交往气氛。

2. 有效倾听的技巧

（1）保持良好的精神状态。在许多情况下，之所以不能认真倾听对方的讲话，往往是由于肌体和精神准备的不够，因为倾听是包含肌体、感情、智力等综合性的活动。情绪低落和烦躁不安时，是难以做到有效倾听的。

（2）营造良好的倾听环境。在与别人交谈时要排除外部环境的干扰，尽量防止别的无谓打扰及噪声干扰。良好的倾听环境包括安全的环境、适当的地点、合适的时间等。

（3）建立信任的关系。信任是沟通的前提，只有双方建立有效的信任关系，才会在沟通中真诚地传递宝贵的信息。

（4）明确倾听的目的。沟通前，充分明确沟通的目的，目标越明确，沟通效果越好。

（5）开放性的态度。自然开放的肢体语言，代表着接受、容纳、尊重与信任，会促进有效的沟通。沟通中恰当的肢体语言，传达了沟通的态度，如交叉双臂意味着在沟通中持保留态度。

（6）适时的反馈。在倾听对方说话时，用各种对方能理解的动作与表情，表示自己的理解，如微笑、点头或目视等。肢体及表情语言适当，可以给讲话人提供准确的信息，以便于对方及时调整，亦可以表示你对谈话内容及对方的兴趣。

（7）适度的提问。有利于搞清楚自己没有倾听到的内容，同时也有利于讲话人更加有重点地陈述、表达，以求达到最佳的效果。

【阅读资料6-3】　　　　　　倾听的"艺术"

　　杰尔·厄卡夫是美国自然食品公司的推销冠军。一天，他和往常一样，把芦荟精的功能、效用告诉了一个家庭的女主人，但女主人并没有表示出多大兴趣。杰尔·厄卡夫立刻闭上嘴巴，开动脑筋，并细心观察。突然，他看到阳台上摆着一盆美丽的盆栽植物，便说："好漂亮的盆栽啊！平常似乎很难见到。""你说得没错，这是很罕见的品种，它叫嘉德里亚，属于兰花的一种。它真的很美，美在那种优雅的风情。""确实如此，但是，它应该不便宜吧？""这个宝贝很昂贵，那一盆要花800美元。""什么？我的天呐，800美元？每天都要给它浇水吗？""是的，每天都要细心的养护它……"女主人开始向杰尔·厄卡夫倾囊相授与兰花有关的学问，而他也聚精会神地听着。最后，这位女主人一边打开钱包，一边说道："就算是我的先生，也不会听我嘀嘀咕咕讲这么多的，而你愿意听我说了这么久，甚至还能理解我的这番话，真的是太谢谢你了！希望改天你再来听我谈兰花，好吗？"随后，她爽快地从杰尔·厄卡夫手中接过了芦荟精。

　　资料来源："倾听的艺术"，http：//www.docin.com。有删减。

6.3 商务谈判中的行动语言

商务谈判各方交流不仅限于完全语言形式的交流。很多时候行为语言也会给谈判者带来很多暗示。人类生来就富有动作性，从某种意义上说，动作与表情是行为的一种表达方式，它们以独特的信息形式直接显示着行为意义。人们将这些能在一定程度上显示行为意义的人体动作，如表情、手势、姿态、服饰等等，叫作体态语言，也叫作行为语言或姿态语言。行动语言的正确运用也是谈判技巧的一个重要方面。

6.3.1 商务谈判行动语言概述

1. 行动语言的含义和构成

在谈判中，非语言沟通的传播符号是非语言形式的符号，即行为语言符号。行为语言是谈判者借助非有声语言来传递信息、表达思想的一种不出声的伴随语言，主要包括停顿语、体态语言、类语言和空间语言等。

(1) 停顿语。停顿语也即默语言，它是谈判者通过句子中或句子间保留的间隙所传递的信息，是一种超越语言力量的传递方式。在谈判中，适时、恰当地运用停顿语，可以用最简单的传播形式表达出含义丰富的内容，获得其他传播符号所不可及的沟通效果。

(2) 体态语言。亦即谈判者身体语言的简称，它是通过谈判个体的动作、表情、姿态、服饰等传播信息的非语言符号。它分为动态体语和静态体语两种。

①动态体语：包括首语、手势语、目光语、表情语等体态语言。

首语，是通过谈判者头部动作传播的信息。经常运用的是点头语和摇头语，分别传递着正负的信息，即肯定与否定的信息。

手势语，是通过手及手指活动传递信息的体态语言。谈判者可通过手与手的接触或手的动作解读出对方的心理活动或心理状态，也可以把自己的意图传递给对方。手势语往往能反映出谈判者的情绪，同时手势因文化背景不同会表达不同的含义。

目光语，是谈判者在目光相互接触时传递信息的动态体语。目光语是谈判者深层心理情感的一种自然表现，表达出丰富的内涵。目光语主要由视线接触的长度、视线接触的角度与瞳孔的变化三种方式表现出来。

表情语，是以局部表情及表情的变化传递信息的体态语言。在谈判中，各种表情语言所传递的信息或含义都是与特定的谈判环境及背景联系在一起的，离开了具体的谈判环境或背景，则很难确定表情语言的含义。

②静态体语：包括身态语和道具语。

身态语，身态语是指谈判者身体的静态姿势所传递的信息。谈判中最常使用的坐姿一般会毫不掩饰地反映出谈判个体的心理状态。

道具语，是在谈判中通过服饰、饰品和发饰传递信息的体态语言，它是谈判者身体的静止状态或姿势的延伸。道具语言有着传递丰富信息的功能，能显示谈判者的地位、个性、兴趣、气度、修养和文化传统等。

（3）类语言。类语言符号是指有声而无固定语义的非语言符号。其形式主要有语调、重音等。类语言可以制造口头语言的音调、音量或速度的变化，进而使口头信息发生某种变化，从而表达出谈判个体想要表示的愤怒、不满、惊讶、遗憾、冷淡等感情。

（4）空间语言。空间语言是一种空间范围圈，指的是社会场合中人与人身体之间所保持的距离间隔。空间距离对人际交往具有潜在的影响和作用，有时甚至决定着人际交往的成败，一般包括亲密空间、个人空间、礼交空间、公共空间等四个空间。空间语言的运用已成为商务谈判中的策略与技巧问题。

2. 行为语言的特点

（1）连续性。谈判者要表达一个有意义的行为语言，必须有若干与其存在某种联系的交流形式相伴，仅有一个动作和表情很难完成。例如，谈判者不安情绪的表露可能伴随着抓耳朵、搔头皮、扯衣襟等若干个连续性的动作。而有声语言的传送往往是独立的、非连续性的。

（2）依赖性。行为语言的信息传送对环境有很大的依赖性，它的信息只有与具体的环境或背景联系起来才能确定，脱离了具体的环境或背景，行为语言符号传送的含义则变得深不可测、无穷无尽。如摇头多表示否定，但有时亦表示"惊奇"。

（3）多样性。多样性也就是多渠道性，利用不同的无声语言，同样能达到相同的目的，这是有声语言所不及的。

（4）准确性。谈判者在使用行为语言符号传递信息时，往往比语言传递更为准确。"此时无声胜有声"，正是说明了行为语言符号，尤其是无意识露出的行为语言符号能传送出比语言符号更为准确、丰富的信息。通过行为语言方式传送出的信息，多是来自个体的内心深处，这种行为语言提示是难以控制和掩饰的。

3. 行为语言在谈判中的作用

（1）补充作用。行为语言可以丰富语言所表达的内容，伴随着语言出现的动作或表情在不同程度上起到辅助表达、增强力量、加重语气的补充作用。

（2）替代作用。行为语言在谈判中可以代替语言准确地传送某种意图或情绪，尤其是当语言不便于或不可能传递谈判者的观点或意图时，或用语言传递不合时空或对方难以领会时，无声语言往往会取得更好的效果。如以热烈的握手和拥抱传送热情友好的态度。

（3）暗示作用。谈判者若想从一个态度转向另一个态度，可通过表情的变化等无声语言形式来完成，这体现了其强烈的暗示作用。

（4）否定作用。在谈判中，行为语言可以否定语言符号传播的信息，传送出与语言符号含义完全不一的含义。如口头答应了，但辅以摇头的非语言动作，表示对对方的不认同。

（5）调节作用。由于谈判的条件不同，或因谈判进展不顺利等情况的存在，谈判主体往往会产生厌倦、无聊、紧张等心理，这时可通过点烟、喝水等动作来调节一下，以便较好地转入正常的谈判状态。

行动语言的固有性质，决定了非语言沟通是一个特殊的过程，在谈判中，有着特殊的作用。同时，非语言沟通也有一定的局限性，使得对非语言符号含义的正确解释往往是比较困难的。

【阅读材料6-4】　　　　　无言的行动

丘吉尔在他的回忆录中记载了这样一件事：德国入侵苏联后不久，苏联外交部部长莫洛托夫秘密访问伦敦，与英国人共商反法西斯大计。丘吉尔一贯反共，对莫洛托夫素无好感，说他是个"灰色而冷酷的人""冷静到残忍的程度"。在一次长谈后的深夜，丘吉尔和莫洛托夫握手告别后，莫洛托夫突然靠近他，紧紧握住他的右手臂，双目久久注视着他。这一举动使丘吉尔这位老政治家大为感动，莫洛托夫无言的行动告诉了他：现在取决于苏英两国联盟。莫洛托夫这一举动给他留下了十分强烈的印象，以致终生难忘。

资料来源：周忠兴：《商务谈判原理与技巧》，东南大学出版社2003年版。有删减。

6.3.2 商务谈判行动语言的运用技巧

有声语言的交流与行为语言的配合，可以起到事半功倍的效果。人的心理状态会在不经意间通过他的行为举止反映出来。以情绪为例，人的喜怒哀乐是与人的需要心理相联系的，通过了解人的情绪，可以推测出人的态度、心理动机、行为倾向等。

因此，在谈判过程中，留意观察谈判对手的一举一动，就有可能通过行为语言窥视谈判对手的心理世界，把握谈判的态势，掌握谈判获胜的主动权。行为语言异常复杂，很难详细论述，常见的三种行为语言技巧如下。

1. 面部表情

在所有的行为语言中，人们最容易识别的就是面部表情。面部表情的主要表现部位是眼睛、嘴和脸色，应该特别注意眼、脸部肌肉、眉的变化。

（1）目光语。人际沟通中有许多思想是通过眼神来传递的。特别是在谈判取得重要进展时，谈判组成员之间可能会相互交换眼色。

眼睛传达心理信息的方式主要有以下几点。

①眼睛直视，表示关注和坦白。谈判者可以利用诚挚、友好的目光，直视对方的眼睛，传达友好合作的信号。

②在听取发言时，不时眨眨眼睛，是表示赞同；眼帘略微低垂，无语，表示默认。

③沉默中眼睛时开时合，表明他对你的话语已不感兴趣，甚至已经厌倦。

④目光左顾右盼，表明他对你的话语已经心不在焉。

⑤若对方说话时望着己方，表明他对自己说的话有把握；如果不望着己方而望着别的地方，目光闪烁不定，表明他有隐匿的成分。

（2）脸部表情。一般情况下，大多数人会不自觉地把情绪表现在脸上，对此要细心观察。脸部传达心理信息的方式主要有以下两点。

①面红耳赤往往是激动的表现，脸色苍白可能是过度激动或身体不适，脸色铁青则是生气或愤怒。

②谈判人员用笔在空白纸上随意乱写乱画，不抬眼皮，脸上若无其事的样子，则表示厌倦情绪。

（3）嘴。嘴巴的动作也能从各个方面反映人的内心。观察嘴巴要注意嘴的张合、嘴角的挪动，与眼睛、面部肌肉一同综合观察判断则更为准确。脸部传达心理信息的方式主要有以下几点。

①嘴巴肌肉紧张，表明其态度上拒绝，或有防备、抵御的心理。

②嘴巴微微张开、嘴角朝两边拉开、脸部肌肉放松的微笑，是友好近人情的表现。

③嘴巴呈小圆形张开，脸部肌肉略微紧张，有吃惊、喜悦或渴望之意。

④嘴巴后拉，嘴角呈椭圆形的笑是狞笑，有奸诈之意潜藏于后。

⑤嘴巴紧抿而且不敢与他人目光相接触，可能心里藏有秘密。

⑥嘴巴不自觉地张着，并呈倦怠状，说明他可能对自己和对自己所处的环境感到厌倦。

⑦咬嘴唇表示内疚。

2. 身体姿态

身体姿态主要指四肢语言，它是人体语言的核心，以此判断对方心理活动和心理状态。主要表现部位是手和腿脚。

（1）手臂语。手的姿态主要表达了以下含义。

①一般情况下，摊开双手手掌表示诚意，给人一种胸怀坦诚、说实话的感觉。

②把放松的手掌自然摊开，表示信任对方，不设防，愿意开诚布公，乐于听取对方的意见。

③双手交叉于胸前，是设防的心理。如果同时攥紧拳头，否定的态度更强烈。

④用手抚摸下巴、捋胡子等，往往表明对提出的问题、材料感兴趣并且正在进行认真的思考。

⑤双手手指对贴在一起，掌心分开，表示高傲自负和踌躇满志，或显示自己的地位高尚。

⑥身体后仰，两手交叉托住后脑勺，显示的是如释重负的自得心态。

⑦自觉或不自觉地把手扭来扭去，或将手指放在嘴前轻声吹口哨，意味着心理紧张、不安。

（2）腿和脚。腿和脚往往是最先表露潜意识情感的部位，主要的动作和所传达的信息如下。

①人们在感到恐惧或紧张时，双腿会不自觉地夹紧，双脚不住地上下颤动或左右

晃动。

②表面专注听讲，双腿却不停地变换姿势，表明已经对谈话内容很不耐烦。

③用足尖拍打地板，抖动腿部，都表示焦躁不安、无可奈何、不耐烦或欲摆脱某种紧张感的意思。

④双足交叉而坐，对男性来讲往往表示从心理上压制自己的情绪；对女性来讲，如果再将双膝盖并拢起来，则表示拒绝对方或一种防御的心理状态。

⑤分开腿而坐，表示此人比较自信，并愿意接受对方的挑战。

⑥如果一条腿架到另一条腿上就座，一般在无意识中表示拒绝对方并保护自己的势力范围。

3. 腹部动作

腹部位于人体的中央部位，它的动作含有丰富的含义。主要传达的信息如下。

①凸出腹部，表现心理优越、自信与满足感。

②解开上衣纽扣露出腹部，常表示对对方不存戒备之心。

③抱腹曲缩，表现出不安、消沉、沮丧等情绪支配下的防卫心理。

④腹部起伏不停，反映出兴奋或愤怒，意味着即将爆发的激动状态。

⑤轻拍自己的腹部，表示自己的风度、雅量，同时也包含着经过一番较量之后的得意心情。

4. 空间及其他身体姿态语言

空间距离是无声的，但它对人际交往具有潜在的影响和作用，有时甚至决定着人际交往的成败。主要传达的信息如下。

①两个人之间的距离为 0.5～1.2 米是个人空间，0～0.5 米是亲密空间。

②在交谈中判断距离恰当与否，要看跟你说话的人在距离上是不是感到舒服。假如他往后退，说明离他太近；假如他往前倾，说明距离太远了。

③把笔套收好，整理衣服和发饰，表明已做好结束会谈的准备。

④在英语国家，应尽量避免身体任何部位与对方接触。

行为语言丰富而微妙，是人们心际的显露、情感的外化。行为语言在人们的日常交际中往往起着不可估量的作用。谈判不仅是语言的交流，同时也是行为的交流。谈判中，我们不仅要听其言，而且还要观其行。

【阅读材料 6-5】　　　　　　　一次成功的谈判

招商经理：刚才我根据您的投资计划，对项目做了一个介绍，您看还有什么地方我再详细阐述一下？

客户：我觉得×××的加盟比你们的优惠，你们加盟费 8 万元，他们才 5 万元？

招商经理：说得很好！您知道为什么吗？这就是投资我们项目的关键。

客户：为什么？

招商经理：一个投资 1 万元回报 1 万元的项目和一个投资 2 万元回报 5 万元的项目，您会选择哪个呢？

客户：当然选择 2 万元的了，不用说，做生意就是为了赚钱啊！

招商经理：对，这就是我们费用跟他们区别的地方。

客户：恩，道理是这样，但是说实话，我还是对项目信心不足。

招商经理：您谦虚了！您有做服务管理的经验，做得都还不错。虽然不是同一个行业，但是服务行业的管理是相通的。这个管理能力对您以及对项目来说，是成功的关键，这也是我们选择加盟商的必要条件之一。

客户：那倒是，我还是懂一些管理的，我曾经开过店，也帮别人管理过店，做过公司的部门经理什么的。他们都说我适合做老板，呵呵！比如……（开始炫耀和细说以前的得意的事情）。我人缘比较好，跟我做事的人一般都喜欢跟我在一起，我就喜欢交朋友。您是什么地方的人？

招商经理：我是山东人，看我爽直真实的性格就知道，做事利索，有什么说什么。您就跟我脾气比较像，做事干脆、干净、利落。

客户：做事嘛，看好了就做，怕这怕那就没有办法做事。

招商经理：就是，就是，跟您在一起很开心，谈任何事情都很轻松，不用我过多介绍。明白人吧，一点就通。呵呵！开店啊，就是需要您这样有勇有谋、做事有魄力的老板。您看没有其他异议的话，我就拿合同过来，我们一起看看。

客户：好的。

资料来源："一次成功的谈判"，http://news.wooshoes.com。有改动。

本章习题

一、单选题

1. 以下属于商务谈判中倾听的态度的是（　　）。

    A. 耐心 　　　　　　　　　　　　　B. 恒心

    C. 信心 　　　　　　　　　　　　　D. 用心

2. 行动语言不包括（　　）。

    A. 停顿语 　　　　　　　　　　　　B. 体态语

    C. 类语言 　　　　　　　　　　　　D. 陈述语

3. 在商务谈判中，按语言表达特征不同分类，不包括（　　）。

    A. 专业语言 　　　　　　　　　　　B. 法律语言

    C. 外交语言 　　　　　　　　　　　D. 有声语言

4. 在商务谈判过程中陈述的技巧不包括（　　）。

    A. 语言通俗易懂 　　　　　　　　　B. 语速适中

    C. 语气语调要高速 　　　　　　　　D. 陈述简明、扼要

5. 动态体语不包括（　　）。

    A. 首语 　　　　　　　　　　　　　B. 手势语

    C. 目光语 　　　　　　　　　　　　D. 道具语

二、多选题

1. 商务谈判语言按表达方式不同，可以分为（　　）。

    A. 有声语言 　　　　　　　　　　　B. 专业语言

    C. 法律语言 　　　　　　　　　　　D. 外交语言

    E. 无声语言

2. 商务谈判中应答的方式有（　　）。

    A. 模糊应答 　　　　　　　　　　　B. 针对性应答

    C. 间接应答 　　　　　　　　　　　D. 拖延应答

    E. 借助式应答

3. 商务谈判中说服"顽固者"的技巧有（　　）。

    A. "下台阶"法 　　　　　　　　　B. 等待法

C. 迂回法　　　　　　　　　D. 沉默法

E. 积极法

三、名词解释

1. 法律语言　2. 有声语言　3. 行为语言　4. 空间语言　5. 体态语言

四、简答及论述题 1. 商务谈判应答的技巧主要有哪些？

2. 行动语言在谈判中的作用有哪些？

3. 试论述商务谈判倾听的态度。

4. 试论述商务谈判语言应遵循的原则。

5. 试论述商务谈判中肢体语言的运用。

案例讨论

谈判用语不当的教训

跨海公司（Trans Oceanic）是一家包括货物运输和集装箱合并业务在内的全球范围的后勤服务公司，建于美国。它的第一个商务目标就是同阿拉伯公司（Arab co）签下代理协议，该公司是沙特阿拉伯地区最大的也是分公司最多的后勤公司，因此对跨海公司来说达成合作协议意义重大。

为实现签约目标，跨海公司的地区经理特德每个月都会和阿拉伯公司的高管会谈1～2次。两家公司已就金融、法律和技术问题方面达成了一致，已经到了最后的细节磋商和合同签订阶段。最后阶段的谈判相当正式，双方也都非常明确地表达了签约的愿望。

但在与阿拉伯公司行政官员会谈期间，特德不经意说了一句"我们跨海公司真诚希望与在波斯湾这儿的你们一起共事！"不料，这句话最终酿成大错。

在特德说完之后，阿拉伯公司的人员先是沉默了一会儿，然后三名高级行政官员怒气冲冲地起身走出了会议室，中断了谈判。

特德迷惑不解地看着还留在那儿的较年轻的两个沙特阿拉伯人，问："这是怎么回事？我刚才说错了吗？"

犹豫片刻之后，阿拉伯公司的一位人员解释道："在沙特阿拉伯，您刚才话里所提到的海湾被叫做阿拉伯海湾。"特德无意地用错了词而暗示了海湾属于伊朗，而伊朗与阿拉伯的关系向来紧张。

阿拉伯公司的老板对此很恼火，不愿听特德的解释和道歉。"那么，我们该怎样做使我们的会谈回到原有的轨道上来呢？"特德问年轻的阿拉伯人，但年轻的阿拉伯人只是耸耸肩，表示无能为力并引领美国人走出了房间。

资料来源：https://wenku.baidu.com/view/54ad60c05ef7ba0d4a733b68.html。有修改。

? 思考讨论题

此次谈判为什么会破裂？在商务谈判中要注意哪些语言问题？

第 **7** 章

商务谈判文书

本章导读

　　商务谈判文书是指从着手准备商务谈判工作起至商务谈判结束后，整个过程中所撰写的材料、记录的文本、签订的合同等一切文书材料。正如资深组织管理咨询大师茱莉亚·蒂普勒所言："当你要旅行时，你应该知道自己需要从哪里出发，然后要清楚目的地，随后再确定行程。"商务谈判活动也是如此，需要制定计划和进行记录来辅助活动的顺利进行，由此可见商务谈判文书的重要作用。本章主要学习商务谈判文书的分类、特点、作用、撰写要求等，通过学习掌握商务谈判文书的写作要领和技巧。

知识结构图

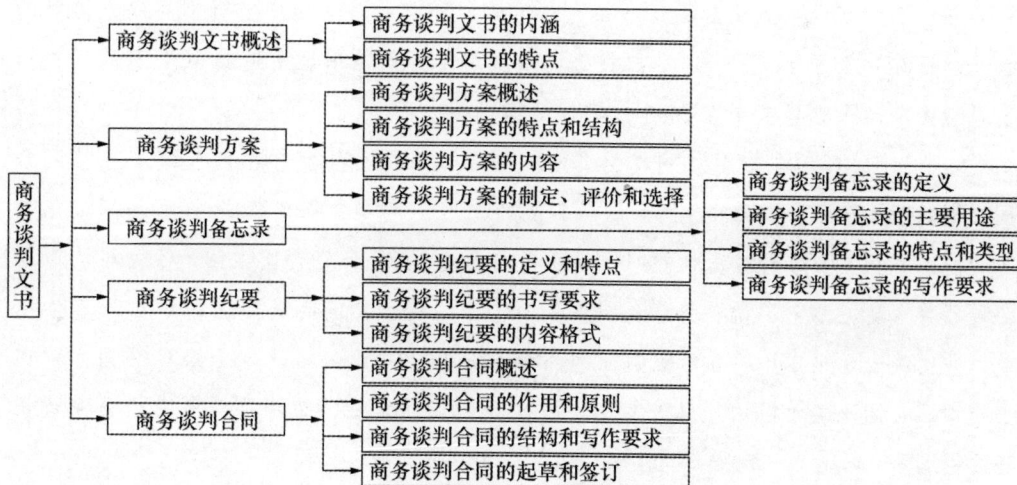

【开篇案例】 看清每一个字

1989 年 4 月 4 日，香港 M 公司向 G 公司在港的代理商 K 公司发来出售鱼粉的实盘，并规定当天下午 5 时前答复有效。该公司实盘的主要内容是：秘鲁或智利鱼粉，数量 10000 吨，溢短装 5%；价格条款：M&G 上海，价格每公吨 483 美元；交货期：1989 年 5~6 月；信用证付款；还有索赔以及其他的条件等。当天 K 公司与在北京的 G 公司联系后，将 G 公司的意见以传真转告 M 公司，要求 M 公司将价格每公吨 483 美元减少至当时的国际市场价 480 美元，同时对索赔条款提出了修改意见，并随附 G 公司提议的惯用的索赔条款，并明确指出："以上两点若同意请速告知，并可签约。"

4 月 5 日香港 M 公司与 G 公司直接通过电话协商，双方各做让步，G 公司同意接受每公吨 483 美元的价格，但坚持修改索赔条款，即"货到 45 天内，经中国商检机构检验后，如发现问题，在此期限内提出索赔"。M 公司也同意了对这一条款的修改。至此，双方在口头上达成了一致意见。4 月 7 日，M 公司在电传中，重申了实盘的主要内容和双方电话协商的结果。同日 G 公司回电传给 M 公司，并告知由 G 公司的部门经理某先生在广交会期间直接与 M 公司签署合同。4 月 22 日，香港 M 公司副总裁来广交会会见 G 公司部门经理，并交给他 M 公司已签了字的合同文本，该经理表示要阅后才能签字。4 天后（4 月 26 日）当 M 公司派人去取该合同时，部门的经理仍未签字。M 公司副总裁立即指示被派去的人将 G 公司仍未签字的合同索回。5 月 2 日，M 公司致电传给 G 公司，重申了双方 4 月 7 日来往的电传的内容，并谈了在广交会期间双方接触的情况，声称 G 公司不执行合同，未按合同条款规定开出信用证所造成 M 公司的损失提出索赔要求，除非 G 公司在 24 小时内保证履行其义务。

5 月 3 日，G 公司给 M 公司发传真称：该公司部门经理某先生 4 月 22 日在接到合同文本时明确表示："须对合同条款做完善补充后，我方才能签字。"在买卖双方未签约之前，不存在买方开信用证的问题，M 公司于 4 月 26 日将合同索回，G 公司认为 M 公司已经改变主意，不需要完善合同条款而作撤约处理，没有必要在等 G 公司签字生效，并明确表示根本不存在承担责任的问题。5 月 5 日 M 公司只电传给 G 公司，称该公司索回合同不表示撤约，双方有约束力的合同仍然存在，重申要对所受损失保留索赔的权利。

5 月 6 日，G 公司作了如下答复。"（1）买方确认卖方的报价、数量并不等于一笔买卖最终完成，这是国际贸易惯例。（2）4 月 22 日，我方明确提出要完善、补充鱼粉合同条款时，你方只是将签字的合同单方面留下，对我方提出的要求不做任何表示。（3）4 月 26 日，未等我方在你方留下的合同签字，也不提合同条款的完善、补充，而匆匆将合同索回，也没提任何意见。现在贵公司提出要我开证履行，请问我们要凭其开证的合同都被你们撤回，我们怎么开证履约呢？上述说明，你方对这笔买卖没有诚意，多日后又重提此事，为此，我们对你方的这种举动深表遗憾。因此，我们也无需承担由此而引起的任何责任。"

5 月 15 日，M 公司电传给 G 公司，告知该公司副总裁将去北京，并带去合同文本，让 G 公司签字。

5 月 22 日，M 公司又电传给 G 公司，称因 M 公司副总裁未能在北京与 G 公司人员相约会见，故将合同文本快邮给 G 公司，让其签字，并要求 G 公司答复是否签合同还是仍确认双方不存在合同关系，还提出如不确认合同业已存在，要 G 公司同意将争议提交伦敦仲裁机构仲裁。

5 月 23 日，G 公司电传答复 M 公司，再次重申该公司 5 月 3 日和 6 日传真信件的内容。

6 月 7 日，M 公司又致电传给 G 公司，重述了双方往来情况，重申合同业已成立，再次要求 G 公司确认并开证。

6 月 12 日，G 公司在给 M 公司的传真信件中除重申 M 公司于 4 月 26 日将合同索回是 M 公司单方面撤销合同，并告知，G 公司的用户已将订单撤回，还保留由此而引起的损失提起索赔的权利。同时表示，在时隔一个多月后，G 公司已无法说服用户接受 M 公司的这笔买卖，将 M 公司快邮寄来的合同文本退回。

6 月 17 日和 21 日，M 公司分别电告 G 公司和 K 公司，指出 G 公司已否认合同有效，拒开信用证等，M 公司有权就此所受损害、费用损失要求赔偿。双方多次的协商联系，均坚持自己意见，始终未能解决问题。

7 月 26 日，M 公司通过律师，向香港最高法院提起诉讼，告 G 公司违约，要求法院判令 G 公司赔偿其损失。

资料来源：价值中国网（http://www.chinavalue.net/Biz/Blog/2015 - 1 - 17/1151403.aspx）。有改动。

7.1　商务谈判文书概述

商务谈判文书贯穿于谈判的全部过程，它不仅对商务谈判进行描述和记载，而且还能反映出谈判不同阶段的历史记录及其成果，因此在商务谈判活动中具有重要的作用。

7.1.1　商务谈判文书的内涵

商务谈判文书是指从着手准备商务谈判工作起至商务谈判结束后，整个过程中所撰写的材料、记录的文本、签订的合同等一切文书材料。

商务谈判文书的范围很广，从谈判开始前的准备方案到谈判中的备忘录和纪要，乃至谈判结束后签订的合同，均属于其范畴之内。

7.1.2　商务谈判文书的特点

基于商务谈判文书的内涵及其性质，可总结出商务谈判文书具有以下四个基本特点。

1. 协商性

参加商务谈判的双方之所以要坐在一起进行谈判，就是为了取得一致性的意见。不管商务谈判的主题是什么，其目的都是为了双方能最终达成共识。商务谈判本身具有一定的协商性，谈判双方通过有效的交流、协商和探讨，以取得一致性意见并达成共同方案。作为反映谈判不同阶段的历史记录和成果的谈判文书，自然也具有协商性的特点。

2. 竞争性

如果说协商性能够体现出商务谈判中真诚商洽的合作精神，那么竞争性则可体现出参与商务谈判双方的斗争与角逐。为了使己方利益最大化，谈判双方需要进行智慧、意志的双重比拼。对于重要因素的底线、原则，要力争做到知己知彼，这样才能进行有效博弈，才能体现出谈判的策略。特别是在谈判僵持或者其他必要时刻，需要进行有理有据的较量。因此，商务谈判文书具备一定的竞争性。

3. 备忘性

通过撰写商务谈判文书，谈判者可在谈判过程中时刻牢记谈判指导思想、谈判原则和底线。同时，商务谈判文书的产生与完成又贯穿于谈判实践过程的各个环节，是对整个谈判活动历史痕迹的记载，从而成为整个商务谈判活动的过程、阶段、精神、成果的记录载体。因此，商务谈判文书在谈判总体活动中体现出了备忘性的重要特点。

4. 指向性

在进行商务谈判之前，谈判者就会提前确定好谈判目标及其实现路径。没有目标导向的谈判是毫无意义的，而定好目标后则需要明确用何种对策来实现它、对策的执行者是谁、对策在何时实施、如何组织安排对策的执行等。这些所体现的都是商务谈判的指向性，能够充分展示出在商务谈判过程中谈判者是如何运用商务谈判文书来实现特定目标的。因此，商务谈判文书的指向性是不可忽略的。

7.2　商务谈判方案

商务谈判工作的性质复杂、变化性强，其影响因素很多，包括内在条件、外在条件、主观环境、客观环境、可控因素、不可控因素、参与谈判双方的各种特点等。对谈判者而言，在谈判开始前至少需要做到以下两点：一是对外部进行调查研究，即在进行谈判前需对谈判环境、谈判对手进行调研分析；二是对内部进行思索剖析，即对自身进行深入的思考和分析，明确自身在谈判过程中的利益。

7.2.1　商务谈判方案概述

1. 商务谈判方案的定义和作用

商务谈判方案是指在谈判正式开始之前，谈判者通过对谈判相关信息、资料进行收集、整合和分析之后，所制定的谈判目标、谈判策略、谈判战术、谈判步骤等相关规划方案。

商务谈判方案的作用是在谈判活动过程中为谈判者提供明确的导向、为谈判结果提供有效的检验标准。

商务谈判方案有助于谈判者确定谈判行动的具体纲领，依据商务谈判方案的要求去开展谈判工作，避免走向错误的方向，同时能提前做好谈判准备。由于商务谈判是一个系统性工作，需要提前对活动过程中各个阶段的人员选择、议程安排、进度把控等进行详细而周密的设计，才能使谈判者对整个谈判工作做到心中有数，从而有效地组织和控制谈判工作。此外，还要在谈判方案中留有一定的余地，让谈判者既有一个明确的努力方向，又有能自主控制复杂多变的谈判局势的主动权。无论是严格要求还是灵活掌握，其目的始终是使谈判走向己方所预定的方向。

此外，商务谈判方案还能够有效地衡量和检验商务谈判工作的效果。通过将商务谈判的实际进展、最终结果与原计划进行比较，能够帮助谈判者和相关人员进行工作总结，不仅反映出谈判的成果，还能发现谈判中存在的问题，有利于未来在进行类似工作时扬长避短。特别是在谈判过程中运用商务谈判方案对实际进展进行检验，能够及时发觉不足与偏差，有助于谈判者及时针对既定计划进行补充、纠偏、完善，从而有力地保证谈判工作的顺利完成。

2. 商务谈判方案的制定程序

商务谈判方案的制定要遵循如下程序。

（1）起草方案。由谈判者、相关技术人员、相关业务人员、相关管理人员等组成方案撰写小组，根据收集的资料，进行信息整合和分析，基于现有实际情况，考虑企业长远发展需要以及谈判所需达成的目标，起草商务谈判方案。

（2）进行论证。由相关领域专家、本单位相关决策人员组成方案论证小组，对谈判方案进行可行性论证，对方案进行修订和完善。

（3）完成审批。由本单位相关领导对谈判方案进行最终确定和审批，特别是涉及有关计划审批内容，还需要报备主管部门和计划部门进行审核审批。

7.2.2　商务谈判方案的特点和结构

1. 商务谈判方案的特点

商务谈判方案是谈判者根据谈判情况进行预判并制定出的一份计划与应对方案。它具有预测性、可行性、目的性等特点。

（1）预测性。商务谈判方案是在商务谈判正式开始前就已经制定好的，故它是对未来商务谈判工作的一个预想和策划。因此，在制定商务谈判方案时，就要结合本单位的现实情况与目标要求，同时根据实际的谈判要素，基于对谈判目标的实现以及谈判各环节中出现的各种主客观情况的前提下，运用多种方法科学合理地安排各项谈判要素，从而保证谈判目标的有效实现。

（2）可行性。指导商务谈判工作的顺利进行是制定商务谈判方案的重要目的，因此商务谈判方案必须具有切实的可行性，必须能够符合谈判实际情况。可行性的特点应表现在两方面：一是通过付诸实践的努力能够实现谈判目标，而非是可望而不可即的空中楼阁；二是不可制定过于简单、轻易就能实现的方案。太高的目标难以实现，会错过谈判的机会；太低的目标没有意义，会让商务谈判方案成为一纸空文。

（3）目的性。商务谈判的主要目的是要在谈判中获得更多的相对利益。因此，在制定谈判方案时，必须考虑如何在一定的时效范围内及时、准确地完成谈判任务，同时，围绕谈判任务制定出最合适的方法、策略、措施、步骤，以有效保证目标的实现和任务的完成。可见，商务谈判方案切不可随意盲目制定，而应在明确的目的指引下谨慎制定。

2. 商务谈判方案的结构

商务谈判方案是商务文书的一种，有其特定的格式。通常，我们将其分为三大部分：标题、正文、落款。无论格式如何变化，这三部分结构不会改变。

（1）标题。通常，可采用两种标题形式。一是"内容＋文种"，如"关于引进 X 公司 Y 设备的商务谈判方案"；二是由介词"己方＋'与'＋谈判对手＋谈判内容＋文种"，如"M 公司与 N 公司洽谈 P 产品生产线的商务谈判方案"。

（2）正文。一般包括开头和主体两部分。开头即为简要说明谈判内容，概述谈判整体；主体则包括谈判目标、谈判主题、谈判期限、谈判地点和议程、谈判策略和组织等内容。

（3）落款。拟定商务谈判方案的单位名称、撰写者/谈判者的姓名、方案的拟订日期等。

【阅读资料 7 - 1】　　　　商务谈判方案书范文

浙江宏达机械公司延迟交付汽轮机转子毛坯对我公司造成了重大损失，通过这次谈判要达到在不伤及双方长期合作关系的基础上，向对方索赔经济损失。

一、谈判主题

解决汽轮机转子毛坯延迟交货索赔问题

二、谈判团队人员组成

主谈：胡×，公司谈判全权代表；

决策人：贺××，负责重大问题的决策；

技术顾问：陶×，负责技术问题；

法律顾问：张×，负责法律问题。

三、双方利益及优劣势分析

我方核心利益：①要求对方尽早交货；②维护双方长期合作关系；③要求对方赔偿，弥补我方损失。

对方利益：解决赔偿问题，维持双方合作关系。

我方优势：我公司占有国内电力市场1/3的份额，对方与我方无法达成合作将对其造成巨大损失。

我方劣势：①在法律上有关罢工属于不可抗力范围这点上对对方极为有利，对方将据此拒绝赔偿；②对方延迟交货对我公司已带来的利润、名誉上的损失；③我公司毛坯供应短缺，影响恶劣，迫切与对方合作，否则将可能造成更大损失。

对方优势：①法律优势：有关罢工属于不可抗力的规定；②对方根据合同，由不可抗力产生的延迟交货不适用处罚条例。

对方劣势：属于违约方，面临与众多签约公司的相关谈判，达不成协议将可能陷入困境。

四、谈判目标

1. 战略目标

体面、务实地解决此次索赔问题，重在减小损失，并维护双方长期合作关系。

原因分析：让对方尽快交货远比要求对方赔款重要，迫切要求维护与对方的长期合作关系。

2. 索赔目标

报价：①赔款：450万美元；②交货期：两月后，即11月；③技术支持：要求对方派一个技术顾问小组到我公司提供技术指导；④优惠待遇：在同等条件下优先供货；⑤价格目标：为弥补我方损失，向对方提出单价降5%的要求。

底线：①获得对方象征性赔款，使对方承认错误，挽回我公司的名誉损失；②尽快交货以减小我方损失；③对方与我方长期合作。

五、程序及具体策略

1. 开局

方案一：感情交流式开局策略。通过谈及双方合作情况形成感情上的共鸣，把对方引入较融洽的谈判气氛中。

方案二：采取进攻式开局策略。营造低调的谈判气氛，强硬地指出对方因延迟交货给我方带来的巨大损失，开出 450 万美元的罚款，以制造心理优势，使我方处于主动地位。

对方提出有关罢工属于不可抗力的规定拒绝赔偿的对策：

（1）借题发挥的策略。认真听取对方陈述，抓住对方问题点，进行攻击、突破。

（2）法律与事实相结合原则。提出我方法律依据，并对罢工事件进行剖析，对其进行反驳。

2. 中期阶段

（1）红脸白脸策略。两名谈判成员中一名充当红脸、一名充当白脸，辅助协议的谈成，适时将谈判话题从罢工事件的定位转移到交货期及长远利益上来，把握住谈判的节奏和进程，从而占据主动。

（2）层层推进、步步为营的策略。有技巧地提出我方预期利益，先易后难，步步为营地争取利益。

（3）把握让步原则。明确我方核心利益所在，实行以退为进策略，退一步进两步，做到迂回补偿，充分利用手中筹码，适当时可以退让赔款金额来换取其他更大利益。

（4）突出优势。以资料作支撑，以理服人，强调与我方协议成功给对方带来的利益，同时软硬兼施，暗示对方若与我方协议失败将会有巨大损失。

（5）打破僵局。合理利用暂停，首先冷静分析僵局原因，再运用肯定对方形式、否定对方实质的方法解除僵局，适时用声东击西策略，打破僵局。

3. 休局阶段

如有必要，根据实际情况对原方案进行调整。

4. 最后谈判阶段

（1）把握底线。适时运用折中调和策略，严格把握最后让步的幅度，在适宜的时机提出最终报价，使用最后通牒策略。

（2）埋下契机。在谈判中形成一体化谈判，以期建立长期合作关系。

（3）达成协议。明确最终谈判结果，出示会议记录和合同范本，请对方确认，并确定正式签订合同时间。

六、准备谈判资料

相关法律资料：《中华人民共和国合同法》《国际合同法》《国际货物买卖合同公约》《经济合同法》。

备注：《合同法》第一百零七条规定，当事人一方不履行合同义务或者履行合同义务不符合约定的，应当承担继续履行、采取补救措施或者赔偿损失等违约责任。联合国《国际货物买卖合同公约》规定，不可抗力是指不能预见、不能避免并不能克服的客观情况。

（合同范同、背景资料、对方信息资料、技术资料、财务资料、附录和幻灯片资料）

七、制定应急预案

双方是第一次进行商务谈判，彼此不太了解。为了使谈判顺利进行，有必要制定应急预案。

（1）对方承认违约，愿意支付赔偿金，但对450万美元表示异议。

应对方案：就赔款金额进行价格谈判，运用妥协策略，换取交货期、技术支持、优惠待遇等利益。

（2）对方使用权力有限策略，声称有金额的限制，拒绝我方的提议。

应对方案：了解对方权限情况，"白脸"据理力争，适当运用制造缰局策略，"红脸"再以暗示的方式揭露对方的权限策略，并运用迂回补偿的技巧，来突破缰局；或用声东击西策略。

（3）对方使用借题发挥策略，对我方某一次要问题抓住不放。

应对方案：避免没必要的解释，可转移话题，必要时可指出对方的策略本质，并声明对方的策略影响谈判进程。

（4）对方依据法律上有关罢工属于不可抗力从而按照合同坚决拒绝赔偿。

应对方案：应考虑到我方战略目标是减小损失，并维护双方长期合作关系，采取放弃赔偿要求，换取其他长远利益。

（5）若对方坚持在"按照合同坚决拒绝赔偿"一点上，不作出任何让步，且在交货期上也不作出积极回应，则我方先突出对方与我方长期合作的重要性及暗示与我方未达成协议对其造成的恶劣影响，然后做出最后通牒。

北京市科洋机械有限公司

签字：×××　　年　月　日

资料来源：王君：《商务谈判》，中国商务出版社 2012 年版。

7.2.3　商务谈判方案的内容

根据商务谈判的流程，商务谈判方案的内容可分为以下几个部分。

1. 谈判主题和目标

谈判主题是谈判双方在谈判过程中所讨论的各种问题；谈判目标则是谈判者进行谈判的目的。谈判主题和谈判目的通常都与双方利益息息相关。

谈判主题应涉及谈判双方，而非只根据己方来进行设计。确定谈判主题可考虑从以下几方面进行调整和发展：分析近期可能出现的情况变化、借鉴和参考曾经出现过类似情况时的处理经验、参考对此类情况的相关研究成果、咨询相关领域专家。而谈判目标则可分为四个层次：最高目标、实际需求目标、可接受目标、最低目标，谈判过程中的一切行为和决策都应服务于实现谈判目标。

2. 谈判期限

谈判开始前，应当对谈判的期限有所计划和安排，这需要精确的计算和合理的安排。谈判期限决定着谈判的效率，而失去效率的谈判很难被评价为是一场成功的谈判。

谈判的期限是指从谈判准备阶段到谈判终局阶段之间的时长。谈判期限可长可短，但必须具体明确，同时应有一定的伸缩性，以确保适应谈判过程中所发生的情况变化。

3. 谈判地点

如果说谈判期限影响的是谈判的效率，那么谈判地点影响到的就是谈判的效果。谈判地点有三类：主场谈判、客场谈判、中立场所谈判。通常来讲，日常的谈判活动最好在己方地点进行，即主场谈判，因为这有利于己方及时联络相关人员进行沟通、制定决策；而在对方地点谈判即客场谈判也有一定的优势，如便于观察了解对方情况、利于接触对方相关人员等。无论选择什么样的谈判地点，都要提前做好充分准备，同时做好谈判地点的布置工作，以保证谈判工作的顺利进行。

4. 谈判议程

谈判议程本身就是谈判战术的一种，它决定了谈判效率的高低。它可由一方准备，也可由双方共同确定，但是最终的议程必须经过双方的同意。通常，谈判议程可分为通则议程和细则议程，前者是谈判双方共同使用的，后者供己方使用和参阅。

5. 谈判策略

谈判策略是指谈判者为了达到和实现己方谈判目标，在对多方情况进行有效估计和分析的基础上，拟采取的基本路径和方法。谈判策略种类较多，如根据谈判的不同环节可分为开局策略、报价策略、让步策略、成交策略等，谈判者运用不同策略时要确保是依据谈判过程中的现实情况所决定的。实施策略本身也需要制定详细的计划，确保己方在谈判过程中，谈判小组成员已充分商讨策略的可行性和基本途径，并能推测对方的跟进策略，同时再制定出相应的对策和方案；此外，还需要在谈判过程中随时关注对手的情况和谈判形势，对既有对策进行印证和修订，结合具体情况灵活运用方可实现理想效果。

6. 谈判人员的分工及职责

谈判者的素质和能力决定了谈判的成败。因此，如何为谈判小组安排谈判人员是商务谈判开始前的一项重要工作。谈判小组成员中应包括但不限于以下人才：技术人才、业务人才、管理人才、语言人才、法律人才等。明确谈判人员的分工和职责，能够最大限度地减少成员之间出现争执摩擦，也能够使谈判小组的整体作用最大化，有效实现 $1+1>2$。

7. 联络方式及汇报制度

谈判过程中，难免会出现突发状况，当这些情况的处理超出谈判小组的职责权限时就需要谈判者去请示上级、联络组织。因此，在商务谈判方案中，应当确定联络的通讯方式、人员、汇报时间等，且要保证联络和汇报的迅速、及时、高效、保密。

7.2.4 商务谈判方案的制定、评价和选择

1. 商务谈判方案的制定

一份良好的商务谈判方案是谈判活动顺利开展的必要条件，它能有效帮助各谈判成

员各司其职、协调有序地参与谈判工作，从而有计划、有步骤地开展谈判工作。因此，在制定商务谈判方案时，要注意遵循合理实用、简明扼要、突出重点、灵活机动这四个基本原则和要求，以保证商务谈判方案的有效性。

（1）合理实用。在撰写商务谈判方案之前，必须要保证其是建立在细致、周密的调研之上的。只有准确无误地调查、科学合理地分析，才能够确保商务谈判方案是符合企业长远利益和发展战略的，才能够对谈判者起到提纲挈领的指导作用。此外，商务谈判方案内容还要做到实用、可操作，避免空泛和抽象，避免夸张和情感性描绘，这样谈判者才能更容易执行商务谈判方案、把控商务谈判过程。

（2）简明扼要。商务谈判方案应尽量简明、具体、清晰，要让谈判者印象深刻，并较为容易地记住其基本原则、主要内容。这样有助于谈判者在谈判过程中随时根据方案要求与对方进行斡旋。要实现这一点，商务谈判方案需要明确地阐述相关的概念、原则、方法和目标，切勿出现含糊不清和混乱复杂的表述。

（3）突出重点。商务谈判方案的基础是商务谈判的内容和过程，操作性很强。为了更好地实现商务谈判目标，应在制定商务谈判方案时将总体目标细分为若干分目标或子目标，并且突出其中的重要目标。这样，商务谈判的目标不再是难以实现的，而是形成了环环相扣、层层相接、首尾呼应的目标体系和策略体系。这样做的优点是，能够将每一步的推进整合起来，疏而不漏，能够保证最大程度实现商务谈判目标。

（4）灵活机动。在商务谈判过程中，会有许多突发状况或者是临时变化，商务谈判方案往往很难做到面面俱到，不可能将影响谈判过程的所有因素都估计准确。因此，在制定商务谈判方案时，对可控因素和常规事宜可做详细规划，而对一些随机因素和无规律事宜可粗做安排，以便于谈判者灵活掌握。只有给予谈判者一定的随机处理的余地，才能够使其在职责权限内根据实际情况的变化来处理新问题和新情况，使己方的利益最大化。

2. 商务谈判方案的评价和选择

经过准备、撰写等过程，商务谈判方案成型后通常会有若干个可行性备选方案。为了遴选出最合适、最有可能成功的谈判方案，必须对这些备选方案进行逐一的评价和选择。

评价和选择商务谈判方案的步骤为：确定评价标准和评价方法、正确评估各方案的可能性变化、根据评价结果制定评价报告、讨论确定最终方案。

具体来说，首先由专业人士确定商务谈判方案的评价标准和评价方法，依此来分析各个备选方案，通过其中存在的差异来区分优劣，从而选出拟采用的方案；随后，对各个方案在实施过程中可能发生的形势变化进行估计，进一步推测执行方案后的影响、后果，以此确认出现问题的可能性和严重性，再继续权衡利弊，补充制定应变对策；紧接着，将各方案的评价结果进行归纳整理，并且制定出相应的评价报告；最后由专业人士和相关人员讨论决定，选择确定最终方案。

另外需要注意，在对商务谈判方案进行评价和选择的过程中有几点不可忽略：获取的资料要可靠、准确，避免出现决策失误；在遴选方案的时候要结合实际情况与谈判具体内容，避免纸上谈兵、脱离现实；要注重组织领导的关键作用，确定统一的方向和目标。

7.3 商务谈判备忘录

商务谈判是企业之间为了达成合作协议而进行的沟通、磋商、妥协等一系列协调沟通彼此关系的行为过程。为了达成协议，往往要经历很多次的磋商甚至是谈判僵局，商务谈判备忘录就是沟通前后两次谈判之间的桥梁，通过商务谈判备忘录可以提醒谈判双方上一次谈判的具体过程和谈判结果，方便谈判双方进行后续的谈判磋商。由此可见，谈判备忘录在商务谈判中承担着承前启后的作用，下面就对商务谈判备忘录进行简单的介绍。

7.3.1 商务谈判备忘录的定义、用途及特点

1. 定义

备忘录本意是指利用文字、图片或语音等多种资料来帮助记录者进行记忆，方便其行动规划的按时完成。顾名思义，备忘录就是防止忘记的记录，是公文的一种形式，主要是通过对活动或事项的记录来提醒记录者的一种文书。同时备忘录还具有启迪的功能，它可以记录下活动或事项进行中突发的灵感或是对活动的观点和看法。

商务谈判中的备忘录主要是用来记录业务谈判磋商过程中重要谈判点的结果和需要进一步协商的具体事项。商务谈判备忘录是一种记事性文书，可以对双方后续进一步的

谈判磋商提供提示性参考。

2. 主要用途

备忘录对于个人而言仅仅是记录日常活动注意事项，以确保不会耽误重要事项的进程。但是在商务谈判中备忘录主要是用来记录谈判双方之间合作洽谈的谅解与承诺。商务谈判备忘录属于记事性文书，主要起到对商务谈判的提示性作用。商务谈判备忘录在商务谈判的公文中等级较低，主要作用是用来弥补商务谈判中正式文书的不足。

【阅读资料 7-2】　　　　　　商务谈判备忘录的重要性

东北某林区木材厂是一个近几年生意红火的中型木器制造厂。几年来，依靠原材料有保证的优势，就地制造成本比较低的传统木器，获得了可观的经济效益。但是该厂的设备落后，产品工艺比较陈旧，限制了工厂的发展。因此，该厂决定投入巨资引进设备技术，进一步提高生产效率，开拓更广阔的市场，他们通过某国际经济技术合作公司代理与外国某木工机械集团签订了引进设备合同，总价值 110 万美元。

1993 年 4 月，外方按照合同规定，将设备到岸进厂，外方人员来厂进行调试安装。中方在验收中发现，该机部分零件磨损痕迹严重，开机率不足 70%，根本不能投入生产。中方向外方指出产品存在严重质量问题，没有达到合同机械性能保证的指标，并向外方征询解决办法。外方表示将派强有力的技术人员赴厂研究改进。两个月后，外方派来的工作组到厂，更换了不符合标准的部分零件，对机器进行了再次调试，但经过验收仍然不符合合同规定的技术标准。调试后外方应允回去研究，但后面三个月无下文。后来厂方经过代理公司协调，外方人员来厂进行一次调试，验收仍未能通过。中方由于安装、调试引进的设备已基本停产，半年没有效益。为了尽快投入生产，中方认为不能再这样周旋下去，准备通过谈判，做出一些让步，只要保证整体符合生产要求即可。这正中外方下怀，中方提出这个建议后，他们马上答应，签署了设备验收备忘录，外方公司进行三次调试。但调试后只有一项达到标准，中方认为不能通过验收。但外方公司认为已经达到规定标准，双方遂起纠纷。

本来，外方产品质量存在严重问题，中方完全有理由持强硬态度，据理力争，但双方纠纷发生后，外方却显得理直气壮，反而搞得中方苦不堪言。其症结到底何在呢？

原来，双方签署的备忘录中，经中方同意，去掉了部分保证指标，并对一些原规定指标进行了宽松的调整，实际上是中方做出了让步。但是让步必须是有目的的和有价值的，重新拟定的条款更需做有利于中方的、明确清晰的规定，不然可能造成新的波动。但该备忘录中竟然拟定了这样的条款：某些零部件的磨损程度"以手摸光滑为准"，某某部件"不得出现明显损伤"，等等。这种空泛的、无可量化的、无可依据的条款让外方钻了空子。根据这样的模糊规定，他们坚持认为达到了以上标准，双方争执不下：你中国人摸着不光滑，我外国人摸着就是光滑，拿什么来做共同依据呢？中方面对自己同意的条款义正词严，但对于白纸黑字却说不清、道不明。显然，掉在人家设的圈套里面了！

外国公司所采取的是精心炮制好了的策略，一段套着一段走。一开始，他们给你一套不合格的设备，能蒙就蒙，能骗就骗，如果骗不过去，就采取第二步，就是拖，逼着你主动让步。结果就拖出一个备忘录来。外方的调试显得很有耐心，但中方的效益却随之流失。中方的一位负责人说，签订合同时，有关索赔条款的很多内容他都不是很清楚，也未请律师，当时只把索赔看成了一种不可不行的合同模式，也根本未想到会出现纠纷。可见这位负责人的合同意识是多么的淡薄，没有正确的纠纷意识，又怎会有强烈的竞争意识呢？

中方在外商一改"耐心诚恳"的态度、拒不承认产品质量不符合标准的情况下，终于求助于法律，聘请了律师，要求外方按原合同赔偿损失。外方在千方百计地拖延一个月之后，才表示愿意按实际损失来赔偿。中方认为，赔偿后至少可以保本，但结果又是南柯一梦！在原合同中，精明的外方在索赔条款中写进了一个索赔公式，由于这个公式相当复杂，签约时中方人员根本没有认真研究就接受了。他们没有想到会有纠纷，也根本没有把这公式当回事。现在，外方拿来这个公式，面对面地给你算细账。结果一出来，外方看着屏幕微笑，中方看着屏幕发呆。原来，按照这个公式计算，即使这套设备完全不符合要求，视同报废，外方也仅仅赔偿设备引进总价的0.8%，还不说你已承认其中一项指标符合标准！110万美元的损失只赔偿约1万美元，中方负责人被激怒了，外方却始终彬彬有礼的微笑……

此时，纠纷的解决已无可能，律师写上建议依法提出仲裁。但查看合同有关仲裁的条款时，也令人大吃一惊。如按合同进行仲裁，吃亏的仍然是中方。因为合同中写道："如果在本合同中，发生一切纠纷，均需执行仲裁，仲裁在被诉一方所在国进行。"

这就是说，如果中方提出仲裁，只能在对方所在国进行，中方将要付出巨大的代价；但如果不提出仲裁，将受到巨大的损失。外方不可能提出仲裁。如果中方想要外方提出仲裁，中方只有一种手段，就是拒付货款。在国际贸易中，中国银行出具的不可撤销的保证函已与合同一起生效，银行方面为保证信誉、遵守国际惯例，根本不可能拒付。也就是说，中方违约不存在客观可能性。在这种情况下，仲裁与否，中方真是进退两难。

对方对此胸有成竹，他们深深了解中方想仲裁而又不愿意到外国仲裁的矛盾。当中方每次提出干脆以仲裁的方式解决时，他们马上旁敲侧击提醒你他们国家仲裁历时要多么长，花销要多么大，等等。而中方一次次望而却步时，他们却又耍新的花招，开始新的进攻。他们趁中方欲进不能、欲罢不止的情况，一再提出所谓的新的解决妥协。最后，中方在万般无奈之下，接受了对方总额为 12% 的赔偿，同时提供另外 3% 零件的最终方案。那台机器两年来根本不能运转，没有创造任何经济效益。现在，虽然能勉强运转，仍需要不断地调整修理。即便如此，也只有 60% 左右的生产效率。

资料来源：价值中国网（http://www.chinavalue.net/Biz/Blog/2015-1-17/1151403.aspx）。

3. 特点

备忘录的主要特点是事务性和提醒性。事务性是指一方面备忘录中会记载商务谈判中已经发生的事情和谈判双方的承诺，另一方面会记录预计要发生的需要去做的事项。例如，本次谈判主要进行到哪一步，下一步谈判双方将会为达成谈判需要安排哪些工作。此外，备忘录还具有提醒性的功能，主要是用来提醒记录人避免因忘记某项事情而影响整体的工作进程。

除了以上两点之外，商务谈判备忘录最重要的一点是商务谈判备忘录一般不具有法律上的合同效力。这是因为商务谈判备忘录的主要用途是对谈判磋商双方的观点和意见进行简单的记录，以便双方进行下一次的磋商和洽谈，是不具备法律合同效力的。

7.3.2　备忘录的类型

备忘录主要有以下三种类型。

1. 个人型备忘录

主要用来记载自己的事情，其中包括自己的工作计划、活动安排等内容。备忘录中记录的事项没有记录者以外的人参与。

2. 交往型备忘录

商务谈判备忘录就属于其中的一种。主要是记录人与人之间的交际，这种备忘录记录的事情要求必须真实可靠，有据可查。记录的内容包括交际双方洽谈的承诺和妥协，记录着当事人有利和不利的两个方面。

3. 计划型备忘录

主要记载未来计划需要安排去做的活动和事项，确保计划内成员不会遗忘。

7.3.3 商务谈判备忘录的写作要求

商务谈判备忘录是记载谈判双方截止到备忘录记录为止所达成的全部承诺和妥协，鉴于商务谈判备忘录的主要性质是为了保证后续的谈判协商有证可循，要求商务谈判备忘录的记录内容要真实客观、具体可靠，同时应该对商务谈判双方的内容观点进行详细记录，对于当事人的记录也要包括有利的一面和不利的一面。为了保证商务谈判备忘录的条理清晰、一目了然，应该采取对具体事项分条列项的说明方法。此外，商务谈判备忘录属于商务文书，书写用词应该准确、严谨、缜密、客观、朴实。一般来说，商务谈判备忘录主要由以下四部分组成。

1. 标题

标题是公文最直接、最醒目的内容提示。商务谈判中的备忘录一般直接写成"备忘录"或"×××谈判（会谈）备忘录"即可，这样的标题既方便后期对文书的查找，也有助于查阅者快速了解备忘录中所记载的主要内容。

2. 谈判双方的情况

主要是对谈判双方的基本情况进行简单的介绍和说明，这样做也方便后期进行文案整理工作。这一项中主要包括谈判双方的企业名称、主要参与谈判的成员、谈判的时间、地点和主要谈判的项目内容等。

3. 具体事项

这一项是商务谈判备忘录中最重要的内容，也为后续商务谈判起到提示性作用。具体内容主要是谈判双方就具体事项给出的条件、承诺和妥协。这一项中需要对具体的数据和内容进行详细的记录，并对双方是否达成一致给出明确说明，方便后续谈判的进行。

4. 签署落款

谈判双方在某一阶段的谈判结束后对该阶段的谈判备忘录进行核实，确认无误后双方谈判的代表署名以及签署时间。尽管商务谈判备忘录在一般情况下无合同效力，但是签署落款还是在一定程度上避免了谈判双方言而无信的可能性。

【阅读资料 7 - 3】　　　　　龙湖公司与××公司会谈备忘录

中国龙湖公司（简称甲方）与×国××公司（简称乙方）的代表，于××××年×月×日在××市甲方总部就兴办合资项目进行了初步协商，双方交换了意见，并作出有关承诺。为便于将来继续洽谈，形成备忘条款如下：

一、依据双方的交谈，乙方同意就合资经营××项目进行投资，投资金额约为×××万美元。投资方式待进一步磋商。甲方用厂房、场地、机器设备作为投资，其作价原则和办法，亦待进一步协商。

二、关于利润分配的原则，没有取得一致意见。乙方认为自己的投入既有资金，又有技术，应该占 60%~70% 分成，甲方则认为应该按投资比例分成。乙方代表表示，利润分配比例愿意考虑甲方的意见，希望另定时间协商确定。

三、合资项目生产的××产品，乙方承诺在国际市场上销售产量的 45%，甲方希望乙方将销售额提高到 70%~75%，其余的在中国市场上销售。

四、工厂的规模、合资年限以及其他有关事项，尚未详细讨论，双方都认为待第二项内容向各自的上级汇报确定后，再商议。

五、这次洽谈虽未能解决主要问题，但双方都表达了合作的愿望，期望在今后的两个月内再行接触，以便进一步协商洽谈合作事宜。再次洽谈的具体时间待双方磋商后再定。

中国龙湖公司　　　　　　　　　　　　　　　×国××公司

代表（签章）：×××　　　　　　　　　　　代表（签章）：×××

　　　年　月　日　　　　　　　　　　　　　　年　月　日

资料来源：道客巴巴（http://www.doc88.com/p - 1671458798586. html）。

7.4 商务谈判纪要

商务谈判纪要是从传统的会议纪要中演变而来的，专门为商务谈判进行服务的一种文书。商务谈判纪要属于商务文书的一种，它既可以帮助谈判双方对前后谈判进行过渡，同时还对谈判双方已经达成一致的条款具有一定的约束力，促进了后续谈判的进行，并为谈判的成功奠定了良好的基础。下面从定义、特点、书写格式要求等内容对商务谈判纪要进行简单的介绍。

7.4.1 商务谈判纪要的定义

纪要是指记叙会议要点的文字，纪要需要对会议的主题、精神明确以后对会议内容进行归纳总结，最后由与会人员进行签字确认。

商务谈判纪要主要是记载谈判的主要议题、主要精神思想、主要谈判过程、谈判内容和结果等谈判内容的记录性文书。商务谈判纪要是通过对谈判记录的整理归纳和总结得出来的。谈判纪要除了对商务谈判过程中的议题、议程、内容等问题进行了归纳整理，还对未达成一致的问题和存在的分歧进行了简单的总结梳理。商务谈判纪要主要反映在商务谈判过程中双方就谈判的议题达成了哪些共识，并通过谈判纪要可以充分反映出此次谈判的精神。

7.4.2 商务谈判纪要的特点

1. 真实性

真实性是指商务谈判纪要需要对谈判主题、谈判精神等内容进行真实客观的叙述，不能对谈判内容进行任意增加和删改。商务谈判纪要具有一定的约束力，所以要求其资料必须完整、客观和真实。

2. 概述性

概述性是指商务谈判纪要对于谈判的内容没有必要进行全部琐碎的记录，只需要对谈判的主要精神、双方达成的一致意见进行高度准确的概括即可。同时，谈判纪要还应该适当地反映出双方的不同观点、尚未达成一致的看法，这部分应该属于简要概括，以便与后续的商务谈判进行衔接。

3. 条理性

条理性要求撰写商务谈判纪要时应该对具体的事项进行分类、分层的描述，然后对其谈判内容进行高度准确的概括。这样分项列举可以使谈判纪要条理清晰、简洁明了。

7.4.3　商务谈判纪要书写要求

商务谈判纪要书写中最重要的一点是要切实还原商务谈判会议的内容，商务谈判纪要是进行下一次谈判的重要依据，因此忠实客观地反映出谈判会议内容有助于进行下一次谈判。其次，商务谈判会议纪要应该尽量用简洁明了的语言，对谈判的要点进行详细的阐述。商务性谈判过程比较长，同时提出的谈判内容点很多，在撰写谈判纪要时应该抓住谈判要点进行叙述，避免出现本末倒置的情况。

同时，商务谈判纪要的思路应该缜密清晰，内容充实完整。谈判纪要既是下一次进行谈判的基础和依据，又是具有一定合同约束力的文件，因此撰写谈判纪要时要在贴合实际情况的基础上保证书写思路清晰，同时还应该保证谈判纪要的条理明确，内容尽量翔实完整。

最后，商务谈判纪要的书写应该尽量选择简洁客观的词语，能够令人对谈判纪要的内容一望而知。同时，谈判纪要词语的选择应该准确贴合，词意明确，避免使用让人产生歧义的词语。

7.4.4　商务谈判纪要的内容格式

商务谈判纪要的格式与日常的会议纪要格式相类似，主要内容包括标题、正文和落款三部分。

1. 标题

商务谈判纪要的标题一般由具体的谈判事项和文书种类的名称构成，即"×××谈判（会谈）纪要"。

2. 正文

商务谈判的正文由导言和主体两部分组成。其中，导言主要是对商务谈判基本情况的简单介绍，包括谈判双方单位的名称、双方进行商务谈判的具体议题、谈判精神、谈判事项、谈判的地点和时间等内容。主体部分是谈判纪要中最重要的部分，主要是将商务谈判中的具体事项内容进行分层分类，然后对每一条事项进行高度的归纳概括。主体部分中需要抓住谈判的重点，即双方经过此次谈判达成了哪些一致的款项，并对未达成一致或有歧义的条款进行简单的总结梳理。

3. 落款

落款部分与商务谈判备忘录类似，需要谈判双方的单位名称、谈判双方代表的签字或盖章以及签署具体时间。

【阅读资料7-4】　　　　　　　　商务谈判纪要范文

×××年6月22日下午15：00，杭州市建设工程交易中心的"异地远程数据备份项目"小组与杭州建易建设信息技术有限公司在公共资源交易中心会议室召开单一来源采购谈判会议。会议由信息科科长张×主持，谈判小组成员张×、李××、叶××、卢××，以及建易公司的许××、陈××参加了这次会议。

交易中心信息科科长张×对谈判资料的准备工作做了简要介绍，并对方案各项建设内容的市场调研情况作了汇报，主要包括后续维护服务和备份软件市场报价调研等。项目方案基本符合要求，双方就技术方案达成一致。

在听取交易中心提出的意见和要求后，建易公司经过考虑，作出如下承诺：

一、本项目备份软件采用 CommVaultSimpana V9.0，包括 CommVault 9.0 统一管理服务器模块 CommServe 1 套，MA 介质管理服务器模块 1 套，windows 文件系统备份客户端 5 套，连续数据复制模块 5 套，重复数据删除磁盘备份 1 套，Sql 数据库 on windows 备份模块 1 套，本次报价包含安装实施及一年 5×8 免费服务，如提供后续服务，费用需另计。

二、本项目不涉及对中心原有交易业务管理系统和交易网站的数据、软件等方面的改造、整合和对接，如甲方需要，费用另计。

三、由于本项目涉及数据移动介质备份，考虑到备份服务器架设在公司办公用房内，公司同意提供三年备份数据光盘刻录服务，落实专人负责，如提供后续维护服务，费用另行约定。

四、本项目涉及第一年光纤租赁费及初装费用，基于杭州建委 OA 专线报价，如不采用此专线，需另行报价，光纤租赁续费另行约定。

五、由于本项目涉及交易数据保密，后续双方需签订保密协议并遵照执行。

六、项目最终报价为壹拾壹万元整（110000 元）。

最后，与会双方对会议的协商结果表示满意，形成该会议纪要，会议纪要作为合同签订依据，由双方共同签字盖章确认。

杭州市建设工程交易中心　　　　　　　　杭州建易建设信息技术有限公司

代表人：　　　　　　　　　　　　　　　代表人：

　年　月　日　　　　　　　　　　　　　　年　月　日

资料来源：http://www.xuexila.com/koucai/tanpan/699387.html。

7.4.5　商务谈判备忘录与商务谈判纪要的区别

商务谈判纪要与商务谈判备忘录看起来格式内容相差不多，为了便于更好地理解和区别它们，我们对二者进行简单的差异性梳理。

1. 效力不同

谈判备忘录对所书写的内容只是起到提示的作用。谈判纪要通过双方的签字承认后具有类似于合同的约束力，但还是欠缺法律的效力，仅仅起到约束限制的作用。

2. 内容不同

商务谈判备忘录对商务谈判中的全部谈判款项进行了分条罗列，无论是已经达成一致的还是未达成一致的，都予以充分地列举。谈判纪要则主要是对谈判双方已经达成一致的条件或款项进行列举和客观真实的记录，对于未达成一致的项目则一带而过。此外，在内容中称呼上二者也不相同：谈判备忘录中对于谈判双方采取"甲方""乙方"的称呼方式；而在谈判纪要中则用"双方"一词。这也从侧面证明了谈判纪要主要论述的内容是双方已经达成一致的条款。

3. 标题不同

商务谈判备忘录的题目可以直接写成"备忘录"，也可以写成"谈判项目 + 文件分类名称"的样式；商务谈判纪要的标题只能是"谈判项目 + 文件分类名称"的样式。这也在一定程度上说明谈判纪要比谈判备忘录更加正式。

7.5 商务谈判合同

商务谈判的目的是为了实现谈判者双方各自的利益，而签订商务谈判合同则是谈判目的最直接的表现形式。作为一种典型的商业活动，商务谈判的最终结果就是签订商务谈判合同，即以契约的形式将双方在谈判过程中协商达成的目标、条件、意见等确定下来，在双方签字确认的前提下，形成具有法律效力的文件。因此，商务谈判活动本身只是确定利益的归属，但利益是否能有效实现，还取决于签约合同时是否谨小慎微、万无一失。可见，签订商务谈判合同是商务谈判过程中相当重要的一个环节，同时也是容易出现纰漏的一个环节。在商务谈判中力争为己方获取了重要的正当利益，很可能会因为签约时的马虎疏漏而导致努力获取的利益付诸东流；或者，可能会因为对法律规定不熟悉而导致签约无效、不具备法律效力，也会使合同成为一纸空文。

7.5.1 商务谈判合同概述

1. 商务谈判合同的概念

商务合同是谈判双方在经济合作和贸易交往中，为实现各自的经济目标，明确相互之间的权力和义务关系，通过协商一致而共同订立的协议。

签订商务合同是一种经济法律行为，它明确规定了当事者的权利、义务、承诺、责任，具有法律效力。任何一方违约、毁约或单方面不履行条约，都要承担法律上的经济责任。因此，它最典型地体现了市场经济的契约精神，而且是此性质的最高表现形式。

2. 商务谈判合同的种类

商务谈判合同可根据商务谈判本身的性质进行划分，其种类非常多。根据商务谈判涉及主体的国别不同，可分为国内商务合同和国际商务合同。根据商务谈判合同涉及的标的物不同，可分为货物购销合同、技术贸易合同、合资或合作经营合同、融资信贷合同、加工或装配合同、补偿贸易合同、产权转移合同、信息咨询合同等。根据商务谈判合同当事人的性质不同，可分为直接合同和代理合同。

3. 商务谈判合同的特点

（1）法律性。商务谈判合同具有法律性，包括以下三点：一是对当事人具有法律约束力，当事者必须遵循商务谈判合同中的权责、履行契约；二是商务谈判合同中的各项条款必须是符合法律规定的，不得与相关法律法规相悖，否则就会使合同无效，从而无法得到法律保护；三是当事人必须是法人或者自然人，即法律意义上的完整的行为责任人。

（2）明晰性。商务谈判合同是为了双方实现一定经济目的而签订的，因此其目的必须是明晰的，它将约束和引导谈判双方签约后的经济法律行为。可见，合同的目的在表述和确定上是不得模糊或具有歧义的，必须是清楚了然、明晰无误的，否则合同的作用将无法充分实现。

（3）确定性。商务谈判合同中的各项条款是对合同总体内容进行的细节安排和具体分解，每一项都是确定的，从而让合同这种契约协议具有一定的实际操作性，所有的权利、义务、责任、承诺、条件等都被详细而明确地列出，双方可以清楚地了解到自己需要做什么。

（4）合作性。尽管商务谈判的目的是为了双方实现各自的经济目的，但是这种自利必须通过双方的互利来实现，只有双方合作，进行利益交换，才能够真正实现各自的利益。因此，成功的商务谈判能够促进谈判双方利益的均衡实现。双赢的结果能够保证每一方都获得自利，这就是商务谈判合同的合作性。

7.5.2 商务谈判合同的作用和原则

1. 商务谈判合同的作用

在签订商务谈判合同时，合同书是签订合同双方的权利、义务、责任、承诺的文本表现形式，也是双方进行合作的联结。在履行合同时，合同则能体现对合同双方的法律约束力。一旦有一方未执行合同条款，则为违约；如违约造成对方的经济损失或其他损害，受害方可根据相关法律法规提出索赔要求。若一方因某些不可抗力因素要求修改合同或终止合同，必须请求对方确认；如未得到对方同意，则不可单方面不履行合同，除非出现极特殊的客观情况阻碍其履行合同。

2. 商务谈判合同的原则

为了保证签订合同双方行为的规范化，在订立商务谈判合同时需要遵循一定的原则。根据我国《合同法》的规定，当事人法律地位平等。因此，订立商务谈判合同要遵循平等原则、公平原则、诚信原则、自愿原则。

（1）平等原则。签订合同的双方地位平等、权利义务对等，签订合同的过程是双方协商达成共识，从而实现双赢互惠的经济利益。因此，平等原则主要体现在三个方面：合同当事人法律地位平等、合同中权利义务对等、合同条款是双方协商一致的。

（2）公平原则。合同双方当事人之间的权利、义务、责任、承诺要公平合理，要实现双方的均衡，双方的给付分配、风险承担都应有一定的等值性。

（3）诚信原则。合同双方当事人在起草、签订、履行合同乃至合同终止后的全过程都要讲究诚实和信用，不得欺诈或做其他违背诚信的行为。此外，还应履行后合同义务，即在合同终止后，当事人需遵循诚信原则，根据行业交易习惯履行通知、协助、保密等义务。

（4）自愿原则。合同双方当事人通过协商，自愿决定和调整相互的权责关系。这一原则是民事活动的基本特征，也是民事关系区别于行政法律关系、刑事法律关系的特有原则。这也是发展社会主义市场经济的要求。

7.5.3 商务谈判合同的结构和写作要求

1. 商务谈判合同的结构

商务谈判合同通常包括三部分：约首、本文、约尾。

（1）约首。约首是合同的首部，是每份合同的"身份证"，可将其与其他合同进行区分。主要内容包括：合同的名称或标题、编号、签约时间、签约地点、双方的法定名称和地址、合同序言等。

（2）本文。本文即商务谈判合同的正文部分，是谈判双方协议的具体内容。主要包括：标的物、价格或酬金、履行方式（含期限、地点等）、支付方式和支付期限、违约责任、争议和仲裁。

（3）约尾。约尾是合同的结尾，是对合同的有效期、法律约束和效力、份数、保存方法、条款未尽事宜的处理办法、附件等的说明，同时包含双方的落款、签字盖章等。

2. 商务谈判合同的写作要求

（1）条款完备、具体。商务谈判合同的构成部分缺一不可，任何反映合同内容的条款都不能有一丝遗漏。商务谈判合同书在订立后，一旦签字盖章，即产生法律效率，因此要保证书面清晰整洁，不可随意涂改。

（2）表述准确、严密。商务谈判合同书是经济法律文件，因此不得有任何歧义，必须做到准确表述、严密用词，在写作过程中，要保证每条每款的意义简明。合同书与谈判过程和后期工作中的主动权息息相关，有时仅仅一个字甚至一个标点符号之差，会导致内容含义的天壤之别。

【阅读资料 7 - 5】　　　　　　一个标点引发的损失

　　2007 年山东一家农产品进出口公司从德国进口一批优质的葡萄。当货到青岛港时，买家发现有很多葡萄出现霉变，随即向德方提出退货的要求，但是德方拒绝退货，还非常肯定是按照买家的要求装货的。买方认为德方就是无理取闹。

　　当买方重新看合同时，才发现德方利用了买方在起草合同时工作人员的一个疏忽：合同中把"无杂质、霉变葡萄"写成了"无杂质，霉变葡萄"。仅仅一个标点符号的差别，导致含义完全改变，而买方此时只得承担因己方起草合同不慎而造成的损失。

资料来源：http：//www.docin.com/p-608169416.html。有改动。

7.5.4　商务谈判合同的起草和签订

合同起草是商务谈判中的关键环节。合同起草得是否规范，在某种程度上决定了签订合同的效率。

1. 合同起草在谈判中的作用

合同起草的作用主要有厘清谈判内容、推敲交易条件、审视操作实务这三个方面。在起草合同前，谈判者应尽量争取"以我方为主起草合同"。其好处体现在：有利于正确反映法律法规的作用，有利于正确反映己方的观点和立场，有利于让己方在谈判中起到主动作用，避免了对方在合同中留下纰漏疏忽或刻意的"伏笔"。

2. 合同起草的基本要求

合同起草应从实际出发，要如实地反映双方需要解决实际问题的需求，而非为了完成起草而起草，照搬照抄的合同无法满足双方的实际需求，相反，可能会削弱双方的利益。商务谈判合同必须要根据谈判的实际情况和双方的真实诉求来起草，根据需要来

"量体裁衣"。起草过程中，在遵循以上"写作要求"的同时，务必要做到：合同条款必须合法，书写内容必须真实，书写方式必须规范，书写语言必须严谨准确，书写特点必须体现专业。此外，在审核合同文本时，必须逐字逐条地进行修订、校对、完善，确保没有歧义和表述不清之处，以保证合同的法律效力和己方的利益。

3. 商务谈判合同的签订

无论采用指定签约还是直接签约，都应注意以下几点。

（1）确定签约人的法律地位，要符合法律法规的要求，要能保证合同的履行。

（2）签约仪式的简繁可根据合同的重要程度和影响力由双方协商确定，但要做好相关准备工作。

（3）对于重大的签字仪式，要注意安全、各方审核；如有涉外合同，还需事先联系好外事部门。

【阅读资料 7-6】　　　　　　　新加坡公司的谈判合同

我国 M 食品进出口公司有意跟新加坡华裔客商 A 先生洽谈一笔大蒜生意，将我国的大蒜卖给 A 先生。在第一轮谈判中，M 公司洽谈代表身着白色长袖衬衫和深色西裤，笑脸迎客，彬彬有礼，一见面就友好地与对方代表握手，A 先生显得很开心。第一轮谈判中，M 公司报价每吨720美元，而 A 先生只肯出705美元，显然，双方在价格上有分歧，经过谈判，均未能做出让步，双方只能握手告别。几天以后，双方决定举行第二轮谈判，再次坐到谈判桌前。因为当时大蒜收获期即将开始，M 公司既要抓紧收购工作，同时又要考虑如何售出。新加坡一方考虑到要在大蒜收获季节买到新鲜大蒜，不能错过大蒜收获季节，如果错过，不但质量没有保证，而且价格也会上涨。M 食品进出口公司与新加坡 A 先生从各自角度出发，都想到这批大蒜生意还得要谈，所以双方又举行第二轮谈判。公司权衡利弊后，愿以每吨705美元成交，一下子让了15美元，交易似乎到此应该举杯祝贺了，可 A 先生又提出了一个"怪招"：提出给 M 公司每吨加价5美元。等合同正式签字生效后，M 食品公司问新加坡 A 先生为什么加价，他说："新加坡华人多，而我们的老主顾都是北方人，对蒜的食味要求是越辣越好，嘉定蒜牌子虽响，但辣味不如山东蒜味浓，所以，我愿意出高价买山东蒜。但多添5美元并非没有考虑，这批货虽说少赚了1万美元，但你们谈判时很有礼节，笑脸相迎、彬彬有礼，我也想借此交个朋友，我们双方日后还要长期交往，一旦有求于你们，我想你们是乐意帮忙的。有些同行，对一点蝇头小利也不放过，这样会使对方产生反感，对方也会反过来对你斤斤计较，虽然生意做成了，但并不愉快，表面上看是赢家，实际上却是输家。"

　　在发货时，果然验证了 A 先生的话。事情是这样的：本来定在青岛口岸发货，可青岛口岸只在月初有到达新加坡的船，要想抢在其他卖主之前上市，卖个好价，就得早装船，可 A 先生买的货刚好错过月初的船期，要等一个月后再发货会给 A 先生造成很大损失。A 先生把自己的处境和盘托出，请 M 公司把发货口岸由青岛改为上海，因为上海近期就有到新加坡的船。M 公司考虑到：第一，从大蒜产地把大蒜运往青岛是用汽车，运往上海可换成火车，虽然路程远一倍，但火车比汽车运费便宜，所以并没有增加费用；第二，A 先生从价格上已先给 M 公司便利；第三，从长远利益考虑，A 先生可以作为老客户，是长期合作的伙伴。所以，M 公司便答应了。

　　资料来源：道客巴巴（http://www.doc88.com/p-0751396462871.html）。

本章习题

一、单选题

1. 制定商务谈判的首要程序是（　　　）。

    A. 进行论证　　　　　　　　　　B. 起草方案

    C. 完成审批　　　　　　　　　　D. 分析环境

2. （　　　）是指谈判者为了达到和实现己方谈判目标，在对多方情况进行有效估计和分析的基础上，拟采取的基本路径和方法。

    A. 谈判主题　　　　　　　　　　B. 谈判目标

    C. 谈判策略　　　　　　　　　　D. 谈判方法

3. 商务谈判方案是商务文书的一种，因此有其特定的格式。但其格式也因行业、领域或撰写人经验的不同而有所差异。通常我们将其分为（　　　）。

A. 标题、引题和正文   B. 标题、正文和附文

C. 正文、附文和随文   D. 标题、正文和落款

4. （　　）是记录人与人之间的交际，这种备忘录记录的事情必须真实可靠，有据可查。

A. 个人型备忘录   B. 商务谈判备忘录

C. 交往型备忘录   D. 计划型备忘录

5. 根据商务谈判合同涉及的（　　）的不同，可分为货物购销合同、技术贸易合同、合资或合作经营合同、融资信贷合同、加工或装配合同、补偿贸易合同、产权转移合同、信息咨询合同等。

A. 当事人性质   B. 主体的国别

C. 标的物   D. 场所

二、多选题

1. 商务谈判文书的四个基本特点是（　　）。

A. 协商性   B. 公平性

C. 竞争性   D. 备忘性

E. 指向性

2. 下列属于商务谈判方案特点的是（　　）。

A. 预测性   B. 竞争性

C. 可行性   D. 目的性

E. 不确定性

3. 商务谈判的地点可以分为（　　）。

A. 主场谈判   B. 客场谈判

C. 中立场所谈判   D. 国际谈判

E. 本土谈判

4. 商务谈判纪要的特点有（　　）。

A. 真实性   B. 虚拟性

C. 概述性   D. 预测性

E. 条理性

三、名词解释

1. 商务谈判文书   2. 商务谈判方案   3. 商务谈判备忘录
4. 商务谈判纪要   5. 商务谈判合同

四、简答及论述题

1. 商务谈判要遵循什么样的程序？
2. 商务谈判方案的内容可以分为哪几个部分？
3. 试论述商务谈判纪要的写作要求。
4. 试论述商务谈判合同的作用和原则。
5. 试论述商务谈判合同起草的基本要求。

案例讨论

深谋远虑的犹太商人乔菲尔

乔菲尔是一位荷兰犹太电器销售商人，他和许多犹太人一样，在谈判中崇尚机智，追求果断，谈判技巧十分老到。乔菲尔想从日本的钟表批发商三洋公司进口一批钟表。在谈判的前两周，乔菲尔邀请了一位日本律师作为自己的谈判顾问，并委托该律师提前收集有关三洋公司的情报。经过调查，他掌握了一些重要信息：三洋公司近年来财务状况不佳；这次他要买的这批商品是中国台湾和另一家日本企业承包的；三洋公司属于家族性企业，目前由第二代掌管，总经理的作风稳重踏实；等等。

到达日本后，乔菲尔立即和日本的律师顾问及自己请的荷兰律师一起讨论谈判的细节，特别是日本法律和荷兰法律的差异。谈判开始前，乔菲尔收到了三洋公司草拟的合同。乔菲尔和律师决定围绕这份合同展开谈判。

1. 谈判前认真研读对手拟定的合同

在三洋公司提出的合同草案中，有一条是关于将来双方发生纠纷时的仲裁问题，三洋公司提出在大阪进行仲裁。一般来说，代理销售这一类合同发生纠纷的原因主要有拒付货款和产品质量问题两类。一旦出现纠纷，双方最好通过协商解决，打官司是万不得已的办法。还有一种方式是事先在合同中明确约定一个双方都认可的仲裁机构。目前世界上有许多专门处理商业纠纷的仲裁机构，虽然大家的仲裁目的相同，但由于各国法律不同，因此在不同的地方仲裁，结果会大相径庭。

对乔菲尔来说，容易发生的麻烦事是收到的对方货物质量与要求不符，但由于三洋公司草拟的合同中约定先发货后付款，因此如果发现质量有问题，乔菲尔完全可以拒付货款，而三洋公司就会以货物质量符合要求而上诉。这样，如果在日本仲裁就会对乔菲尔非常不利；但如果改在荷兰仲裁，三洋公司也不会同意。为此，乔菲尔决定在谈判正式开始后提出建议：如果双方出现争执不下的矛盾，为了避免仲裁的麻烦，就直接请日本的法院来判决。他相信日方一定会同意。

2. 声东击西，埋下伏笔

谈判开始后，乔菲尔没有对价格提出异议，谈判进行得十分顺利，日方非常高兴。但很快，谈判遇到了第一个波折。而这是乔菲尔引起的。原来，按照三洋公司的意见，一旦他们的产品在欧洲销售时遇到侵犯第三者的造型设计、商标或专利纠纷时，三洋公司不承担责任。对此，乔菲尔坚决反对，原因是虽然出现此类纠纷的可能性很小，但如果全部由乔菲尔承担诉讼费用和损失，成本未免太大了。但是，三洋公司寸步不让。乔菲尔之所以提出此事，也是为后面的讨价还价创造筹码。

果然，三洋公司表示可以确保自己产品的质量，但无法保证自己的产品完全不和别人一样，对这一点，三洋公司无论如何不答应。在双方僵持许久的情况下，乔菲尔提出第一个解决方案："一旦出现产品雷同被起诉，我承担诉讼费，贵方承担赔偿费如何？"日方拒绝。乔菲尔修改意见："我们双方各承担全部费用的一半？"日方态度仍然坚决："不！"乔菲尔又提出新方案："无论费用多少，日方最多承担 5000 万日元？"日方还是一口回绝。

这是日本商人的典型做法：不让步，从不提解决的办法，对对方提出的方案又全部否定。此时乔菲尔表情失望地说："我方可以保证每年最低 1 亿日元的销售量，贵方承担的限额降为 4000 万日元如何？"日方代表的态度终于有所缓和。乔菲尔明知日方不会同意为何还穷追不舍呢？他的意图就是为谈判设置障碍，故意让对方在小问题上不让步，以便在重大利益上赢得收获。

3. 控制谈判进程，把握谈判节奏

面对日方的一再拒绝，乔菲尔佯装无可奈何并慨叹碰到了谈判高手。正在日方代表洋洋自得之机，乔菲尔突然提出对仲裁方式没有任何好感，喜欢做事干脆，提出有纠纷就在日本诉讼的提议，对此日方认为在自己国家打官司对己有利，故而十分爽快地答应了。这时，乔菲尔一边肯定双方取得的进展，以便提出如果万一出现前面提到的设计雷同上的纠纷，三洋公司无论如何也要承担一些责任，但具体金额到时再议。对此，日方欣然同意。

这时，乔菲尔突然提出双方的最后一个关键问题——价格。日方的要价是单价 2000 日元，而乔菲尔的还价是 1600 日元，日方不接受，谈判再次陷入僵局。为此，乔菲尔又提出了种种方案，如预付部分定金，提高每年的购货量，拿出一定比例的费用作为广告费等等。三洋公司坚决拒绝 1900 日元以下的价格。谈判只好暂停。

谈判再度恢复后，乔菲尔对双方已经取得的成果高度肯定，然后表示如果只为区区几百日元而牺牲此次谈判，实在是太可惜了。既然大家的利益是一致的，为什么不能找出双方都能接受的价格呢？接着他根据自己掌握的资料和信息，提出了如果以同样的价格完全可以从中国台湾或中国香港买到同样的商品，但是自己不想到其他地方购买，当然也不想在价格上比其他地方高出太多。日方听出了乔菲尔一番话语的分量，表示要慎重考虑，此时乔菲尔提出了 1720 日元的新价格，并表示只给日方两个小时的考虑时间，然后起身离席。

两个小时后，日方提出能否再加一些价？乔菲尔拿出计算器算了一会儿之后说："那我个人就送给贵方 20 日元的优惠吧。"至此，乔菲尔与三洋公司签订了合同。

4. 深谋远虑，出奇制胜

乔菲尔和日本三洋公司签订合同后的前三年，双方履约十分顺利。但后来还是出现了纠纷：美国的 S 公司声称三洋的产品与该公司的产品颇为相似。乔菲尔迅速聘请律师进行了调查。原来三洋公司曾为美国 S 公司制作过一批产品，而给乔菲尔的产品三洋只是做了一些修改，是有很多相像的地方。S 公司一边要求乔菲尔停止销售，一边要求得到 20 万美元的赔偿。对此，三洋公司的态度十分消极，一直拖了 4 个月没有答复，乔菲尔只好停止了销售和支付货款，并请 S 公司直接与三洋公司接触。

令三洋公司没想到的是，在日本法院起诉荷兰公司要先由日本法院将起诉状呈到日本外务省，再由日本外务省呈荷兰外交部，然后再送到荷兰法院，然后再通知乔菲尔，打官司的时间要好几年。不仅如此，日本法院的判决结果在荷兰是无效的。此时，三洋公司提出到荷兰打官司，但这与合同的条款不符。即便日本法院的判决在荷兰有效，然而由于乔菲尔属于荷兰的"皮包公司"，没有任何实际资产，三洋公司不会取得任何好处。最后三洋公司只好以乔菲尔欠的货款的大部分抵作了赔偿金，三年前签订的合同条款在关键时刻发挥了作用。

资料来源：http：//doc. mbalib. com/view/53548955e997836776294f2f4851998b. html。

? 思考讨论题

1. 拟定商务谈判合同需要注意哪些细节？如何做好前期准备工作？

2. 本案例中三洋公司的教训给我们哪些启示？

第 8 章

商务谈判策略

本章导读

　　商务谈判策略是全书学习的重点和核心内容。所谓谈判策略，是谈判者对谈判过程中各项具体活动所做的谋划。策略所阐释的主要是采取什么手段或使用什么方法的问题，目的是将实际的谈判活动纳入预定的方向和轨道，最终实现预期的目标。在商务谈判过程中，为了使谈判顺利进行，谈判者必须根据谈判的具体情况，抓住有利时机，审时度势地制定并运用相应的策略。因此，在商务谈判中熟练掌握和运用各种切合实际的策略是衡量谈判者能力高低的重要标志。

知识结构图

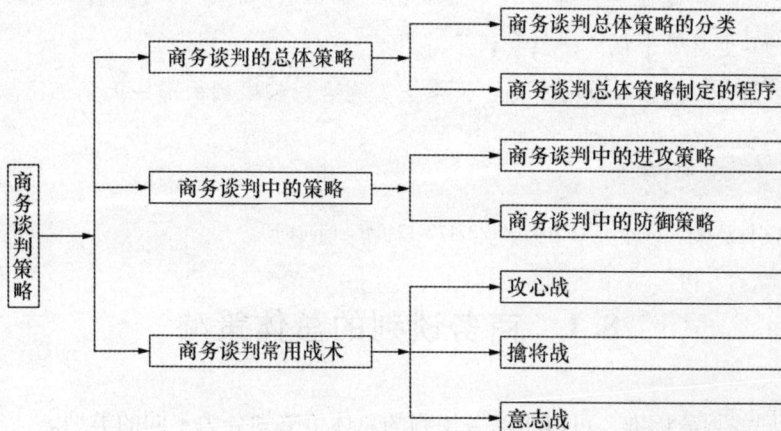

【开篇案例】　　　　　　　　赞美你的谈判对象

美国华克公司承包了一项建筑工程，要在一个特定的日子之前，在费城建成一座庞大的办公大厦。开始计划进行得很顺利，不料在将要完工时，负责供应内部装饰用的铜器承包商突然宣布：他无法如期交货了。这样一来，整个工程都要耽搁了，要付巨额罚金。

于是，长途电话不断，双方争论不休。一次次交涉都没有结果。华克公司只好派高先生前往纽约。高先生一走进那位承包商办公室，就微笑着说："你知道吗？在布洛克林，姓这个姓氏的只有你一个。"

"我一向不知道。"承包商兴致勃勃地查起电话簿来。"不错，这是个少有的姓，"他很有些骄傲地说，"我的家族是从荷兰来的，有近200年历史了。"

他继续谈论他的家族。当他说完后高先生就称赞他居然拥有这么大的一家工厂。承包商说："这是我花了一生的心血建立起来的一项事业，我为它感到骄傲，你愿不愿到车间参观一下？"

高先生欣然前往。在参观时，高先生一再称赞他的组织制度健全，机器设备先进。这位承包商高兴极了，他声称有些机器还是他发明的呢！高先生马上向他请教：那些机器如何操作？工作效率如何？到了中午，承包商坚持要请高先生吃饭，他说："到处都需要铜器，但很少有人对这一行像你这样感兴趣的。"

吃完午餐，承包商说："现在，我们谈正事吧。我知道你来的目的，但我没有想到我们的相会竟是如此愉快。你可以带着我的保证回去，你们的材料将如期运到。我这样会给另一笔生意带来损失，但我认了。"

果然，工程用的铜器及时运到，大厦正好在合同期限到的那一天完工了。

资料来源：网易微博（http：//t. 163. com/2747241748#f = topnotch）。

8.1　商务谈判的总体策略

根据不同的划分标准，可以将商务谈判的总体策略划分为不同的类型。

8.1.1　商务谈判总体策略的分类

1. 根据谈判的基本方针划分

根据谈判的基本方针，可以将商务谈判的总体策略划分为让步型谈判策略、立场型谈判策略和原则型谈判策略三类。

（1）让步型谈判策略。所谓让步型谈判，又叫让软式谈判，是指谈判者偏重于维护双方的合作关系，以争取达成协议为其行为准则的谈判。

在让步型谈判中，谈判者总是力图避免冲突。为了达成协议，他们随时准备做出让步，希望通过谈判签订一项令双方满意的协议。让步型的谈判者不是把对方当作敌人，而是看成朋友来对待，他们的目的在于达成协议而不是取得胜利。因此，让步型谈判，较之利益的获取，谈判者更注重建立和维护双方的合作关系。让步型谈判一般的做法是：提议、让步、信任、保持友善，以及为了避免冲突而屈服于对方。

如果谈判双方都能以宽宏大度的心态进行谈判，那么谈判中冲突的成分就会减少到最低的程度，达成协议的可能性、速度以及谈判的效率都将是比较令人满意的。而且彼此的良好合作也会使双方的关系得到进一步的加强。但在现实的谈判活动中，这种情况很少发生。在绝大部分场合，许多谈判者都避免这种为了达成协议而不顾实际利益的做法，尤其在面临强硬的谈判对手时更是如此。让步型谈判策略通常只限于在双方的合作关系极为良好，并有长期业务往来的情况下使用，而且双方所持的态度和谈判的方针必须是一致的。

（2）立场型谈判策略。所谓立场型谈判，又称硬式谈判，是指参与者只关心自己的利益，注重维护己方的立场，不轻易向对方做出让步的谈判。立场型谈判者在任何情况下都将谈判看作一场意志力的竞赛和搏斗，认为在这样的搏斗中，态度越是强硬，立场越是坚定，最后的收获也就越大。

在立场型谈判中，谈判双方的注意力都集中在如何维护自己的立场、否定对方的立场上，谈判者只关心自己的需要以及从谈判中能够得到的利益，而无视对方的需要以及对利益的追求。他们只看到谈判内在的冲突的一面，总是利用甚至创造一切可能的冲突机会向对方施加压力，忽视去寻找能兼顾双方需要的合作途径。

立场型谈判者往往在谈判开始时提出一个极端的立场，并始终持强硬的态度，力图维护这一立场，只有在迫不得已的情况下，才会做出极小的松动和让步。如果谈判双方都采取这样的态度和方针，双方极易陷入立场性争执的泥滩，在根本难以找到共同点的问题上付出无谓的努力，增加谈判的时间和成本，降低谈判的效率。即使某一方服从于对方的意志力，被迫做出让步并最终签订协议，而其内心则是不以为然，甚至是极为不满的。因为在该项谈判中，他的需要并未得到应有的满足。这种结果很可能导致他有意消极地对待协议的履行，甚至想方设法阻碍和破坏协议的执行。从这个意义上讲，立场型谈判没有真正的胜利者。

（3）原则型谈判策略。所谓原则型谈判，是指参与者既注重维护合作关系，又重视争取合理利益的谈判。

在原则型谈判中，双方都将对方当作与自己并肩合作的同事，而不是作为敌人来对待。他们注重与对方建立良好的人际关系，但又不像软式谈判那样，只强调维护双方的合作关系，而忽视利益的获取。原则型谈判者注意协调双方的利益而不是双方的立场，他们尊重对方的基本需要，寻求双方在利益上的共同点。谈判双方都努力争取自己的利益，当双方的利益发生冲突时，则坚持在公平的基础上协调双方的冲突，以获取对双方都有利的结果。

原则型谈判者认为，在谈判双方对立的立场背后，既存在冲突性的利益，也存在共同性的利益。立场的对立并不意味着双方在利益上的彻底对立。只要双方立足于共同的利益，以合作的姿态去调和冲突性的利益，双方就可能寻找到既符合本方利益，又符合对方利益的替代性立场。原则型谈判强调通过谈判而取得的"价值"。这个价值既包括经济上的价值，又包含了人际关系上的价值。因此，原则型谈判也称价值型谈判。原则型谈判是一种既理性而又富有人情味的谈判，在现实的谈判活动中具有很广泛的实用意义。

以上三种策略各有其优缺点，不能说哪一种策略就一定比其他策略好；同时，每一种策略都不是绝对的，都有一个"度"的问题。但是，原则型谈判策略更符合现代谈判的理念，因此，也为大多数谈判学者所推崇。

2. 根据谈判的基本姿态划分

（1）积极策略。积极策略是指以创造良好的谈判气氛、推动双方积极合作为宗旨的一种谈判策略。基本方式是行为的正强化，即鼓励对方做出有利于己方的行为，同时己方也将给予对方相应的报偿，实现互利互惠。积极策略的要义在于通过一种积极的、高调的姿态，创造一种有利于双方互谅互让、精诚合作的氛围。

（2）消极策略。消极策略是指以维护己方利益为主、迫使对方主动让步的一种谈判策略，其基本方式是行为的负强化，即阻止对方采取于己方不利的行为，否则就要给予相应的报复或惩罚。消极策略的要义在于通过一种消极的、低调的姿态，给对方施加压力，促使对方降低对谈判的期望或主动做出让步。

积极策略和消极策略各有其优缺点。一般来说，积极策略更适合于谈判实力较弱的一方，及谈判双方比较了解或关系比较友好的情况；而消极策略更适合于谈判实力较强的一方，及谈判双方不太了解或关系比较紧张的情况。

3. 根据谈判的基本方式划分

（1）进攻策略。进攻策略是指以进攻为主，主动向对方施加压力的一种谈判策略。进攻策略强调的是先发制人，先入为主，攻其不备，出其不意，掌握主动权。但其缺点是容易暴露己方的意图和实力，一旦为对方所利用，反而会失去主动。例如，谈判中先提出条件的一方，往往比较容易被动。

（2）防御策略。防御策略是指以防御为主、伺机发动反攻的一种谈判策略。防御策略强调的是坚固防守，后发制人，消耗对方的力量，摸清对方的虚实，一旦对方弱点暴露就反守为攻。纯粹的防御策略是不可取的，因为这会让对方不断地将攻势由一个点转移到另一个点，以搜寻防御中的漏洞，而己方只能疲于应付，最终难以招架。

进攻策略与防御策略是辩证的，不可能纯粹地"攻"，也不可能纯粹地"守"，攻有攻的优点，守有守的优点，该攻则攻，该守则守。一般来说，进攻策略适用于对对方的情况比较了解的场合，或己方的实力强于对方；相反，则适宜采取防御策略。

8.1.2　商务谈判总体策略制定的程序

商务谈判总体策略的制定应按一定的科学程序来进行，使其真正起到对谈判的指导作用，其步骤如下。

1. 分析谈判情景与形势

谈判中的问题、趋势、分歧、事件或情况等构成了一套谈判的情景形势组合。谈判人员应把这一复杂的"组合"分解为不同的部分，分析每一部分对谈判进展的关系和对可能结果的影响，然后有针对性地制定对策，最后形成综合性的策略安排。

2. 找出关键问题

进行谈判情景形势分析的同时，寻找关键问题，即找出主要矛盾，然后以谈判目标为依据，针对关键问题，制订相应策略。

3. 合理假设与可行性分析

谈判策略是针对谈判的具体情势而制定的，但具体情势往往难于判定，所以在制定谈判策略之前要对具体情势做出相应假设，当然这些假设应尽可能地科学合理。对各种假设根据"可行"与"有效"的原则进行深入分析，权衡利弊得失，运用适宜的分析方法，制订相应的可行策略方案。

4. 确定策略风格

在深入分析得出结果的基础上，考虑谈判目标的各种约束条件，确定使用软式策略、硬式策略还是原则型策略，也可以从另一个角度确定采用进攻策略还是防御策略。

5. 拟定行动方案

确定了策略风格后，还要考虑策略的实施方案。从一般到具体进行分工，列出每个谈判人员需要做到的事项，并把它们在时间、空间方面衔接好，进行反馈控制和跟踪决策。

谈判的总体策略在实际谈判中起到提纲挈领的作用，对谈判策略的选择具有指导意义。但是商务谈判具有很大的不确定性，在实际操作中，必须根据实际情况制定和运用正确的策略指导谈判活动，才能取得预期的目标。

8.2 商务谈判中的策略

8.2.1 商务谈判中的进攻策略

当谈判的一方实力雄厚、处于主导地位时，可以发挥攻势，迫使对方做出更大让步。尽管谈判者应当遵循"双方都是赢家"的道理，但双方让步的幅度不可能做到绝对的"半斤八两"，因此实力强的一方采取速决进攻策略往往奏效。典型的进攻策略有以下几种。

1. 投石问路策略

在商务谈判中，作为买主，为了从卖主那里得到对方不愿主动提供而己方又急需用来分析商品成本和制订价格策略的资料，常借助一系列提问方式来试探和获取对方较多的信息，以从中得到有用的资料。例如，买方想购买 3000 套服装，但事先不明确提出，而是要求卖方分别提供一次购买 200、500、1000、3000、5000 和 10000 套服装的价格单。卖主出于多销快销多赢利的动机，报价必然随销售批量而逐步下降。这样买主可进一步分析，从而确定达成交易的最有利条件。

为了得到各种价值、意义不同的资料，作为"投石问路"的"石子"是多种多样的，包括有关产品质量、商品规格、付款方式、交货时间、技术资料、优惠幅度等方面。而探明虚实所提问题的角度也可以是多种多样。例如：

如果我们把定货量增加一倍，价格上有什么变动？

如果我们与贵方签订一年的供货合同，价格上有什么变动？

如果我们增加或减少预订金，贵方的方案会有什么改变？

如果我们要求按我方的设计方案生产，贵方有什么建议？

如果我们要求进一步提供该商品的详细技术资料，则……

如果我们采取分期付款的方法，则……

这种来自不同角度的连珠炮式的发问，使卖方感到不好应付，因为卖方如一概避而不答，会显得不礼貌；而要一一回答，难免泄露"天机"，因此这种策略往往可以突破卖方的防线。

【阅读资料 8-1】　　　　　　　　　　谈判专家开旅馆

美国谈判专家尼尔伦伯格曾与他人合伙购买了地处纽约州布法罗市的一家旅馆。他对旅馆经营的业务一无所知，所以，他事先就讲好对该项业务的经营不承担任何责任。谁知事不凑巧，协议刚签署几天，那位合伙人就因患了重病不能经营旅馆了。怎么办？尼尔伦伯格没有其他的选择，只好亲自去经营旅馆。

当时，该旅馆的经营很不景气，月亏损 1500 美元。3 天之后，谈判专家尼尔伦伯格将要被当作纽约市旅馆管理"专家"去布法罗市走马上任，并亲自指挥 500 名员工的工作。这位谈判专家焦急万分，首先找来了哈佛商学院有关管理的书籍、资料潜心钻研，结果收效甚微。他坐在办公室里冥思苦想，突然一个念头闪过：500名员工绝对不会想到一个外行人会冒着风险来经营一家亏损严重的旅馆，他们会认为我是这方面的专家，那么我就去扮演一个经营旅馆的专家吧。

尼尔伦伯格到了旅馆后，便从早到晚每15分钟接见一个人。他广泛地接触管理人员、厨师和勤杂人员，在和他们的谈话中了解了不少情况。他和员工的谈话是这样进行的：当每一个人走过尼尔伦伯格的办公室时，他都是皱着眉头对员工说，他们不适合继续留在旅馆里工作。人们一个个都感到愕然。接着，他说："我怎么能留用如此无用的人呢？表面上看还像是个能干的人，但我不能容忍这样荒唐的事情再继续下去了。"这时，凡谈话的每位员工都竭力为自己过去的行为巧言辩解，并表示愿意接受批评，好好工作。于是，尼尔伦伯格继续说："要是你能向我表明，你至少还懂得怎样去做，并使我相信，你已经知道事情错在哪里，那么我们或许还能一起干下去。"

就这样，尼尔伦伯格从员工们那里了解到旅馆亏损的原因所在，以及许多改进旅馆经营管理的新建议、新措施和新方法。他将这些方法一一付诸实现。结果，第一个月亏损降到1000美元，第二个月就赢利3000多美元，从而使旅馆的亏损局面得到了彻底扭转。

资料来源：李额，李炎：《谈判其实很容易》，中国纺织出版社2002年版。

2. 软硬兼施策略

软硬兼施是一种常见的策略，也称"红白脸"策略，用于当谈判遇到挫折、陷入困境时。例如，碰到一些超出原定谈判计划方案而又必须马上做出反应的问题；对方突然提出一些切中要害而己方准备不足的问题；以及在一些对方本应让步，却偏偏不肯让步，使谈判陷入僵局时；等等。这时可以安排一名主谈人或负责人为"红脸"，找借口暂且回避，离开谈判桌，而由事先安排的"白脸"出面，与其他人一起以强硬态度，与对方展开争论与较量，尽可能从气势上压倒对方，或迫使对方让步，或迫使对方在发怒中失言失态。一旦谈判桌上的"拼搏"取得预期效果，充当"红脸"的主谈人或负责人及时回到谈判桌旁，但不必马上发表意见，而是让己方的其他人以缓和的口气和"诚恳"的态度调和"白脸"与对方之间的矛盾，实际上也是在向己方"红脸"汇报刚才一段时间的谈判进展情况。"红脸"通过察言观色，估计对方心态，抓住战机，提出"合情合理"的条件，使刚才对方的"失势"心态得到某种补偿而乐于接受。必要时也可佯加"训斥"

己方的"白脸者"的行为，以顾全对方的面子。由于人们不会对帮助自己说好话的人产生反感，而易于接受己方主谈者所提条件或做出某种程度的让步。

这里，要求一"软"一"硬"，一"红"一"白"的两班人马，配合默契，软硬兼施，把握时机，交替进攻，从而迫使对方撤销自己心理上的警戒防线，使己方摆脱困境。

【阅读资料 8 - 2】　　　　　　　　富翁休斯的臭脾气

传奇人物亿万富翁休斯，想购买大批飞机。他计划购买 34 架飞机，而其中的 11 架更是非买到手不可。谈判之初，休斯亲自出马与飞机制造厂商洽谈，却怎么也谈不拢，最后这位大富翁勃然大怒，拂袖而去。休斯不死心，找了一位代理人，帮他出面继续谈判。休斯告诉代理人，只要能买到他最中意的那 11 架，他便满意。而谈判结果是，代理人只是在谈判中改变了休斯那种骄横的刚性语气，并未降低任何条件，代理人居然把 34 架飞机全部买到手。休斯十分佩服代理人的本事，便问他是怎么做到的。代理人回答说："很简单，每次谈判陷入僵局，我便问他们，你们到底是希望和我谈呢，还是希望再请休斯本人出面来谈？经我这么一问，对方只好说，算了，算了，一切就照你的意思办吧！"

在这个谈判中，先由"白脸"休斯出场，寸步不让，胡搅蛮缠；再由"红脸"代理者上场。由于之前"白脸"的吵闹，导致对方更容易接受"红脸"的提议，最终促成交易的达成。在使用"红白脸"战术时必须给人以真实感，在对方可以接受的尺度内操作，否则会适得其反。

资料来源：张照禄：《谈判与推销技巧案例评析》，西南财经大学出版社 2009 年版。

3. 走马换将策略

走马换将策略是指在谈判桌上的一方遇到关键性问题或与对方无法解决的分歧时，借口自己不能决定或其他理由，转由他人再进行谈判的策略。这里的"他人"或者是上级、领导，或者是同伴、合伙人、委托人、亲属和朋友。

运用这种策略的目的在于：通过更换谈判主体，侦查对手的虚实，耗费对手的精力，削弱对手的议价能力；为自己留有回旋余地，进退有序，从而掌握谈判的主动权。作为谈判的对方需要不断向使用走马换将策略的这一方陈述情况，阐明观点，面对更换的新的谈判对手，需要重新开始谈判。这样会付出加倍的精力、体力和投资，时间一长，难免出现漏洞和差错。这正是运用走马换将策略一方所期望的。

走马换将策略的另外一个目的是能够补救己方的失误。前面的主谈人可能会有一些遗漏和失误，或谈判效果不尽如人意，则可由更换的主谈人补救，并且顺势抓住对方的漏洞发起进攻，最终获得更好的谈判效果。

4. 踢皮球策略

踢皮球策略与走马换将策略有相似之处，都是在形势对己方不利时，借故或撤销承诺，或求转机，或迫使对方让步。但也有不同之处。走马换将策略可用于谈判中段，而踢皮球策略则主要用于谈判的尾声；走马换将策略的执行者和替换者交替出现在谈判桌上，而踢皮球策略不需要走马换将，其矛盾的"制造者"是并不出现在谈判桌前的"上级"或"第三者"。

踢皮球策略的具体实施方法是：在谈判接近尾声时，谈判者表示对关键问题无权决定，需请求上司或有关主管部门审批；或以请示委托者（谈判的关系主体）批复为借口，把矛盾转移到非谈判者身上，使谈判搁浅。然后借口上司或有关委托人认为对方条件"太苛刻"，或不予批准等理由，迫使对方作出让步。而对这种情况，对方只有两种可能：要么做出适当让步达成协议；要么退出谈判，使谈判前功尽弃。由于多数谈判者不甘心就此退出谈判，往往只能让步成交，采用踢皮球策略就实现了既定目标。

当然，踢皮球策略也不是在任何情况下都会成功。如果谈判本来对己方有利，但感到仍不满足，想"得寸进尺"而采用此战术，那么就会激怒对方。一旦对方宣布退出谈判，那么己方也丧失了原来可以得到的利益。如果为了达成交易反过来要求继续谈判，那么主动权就转移到对方手上了。

【阅读资料 8-3】　　　　　　　外交官的谈判策略

苏联卓越的外交官柯伦泰，是世界上第一位女大使，她有特殊的语言天赋，通晓11国语言，特别善于面对复杂问题的谈判。有一年，苏联任命她为驻挪威贸易代表，全权处理与商人之间的贸易谈判。一次，她和挪威商人谈判购买鲱鱼，由于商人要价高，双方争执不下。为了打破僵局，取得有利于己方的进展，她突然决定以奇制胜。她微笑地对挪威商人说："我同意你们提出的价格。"一听此话商人喜出望外，但她接着说："如果我国政府不批准这个价格，我愿意用自己的工资来支付差额。不过我要向各位先生说明，我个人工资有限，这自然要分期支付，可能要付一辈子。"挪威商人一听真是哭笑不得，他们从来没有遇到过这样的谈判对手，最后无言以对，只好以苏方的标准降低价格拍板成交。

资料来源：张照禄：《谈判与推销技巧案例评析》，西南财经大学出版社 2009 年版。

5. 最后通牒策略

在谈判中，如果碰到以下情况，即己方认为只能坚持而不能降低某些要求时，了解到对方无法承担失去这项交易后的损失时，为了降低对方过高的期望值，为了加速对方的让步，为了试探对方的诚意和授权，而向对方发出己方不能再做出让步或再等待的最后声明，这就是最后通牒策略。

例如，"这是我方对这批货物的最后出价了，如果十天之内，你方还未寄来订单，我们就卖给别的客商了。""支票将在三天后截止，所以你有足够的时间考虑。""我给你三天期限，如果你还是不能接受这个价格，撕掉支票后再通知我一声"……这里尽管语气不同，但实质均为"接受我方这个条件吧，否则就拉倒"。

这种策略由于态度鲜明和干脆，容易造成对方的心理压力而获得成功。但是，正由于其剥夺了对方继续发表不同意见的机会，容易造成对方的反感、失望与对抗情绪。因此，使用这种策略要以知己知彼为前提，切不可滥用。另外，应当借助一些语言技巧来降低对方的敌意和留下日后能有风度地让步的余地。其主要办法如下。

（1）内容的选择。

"这是我方对这批货物的最后出价了。"

"在全盘考虑之后，这是我方的最低出价了，即使包括附件在内，我方也只能出这么多了。"

（2）结果的选择。

"我给你三天期限，如果你还是不能接受这个价格，撕掉支票后再通知我一声。"

"我给你三天的期限，如果你还是不能接受这个价格请打电话给我吧！"

（3）坚定的选择。

"如果十天之内，你方还未寄来订单，我们就卖给别的客商了。"

"如果十天之内，你方还不能开出订单，我们仍是朋友。"

（4）时间的选择。

"支票将在三天后截止，所以你有足够的时间考虑。"

"请你在这三天内考虑一下，如果仍不感兴趣，麻烦您把支票寄还给我。"

上述说法都是向对方发出最后通牒，但委婉程度不同，换一种说法，就会增加转换和让步的余地。

为了使最后通牒更让对方信服，从而能更有效地实施，应尽可能地拿出一些令人信服的证据（诸如国际市场行情的现状及趋势，国际技术方面的信息，国家的价格政策和与其他客户交易的实例及国际习惯等），让事实说话，给对方一定的思考、议论或请示的时间。

【阅读资料8-4】　　　　克莱斯勒的降薪谈判

美国汽车巨子艾科卡在接手陷入困境的克莱斯勒公司后，觉得必须降低工人的工资。他首先降低高级职员工资10%，自己的年薪也从36万美元减为10万美元。随后他对工会领导人讲："17元钱一个小时的活有的是，20元钱的一个也没有。现在好比我是在用手枪指着你的脑袋，还是放明白点。"工会并未妥协答应，双方僵持了一年，最后形势逼迫艾科卡发出了最后通牒。在一个冬天的晚上10点钟，艾科卡找到工会谈判委员会，对他们说："明天早晨以前你们必须做出决定，如果你们不帮我的忙，那我叫你们也好受不了，明天上午我就可以宣布公司破产。你们还可以考虑8个小时，要么降薪，要么失业，怎么选择，随你们便！"最终，工会妥协，同意降薪，这不仅挽救了艾科卡，也挽救了克莱斯勒公司。后来艾科卡在其自传中写道："这绝不是谈判的好方法，但是有时候必须这么做。"最后通牒正是这种特定环境下的一种策略。通过使用这种策略，克莱斯勒公司成功地渡过了困境，在世界汽车市场上重新占据了一席之地。

资料来源：孙玉太：《商务谈判概论》，东北财经大学出版社2000年版。

6. 亮底求助策略

亮底求助法与最后通牒法相似，都是为对方进一步讨价还价设置一道难以超越的障碍，迫使对方为了谈判成功做出让步。而其区别在于亮底求助并不以强硬态度出现，而是通过交代己方的客观困难和具体实际情况，以取得对方的理解和予以帮助。

例如，以下一些表达方式：

"我们非常希望与贵方合作，也非常赞赏贵方的产品和技术，遗憾的是我们确实只有这么多的优惠条件……"

"我们对这宗交易确实很感兴趣，但是我公司的预算只有这个数目，如果承蒙贵公司理解和稍为让点价，那我们就感激不尽了。"

"如果贵方一定要以这个价格购买，那么必须预付货款，不然我们就会由于资金周转问题而无法实现双方的愿望。"

"如果贵方一定要坚持这个价格，我们只能答应，但请贵方也考虑一下我方的实际困难，并同意修改贵方的设计以适用我们的生产线，否则我方就爱莫能助了。"

巧妙地运用亮底求助法，有利于谈判成功并获得较好的效益。其原因在于人们常有种帮助弱者实现某种愿望的心理需求和侠义心肠，亮底求助法正好给予对方一个表现机会，既体现了商务上的精明内行，又表现了其乐于奉献、助人的精神。因此，买方（或卖方）对这种策略运用得好，就会引起卖方（或买方）的某种同情心，设身处地为对方考虑甚至违心地做出原来不想做的让步。买方（卖方）一看目的基本达到，也就会做出一些相应的微小让步，并表示出谢意与友善，从而达成协议。

7. 浑水摸鱼策略

在处理事情时，应当尽量将其简化，而不要变得复杂化。浑水摸鱼法正好与此相反，故意让许多不相干的事情搅和在一起谈，使简单的事情复杂化，让对方摸不清己方的底细，而在疲于应付中打乱了原定计划，自然或不自然地同意了己方的方案；或使己方借助这种方法推翻了原来承诺的让步。这种策略有时还可借以推测对方在压力之下保持清醒、机智的能力。如果发现对方承受压力的能力较低，则可进一步施展更大压力，迫使对方就范。

浑水摸鱼法通常运用在谈判的开始或结束，或者是在深夜对方比较疲乏或己方情绪冲动的时候。例如，谈判开始时，并不按常规根据程序一一进行，而且一下子就提出交货日期、售后服务方式、品质标准、数量差价、价格条件、包装运输和交付方式等一系列重要问题，把事情搞得极为复杂。这样，就有可能摸清楚对方的准备是否充分，对方是否具有谈判经验，以便有针对性地展开攻势。

谈判临近结束时，有时为了达到撤回已做出后又反悔的承诺，也可将过去已解决的问题和以后要谈的问题串在一起，使事情混乱和复杂化，以达到"乱中取胜"的目的。

深夜进行谈判主要是利用对方体力不支、精神不振的情况，有意把重要问题搅得很复杂，使对方在头脑昏沉下接受己方的方案条件。

借助己方情绪激发时的冲动，有意把局面和问题搅得复杂化，使对方在己方冲动的情况下产生惧怕、反思的心理，从而为了避免事态扩大而违心地同意某些要求。

8.2.2　商务谈判中的防御策略

谈判中，有进攻也有防御，"兵来将挡，水来土掩"，当谈判的一方处于被动应付局面时，应采用的策略就是防御克制策略，这也是破解攻势策略的手段。当谈判者掌握了这些防御策略，就可以避免被动失措。

1. 破解投石问路策略

投石问路法虽然有一定的威力，但高明的卖主决不会轻易地在这些"石子"攻击下乖乖就范，而会沉着冷静地因势利导，一一化解，并力求反客为主，掌握主动。例如，可采用类似以下的一些应答方式。

如对方以增加一倍的订货量来询问价格优惠情况，卖方可以说："如果我告诉您，可以给予一定优惠，那么咱们就签订合同，怎么样？"这是以对方立即签订货协议作为满足对方提问的条件。这样一来，对方即使不愿马上签约，也不好再轻易发问了。

如果对方的问题涉及卖方关键性的底盘资料，或者卖方对买方的问题缺乏充分的思想准备，完全可以采取答非所问或顾左右而言他的方式，使对方不得要领。

卖方为了避免因买方连珠炮式的发问而疲于应付，从一开始就要采取主动，对开头的问题即以冗长繁琐、不着边际的解释来答复对方，使买方感到不胜其烦而丧失耐性，主动收敛原先不断提问的欲望。

在买主投石问路，卖方胸有成竹地稍作解释后，可如法炮制地反问对方，反客为主，把对方推到被动位置上。举例如下：

买方问："如果我们要求按我方设计的规格生产，那么价格是否可以维持不变？"

卖方回答："我们这种规格的产品在市场上适应面广，销量很大，供不应求，如果要按贵方设计的规格生产，那么势必提高产品成本，估计要比现价提高4个百分点，而且贵方订货量起码要超过5万个，请问这对贵方是否可行？"

这样一来，买方所投的"石子"就反弹回去，该轮到买方去思考与解答。这时，卖方可以抓住买方想要知道更多情况的心理，可以进一步向买方提出建议，出谋献策。如告知买方签订长期合作协议，不但享受优惠价格，还能保证货源稳定等。经过如此反客为主，因势利导，谈判往往能顺利进行并获得成功。

2. 破解软硬兼施策略

当知道对方运用软硬兼施策略时，可用以下方法破解。

牢记以下道理：大多数情况下，对方之所以采取软硬兼施策略，往往是由于己方抓住了对方的某些要害问题，使其处于被动的境地，因此，对方在该问题上并非没有让步的可能，而只是想通过先软后硬、先进后退，把让步降到最低限度。如果对此有一定的清醒认识，就不会被"白脸"的气势汹汹所压倒。

仔细观看"白脸"的表演。一方面，不要被对方的激烈言辞所激怒；另一方面，也要注意对方"白脸"的弱点和言辞中间的漏洞。一旦发现这些弱点与漏洞，也可展开攻势，甚至穷追不舍，使其不仅攻不成，还守不住，弄巧成拙，迫使对方主谈者出台。

对"红脸"提出的所谓"合情合理""折中"的方案条件要三思。记住：软硬兼施的一系列表演，归根结底正是要在"红脸"的方案条件中争取最佳效果。因此，千万不要把对方"红脸"看成是调解者，他才是"主谋"和"后台"，决不上当。

当逼出对方"红脸"后，可以根据情况，立即"旧话重提"，不给其喘息机会，回到原先的谈判基础上，要求对方信守诺言。在顾全对方面子或给予对方台阶下的同时，促使对方"体面"地让步。

如果发觉己方实际已处于明显劣势地位，或已形成僵局，己方再让步就有可能使谈判夭折的话，那么可以采取前述破解僵局的各种措施。如采取针锋相对策略，也派出己方的"白脸"，毫不留情地反击对方，甚至激怒对方，使其怒中失态，怒中出错，然后抓住其错处，群起而攻之，使其无法招架而败下阵来。或用以柔克刚的办法派出"红脸"对付对方的"白脸"，不卑不亢，不紧不慢，以四两拨千斤，一一化解对方的进攻，使其徒劳无功。

3. 破解走马换将策略

要破解走马换将策略，有以下几方面的要领。

总的策略应力求稳扎稳打，不为其走马换将策略所动。首先对全局形势有一个正确判断，对方之所以采用走马换将策略，往往是感到形势对其不利而舍近求远，舍简就繁，意图在"变"中调整局势。如果不为所动，那么焦急的应是对方。

如果对方替换者一口否认以前已做出的对其不利的承诺与协定，那么己方同样可以否认过去作过的所有承诺，或者找一个更好的借口，让谈判暂时搁浅，使对方感到时间对他们的威胁，而不得不让原先回避的主谈者回到谈判桌前。

如果对方替换者回避矛盾焦点，偷换论题，或者承接以前对其有利的因素，运用新的策略，迫使己方让步，那么己方既可以委婉地指出其逻辑上的错误，也可针锋相对地以己方以前的有利因素为基础，采用新的策略，显示要扩大有利因素的气氛，使对方策略无从得逞。

鉴于对方替换者已了解己方情况，而己方对其有一个观察了解的过程，因此不必急于与其交锋，由其尽量表演，从中掌握其性格特点与采用策略，然后有的放矢地与其周旋，使其既定策略丧失目标，反而陷入被动。

如果对方替换者以"老好人"身份，运用新资料为依据，提出所谓公平、客观的新标准与条件，己方也可选定"老好人"，找出更有力的依据，提出更"公正"的方案，使对方难以占据主动地位。

破解走马换将策略的目的不在于保持与扩大对抗以压服对方，而要化解对方这种企求"乱中取胜"的手段，让对方重新回到正常谈判中来，最终达成对双方均有利的协议。

4. 破解踢皮球策略

破解踢皮球策略，有以下一些方法。

针对对方搬出不出面的"上司"为挡箭牌，己方也不妨如法炮制，请出自己的上司与对方的上司对话。这样，如果对方上司不出来，而又坚持不批复，就显得强加于人而理亏；如果对方上司出来，双方上司就必须重新回到实质谈判中去，而不能再以"不批准"为借口。

如果正确估计己方的优势和对方的真正需求，那么当对方称要上司批准时，不妨限以时日，并协商一定的约束办法，如在等待期间，己方有权寻找更好的交易伙伴等，使其既不能旷日持久地等待"批复"，也不敢轻易以上级不同意为借口中止谈判。

如果对方声称其上司要求降低条件才能签约，应当据理力争，探明双方利害关系，并同样以如果降低条件就中止谈判来警告对方，以此试探对方的虚实。

如果事先了解对方的签约权限和策略意图，那么己方也不妨派出一个职权与之对等的谈判者，并在对应的问题争论时也提出"需请示上级"的要求，使对方无论在哪一个层次的谈判中都不能以"上司"相要挟。

如果对方运用踢皮球策略太过而背离了正常情理，那么有必要通过第三者婉转地予以揭露，然后尽量引导对方从双方利益出发，真诚合作，平等互利，从而放弃踢皮球的既定策略，使谈判正常进行。

5. 破解最后通牒策略

如果对方采用最后通牒策略，可用以下方法进行破解。

改变谈判条件或转换话题，来试探对方的决心与立场。诸如增加或减少订货，要求更高或略低的品质规格，要求更多或较少的服务，要求提前或延迟送货，要求改变支付方式，改变包装或运输条件，等等。然后再和对方谈判新价格。

听而不闻，不予理睬。假装没听到对方的通牒，继续说我的。如果对方也是为了试探己方的诚意和授权时，往往因为己方不入圈套而由此态度变软。

据理力争，尽可能找一些有理有据的解释去反驳对方，使其通牒显得无理而不能再坚持下去。

暗示对己方无关紧要。如暗示还有其他谈判对象在等着，使对方感到己方在竞争中处于主动地位，启发对方意识到谈判破裂于己方无损，反不利于己方。

暂时冻结。在提醒对方考虑其最后通牒会引出的弊端后，提出暂时休会。既避免对方的冲动性反应，也让对方有一个重新权衡的机会，还给对方体面退让留个台阶。

让对方的上司立据证明。这是最后的出价，使故作试探者因害怕谈判破裂而不得不改变口气，做出让步。

最后通牒虽是以比较强硬鲜明的态度出现，但不一定准备强硬到底，因此一般不要"以牙还牙"或把对方"逼上梁山"，应尽量节制己方语言，给对方留面子，为其体面退让留一条退路。

6. 破解亮底求助策略

对卖方来讲，破解亮底求助策略的要领为如下。

牢牢树立以下两个观念：谈判应以公平对等为前提，等价交换是客观规律，除了特殊情况，对某些特殊客户可从长远利益考虑外，一般都应强调等价；要看到，绝大部分买主运用亮底求助法是一种以守为攻的策略，其底价还是有弹性的，对其言行也不必信。

即使买者态度坚决，似乎真无退路，也并非就无商量余地。例如，买主是资信良好的客户，可建议其改变某些成交条件，或提前支付已备之款，所欠部分延期或分期付款。

谈判以前就做好应付此种策略的准备，如供应不同规格型号、不同档次、不同价格的商品。当对方亮底求助时，己方则同时提出与其要求相适应的其他规格、档次、价格的商品，并重申"一分钱一分货"的原则。

如果对方始终不愿降低价格，为了达成交易而己方又不会受太大损害时，也可以通过提高零配件价格，或要求对方增加销售量以求对方在实际上重新做出退让。

如有必要和可能，还可设法找出对方的预算秘密，如所亮底牌有诈，则可委婉地道破实情，这样迫使对方主动退让。

对买方来讲，如果卖方运用亮底求助法，买方也可"以其之矛，攻其之盾"，同样运用亮底求助法与对方对峙。例如，要求改变支付方式，要求更完善的售后服务和更多的其他利益。

7. 破解浑水摸鱼策略

对付浑水摸鱼策略，关键是有警惕、有准备、有勇气和有耐心。

有警惕：随时警惕对方可能运用此策略，尽量避免在深夜或疲劳之时谈判，一旦到了深夜或出现疲劳之状时，应设法制止谈判。当对方情绪激昂时，不要轻易被镇住，更要警惕和防备对方运用此策略来实现原来达不到的目标，应当高度冷静，努力克制自己，因势利导地把话题引回实质性问题，并做出充分的解释，给对方面子与"下台"的台阶。

有准备：谈判前对各项内容做详细了解和充分准备，以便随时有理有据地道破对方浑水摸鱼中的不合情理之处，使对方知我有备而来，无法施展其伎俩。

有勇气：在事情未弄清楚之前，要有勇气对"浑水摸鱼"者说："我不了解。"或说："这个问题等到下一次再讨论。"千万不能因顾虑谈判失败而轻率做出承诺。

有耐心：要有耐心倾听对方的"搅和"，然后我行我素，坚持按原定议程逐项认真讨论。

8.3 商务谈判常用战术

同谈判的策略相比，谈判的实施是与某一情境、某一行动或论证的某一阶段相关联技巧的串联。我们把这样的技巧归纳在一起，概括地称作"战术"。

8.3.1　攻心战

兵法上说"用兵之道，攻心为上，攻城为下，心战为上，兵战为下"，而蜀中名联曰"能攻心，自古知兵非好战"，可见古人早已深谙"攻心之道"。同理，在现代商务读判中，攻心战也是一种重要的手段。

攻心战是指谈判一方从心理和情感的角度入手，使对方心理上不舒服或感情上软化，从而促使对方接受己方的条件达成协议。攻心战的具体策略有满意感、"头碰头"、鸿门宴、恻隐术、奉送选择权、夺气攻心、故扮疯相等。

1. 满意感

满意感是一种使谈判对手精神上获得满足的战术。首先要尊重对方，俗话说"投桃报李""你敬我一尺，我敬你一丈"，意思就是要尊重谈判对手，尤其要尊重对方的人格。为此要做到礼貌文雅，同时关注谈判对手提出的各种问题，并尽力给予解答。解答内容以有利于对方理解自己的条件为准，哪怕他重复提问，也应该耐心重复同样的解答并争取做些证明，使你的解答更令人信服。此外，还要接待周到，使他有被尊重的感觉。必要时，可以请高层领导出面接见，给足其"面子"，满足其"虚荣心"。当然，谈话时最好是叙述双方的友谊，增进双方了解，分析对方做成这笔生意的意义，也可以客观评述双方立场的困难程度，最后表示愿意给予帮助的态度。

另外，为了能够同对方顺利达成协议，获得对己方更为有利的条件，最好在谈判之外能够给予对方谈判者以帮助，不管是生活上的还是其他方面，在个人私事上己方也可以慷慨地给予帮助，努力与其谈判成员建立起一种特殊的信任关系，最好使这种关系能够凌驾于公司利益之上。英国著名文学家莎士比亚曾经说过："人们满意时，就会付出高价。"一旦建立了这种关系，就可以在谈判中获得意想不到的好处。

实际上，建立满意感的最有效方式就是投其所好。投其所好是指在谈判中故意迎合对方的喜好，使其在心理上或感情上得到满足。在双方建立了一定的感情基础后，再进一步提出自己的要求和条件，使对方易于接受，进而使自己的谈判目的得以实现。心理学研究表明，如果你能关心别人关心的人或事，在别人关心的人或事上成为他的伙伴或支持者，那么双方就很容易沟通，从而成为互敬互让的朋友，在生意场上就可能成为一对很好的合作伙伴。

投其所好战术的具体形式有很多，如可以为对方提供舒适良好的食宿，使其有种宾至如归的感觉；也可以让对方参观投资环境或名胜古迹，使其产生兴趣；还可以恰如其分地施以小恩小惠。这些都可以产生事半功倍的效果，关键在于弄清楚对方的兴趣所在。

2. "头碰头"

这是一种在商务谈判会场之外，双方采取小圈子会谈以解决棘手问题的做法，也称之为"碰头会谈"。通常，由双方主谈加一名助手或翻译进行小范围会谈，地点可以在会议室，也可以在休息厅或其他地方。这种战术有较强的心理效果，突出了问题的敏感性，以及人物的重要性和责任感。此外，小范围易于创造双方信任的气氛，谈话更自由，便于各种可能方案的探讨，也更加随意灵活。

这种"头碰头"会谈在时间上也很灵活，可以随时举行。例如，外交上，全体会议以前，先举行首脑会议。商务谈判中也常常这样，即使是在谈判之中，也可以提出暂时休会，举行这种小圈子会谈。这时候可以将一些不成熟或者是有待完善的条件提出来讨论，既能够起到双方沟通的作用，也不会产生泄密而导致局面混乱的情况。

许多重大的决策，往往是提出于正式谈判以前，形成于这种"头碰头"的洽谈之中，大会仅仅是作为公布这种决策或协议的场所而已。这种情况在政治外交中体现得最为明显。例如，北越和美国代表团在巴黎召开每周一次的会谈时，气氛都是非常的紧张。但是当会议桌上的代表正吵得不可开交时，坐在不远处的美国和北越的高级官员却在一边喝茶、一边聊天。事实上，最后起决定作用的当然是这些喝茶聊天的高级官员，他们会在不经意间达成一致。

在正式谈判遭遇僵局时，非正式谈判就会起到很重要的作用。在谈判中，难以启齿的事情，可以在精神愉悦或酒足饭饱时很轻松地表达出来，只要几句话就能把愿意妥协的态度全部表现出来，而且不会伤及面子问题。也许这就提示了谈判者，为什么一起打场高尔夫或者一起共进晚宴，会比旷日持久地坐在谈判桌前更为有效了。

任何一位谈判高手，都深深地懂得场内谈判和场外谈判的力量。但是事情都是一分为二的，任何事情都有其积极的一面，也有其消极的一面。场外谈判固然在谈判过程中占有极其重要的地位，借着这座桥梁，双方得以沟通意见，了解彼此的要求，并且研究出可行的解决办法。但是场外谈判同样有其弊端，而且有时候引起的后果会相当严重，需要谈判者随时提防。比如，在轻松友好的气氛中，对方可能会提供一些假信息，你可能在这时候会表现得异常慷慨、大方；在酒兴发作时，可能就会滔滔不绝，这就难免会泄露机密。因此，作为谈判者，一方面要重视这种"头碰头"，并利用它促进谈判的顺利进行；另一方面，也必须对这种会谈中得到的消息等进行甄别，而且要防止别人利用这种形式对付你。

3. 鸿门宴

在商务谈判中，鸿门宴喻指做某件事表面是一回事，而本质却另有所图的各种活动。鸿门宴之策，其形可用，其意更具有参考价值。鸿门宴意不在"杀"人，而在促使谈判前进，以求尽快达成协议。很多时候，谈判双方坐在一起举行宴会，显然其目的并不在宴会本身，而在于通过宴会缓解气氛，在宴会上将谈判的一些难点、敏感点消逝于无形之中，很多谈判中顽强的对垒可能在觥筹交错中丧失殆尽。例如，在某公司的钢化玻璃生产线出售谈判中，卖方设宴款待买方领导，在举杯共饮的时候谈及生意，这时买方毫无心理准备，但是迫于宴会气氛的友好压力，不忍心拒绝对方请求，仓促地答应了对方，使卖方占了便宜。显然，卖方的"鸿门宴"成功了。还有一种鸿门宴设在谈判达成协议之后、签约以前，这时候可能是买方设宴饯行，此时的买方可能在宴会上将卖方大大恭维一番，并且表示感谢，希望以后长期合作等，这时候卖方也许就会被感动了，为了表示自己也有诚意，可能会主动将价格降低。这时候，买方的"鸿门宴"也就奏效了。

现在的商务交往中，宴请几乎是必不可少的礼仪。作为商务谈判者，在宴请对方时，要有足够的诚意，当然也要有明确的目的，争取在宴请中能够有一定的收获。同时在被对方宴请时，要提高警觉，时刻保持清醒的头脑，切忌感情用事，不要在被感情冲昏了头脑的同时也冲走了利益。

4. 恻隐术

恻隐术是一种装可怜，利用对手的同情心，以求取得商务谈判利益的做法。俗话说："恻隐之心，人皆有之。"人天生有一种同情弱者的良知，人是感情动物，每个人都有恻隐之心，最不愿意做的事情就是落井下石。但是，有时恰恰是这些特点会被谈判对手利用。所以，这些特点在一些谈判中就变成了弱点，如果这些弱点被谈判对手充分利用，就会使谈判向另外的方向发展。

谈判者要扮好可怜相，应该从语言、身体和道具三个方面着手。利用丰富生动的语言来传递可怜的意思，同时还要配合适当的面部表情、身体语言和道具。可以说这样的可怜话："如果我真的答应了你的条件，我们公司就会亏损，回去我可能就会被炒鱿鱼了。但是我上有老、下有小，一家人都靠我呢！求求你高抬贵手，把条件再放宽些！""我已经退到悬崖边了，不能够再退了，求你放我一马。"也可以装可怜相：有些谈判者在谈判进行中一把鼻涕一把泪的，更有甚者在谈判桌上作揖磕头。还有一些谈判者为了催动对方恻隐之心，精心准备了一些道具。例如，在一次商务谈判中，卖方邀请买方到自己的旅馆去谈判。等买方到了旅馆后发现，卖方主谈者头裹毛巾，腰间缠着毛毯，一副可怜的样子，好像是得了重病。当买方问怎么回事时，卖方就趁机发挥，说："头痛、腰痛，谈判迟迟得不到进展，自己心里着急上火。"这一招很有感染力，特别是对一些谈判经验不足的谈判者，很容易被对方感动，从而向对方做出让步。

采用恻隐术值得注意的是：一是装可怜相、为难相要适可而止，不能损害自己一方的尊严和人格；二要了解对方的价值观，是否有同情弱者的同情心。因为不同价值观的人对弱者的看法是不一致的，有的对弱者采取的是鄙视的态度，谈判中不相信眼泪；而有的对弱者采取同情的态度，容易被眼泪迷惑。在国际商务谈判中，中国人一般会强调自尊自强等，在谈判中不卑不亢，所以在谈判中很少用到恻隐术。但是，每个企业都有困难的时候，找机会将它暴露出来，有时很能感动没有经验的谈判对手。这一招在日本得到广泛的应用，并且取得了很好的效果。

在商务谈判中，遇到这种谈判战术时，千万要保持冷静，告诉自己：这是商场，不要轻信别人的眼泪，不要被对方的假象所迷惑，要针锋相对，争取谈判的主动权。

（1）缓兵计。针对装扮可怜相的对手所提出的条件，采用既不否定也不肯定的态度，即在形式上表示对对方的同情，但实际上并不马上答应其条件，而是把对方先搁置在一边，使之进退维谷，这种方法就是缓兵之策。缓兵计可以使己方掌握谈判的主动权。如果对方确实可怜，那么己方可以通过"请示上级"的方法，给予适当的让步。如果对方是装扮可怜，则把他们晾在一边，使之自讨没趣，最后不得不接受己方的条件。缓兵是为了更好地出击，因此，缓兵计中，"请示上级""等候回答"等都需要给出时间期限，而不是不定期的拖延谈判。另外，在缓兵之后，我们需要做大量的资料收集、判断工作，判断对方是否真可怜，分析对方遇到困难的程度。在此基础上，给予对方正确的答复。

（2）"调和剂"。调和就是对己方条件和对方所提条件间的分歧作一个平衡，即双方在所提条件方面作一些让步，调和彼此的分歧。对于装扮可怜相的对手，如果其提出的条件就是己方打算作让步的，那么己方完全可以顺水推舟，表达对他们的同情，接受他们所提的条件。

5. 故扮疯相

故扮疯相是指在谈判中，依照对手的言语或者谈判的情形发展，故意表现出相应的着急、愤怒、发狂和暴躁的姿态，吓唬对手，给对手施加强大的心理压力，从而动摇其谈判决心，迫使其让步的谈判战术。该战术具有相当的难度，不但要掌握好施压的强度，而且要自然地流露，让对手认为你是真的愤怒了，不能让别人看出破绽，否则谈判效果就会大大减弱。

故扮疯相有很多种做法，要根据实际谈判情况决定到底采用哪种做法，争取达到最佳效果。以下简单介绍几种具体做法。

（1）拍桌子。在谈判的时候，一边论述己方观点，一边敲击桌面，为自己所论述的内容加强说服力，也借此表示自己的信心。也可以突然猛拍桌子，拍案而起，表示自己极度愤怒，将自己声音放大，震起桌面上的其他物品，同时大声驳斥对方观点，表示己方不可能接受。

（2）摔纸笔或者文件。在听对手论述谈判条件或是讨价还价时，突然将手中的纸、笔、文件等一扔，表示己方已经不耐烦了。更强烈的是将物品掷于桌面上或者地上，伴之己方否定对方观点的发言。此时态度一定要坚定，脸色严肃，口气强烈，这样才能达到很好的效果。

（3）撕文件或者是一些废资料。一般可以撕自己的记录纸或者某些废资料来表达自己的不满，也可以将对方的某些文件撕掉，比如对方提交的报价单、还价资料等。这时候可以脸色阴沉地等待对方再做决定，也可以质问对方是否有合作诚意。

（4）大声吼叫。在谈判中，突然提高嗓门并驳斥对方讲话，同时配之以面红耳赤和凶悍的眼神，再加以手势动作，从而压制对手的火力，结束对手的纠缠。但是要注意吼叫内容并不是辱骂对方，而是批评和驳斥对方的理由。

（5）离开谈判桌。在谈判中，故意借着一定的话题，越说越生气，然后原地站起，合上自己的谈判资料，离开谈判桌，摔门而走。这一招对于那些谈判经验不够丰富的人和一心想要成交的人将是一个极大的打击，可以起到很好的施压效果。

故扮疯相战术的使用一定要慎重，要把握好运用的"度"。而且在对方主谈是个相当有经验的谈判手时，最好不要使用，因为此策略对其产生不了震慑的效果，反而会让其认为你没有修养，更可能由此出现谈判僵局。

8.3.2　擒将战

擒贼擒王，语出唐代诗人杜甫《前出塞》："挽弓当挽强，用箭当用长。射人先射马，擒贼先擒王。"此计用于军事，是指打垮敌军主力，擒拿敌军首领，使敌军彻底瓦解，乘机彻底击溃敌军。指挥员不能满足于小的胜利，要通观全局，扩大战果，以得全胜。如果错过时机，放走了敌军主力和敌方首领，就好比放虎归山，后患无穷。而在现代商务谈判中，是指针对对方主谈者的战术，如果能够成功地说服对方的主谈者，谈判就基本上取得了成功。

1. 感将法

感将法是以温和礼貌的语言、勤勉守信的行动使对方感到不好意思坚持原来立场而置你的态度于不顾，从而达到预期谈判效果的做法。也就是要想方设法提出哀而动人的口号，使谈判对手感动，让他觉得如果不按照你的意思做就对不起你。这和恻隐术有些相似，但是要比它光明正大。在谈判中，尽力表现得谦恭一些，表示自己懂得还不够，要向对手学习；只要对手回答了问题就表示感谢，对方说得有理就照办。认真听取对方的提问，努力回答所有的问题，让对方感到自己非常诚恳。另外，在谈判中或谈判外，尽量给予对方主谈以各种帮助，使其感动，使其感觉欠了人情。知恩图报是人的本性，对方自然会找机会回报，那感将法也就运用成功了。

谈判是利益的竞争，归根到底是以促成双方的合作为目的，当然，这种商业上的合作必须要在双方认可的情况下才能实现。在这方面，可以用以下方法帮助合作的达成。

（1）坦诚认错，取得谅解。此法适用于在谈判中由于疏忽而犯了错误之后。"智者千虑，必有一失"，特别是在谈判这种高度紧张和复杂的环境下就更难做到万无一失。如果不小心犯了错误，不妨主动向对方承认错误。

（2）直诉困难，要求关照。此法适用于双方合作关系较好而自己又有实际困难的情况。以双方合作关系良好为基础，对手会对你的短期困难做出善意的谅解并提供帮助。

【阅读资料 8 – 5】　　　　　　　厄瓜多尔的香蕉

在 20 世纪 90 年代，有一段时间，中国市场上出现许多大香蕉，这些香蕉来自厄瓜多尔，味道比较差。中国为什么要进口这些香蕉呢？这是因为厄瓜多尔的领导人在访问中国的时候，成功地利用"感将法"说服了中方。在会谈中他们说中国是个大国，而且是发展中国家的"领头羊"，经济实力强劲，而厄瓜多尔的经济不景气，需要中国给予帮助，如果中国进口一定的香蕉，对中国来说没有什么影响，但是却可以极大地帮助厄瓜多尔经济的发展。如果中国不进口一定量的香蕉，厄瓜多尔就可能因为香蕉无法出口造成大量的损失，甚至可能引起民众对政府的不满，会引发一些动乱。这些肯定会对中国和厄瓜多尔的关系产生不良的影响，相信这也是中国政府不忍心看到的局面。结果中方同情之心一动，就将这些香蕉进口到中国。可以说，厄瓜多尔领导人成功地运用了感将法。

资料来源：孙玉太：《商务谈判概论》，东北财经大学出版社 2000 年版。

现在，我国有很多的企业效益比较差，经常会有企业的领导人出马，找到一些相关大企业的领导，要求他们一定要使用自己的产品，并说"你们使用我们的产品就会救活多少工人，帮助了多少家庭而且维护了社会稳定；如果不用，则会出现各种问题……"。因此，这时候很多人一方面是由于感动，另一方面则是不好意思拒绝对方，很可能就答应了对方的要求，那么对方的目的也就达到了。

在谈判中主动采取低姿态，往往能得到别人的同情和好感。当对方对你产生了好感时，谈判就会相对容易些。采取低姿态必须有度，过犹不及。其实作为一个谈判者，谦逊、诚恳本来就是应该具有的品质，只不过在谈判中有时为了加强效果，更加突出这些罢了。

2. 激将法

每个人都有自尊心、荣誉感，每个人都十分注意维护自己的形象，当一个人的自尊心、自身形象受到伤害时，往往就会冲动起来，严重时会失去理智，做出一些异常举措。在商务谈判中，主谈人作为谈判的主要角色，一般都会很注意自己的形象。因此，在谈判中以话语激对方的主谈或其主要助手，使之感到坚持自己的观点和立场会直接损害自己的形象、自尊心和荣誉，从而动摇或改变其本来所持的态度，促使谈判成功。这种做法就叫做激将法。

能力与权力的大小、地位的高低、信誉的好坏等，所有与形象、自尊相关的话，都是激将的武器。最直接的方法是对对方主谈者的资格表示轻视，对他的权力表示怀疑，以刺激对方。例如，"我希望与能解决问题的人谈判""既然你有决定权，为什么不直接解决问题，还要回去请示呢"，等等。此话贬低了对方主谈人的权力，反过来激起对方（尤其是年轻、资历浅的谈判者）急于表现自己的决定权或去争取决定权，使己方更加容易谈判。当然，有时候也可以先对主谈者的重要助手施展激将法，助手被说动了，然后再激主将，这时候主谈人就无从躲避了。

在商务谈判中使用激将法的目的是最终达成协议。需要强调的是，激将法使用的是逆向说服对方的方法，需要较高的技巧，运用时需要注意以下几个方面。

（1）激将的对象一定要有所选择。一般来说，商务谈判中可以采用激将法的对象有两种：一种是不够成熟、缺乏谈判经验的谈判对手，这样的对手往往有比较强烈的自我实现愿望，总想在众人面前证明自己，容易为语言所动，这些恰恰是使用激将法的理想突破口。第二种是个性特征非常鲜明的谈判对手。对自尊心强、虚荣心强、好面子、爱拿主意的谈判对手，都可以使用激将法。拥有鲜明个性的谈判对手就是施展激将法的好对象。

（2）使用激将法应在尊重对手人格尊严的前提下，切忌以隐私、生理缺陷等为内容贬低谈判对手。商务谈判中选择"能力大小""权力高低""信誉好坏"等去激对手，可以取得比较好的效果。

（3）使用激将法要掌握一个度，没有一个适当的度，激将法就收不到应有的效果，超过限度，不仅不能使谈判朝预期的方向发展，还可能产生消极后果，使谈判双方产生隔阂和误会。

（4）激而无形、不露声色往往能使对方不知不觉地朝自己预期的方向发展。如果激将法使用得太露骨，就会被谈判对手识破，不仅达不到预期的效果，使己方处于被动地位，而且可能被高明的谈判对手所利用，反中他人圈套。

（5）激将是用语言，而不是用态度。用语要切合对方特点、切合追求目标，态度要和气友善，态度蛮横不能达到激将的目的，只能激怒对方。当然，作为一个优秀的谈判者，不但要善于使用激将技巧，而且要善于识破激将法，在商务谈判中沉着应付，不要为对手所激。

3. 宠将法

心理学研究表明，无论是什么人，都喜欢听赞美的话。同样在商务谈判中，要尽量多说赞美对方的话语。宠将法就是用好言好语去赞美对方，也可以送一些礼物给对方主谈者，使其产生一种亲密友善的好感，从而放松思想警戒，软化谈判立场，以实现自己预期目标的做法。

在谈判中，要抓住对方主谈的特征奉送好话。例如，对方年纪大，就是"久经沙场""老当益壮"；对方年轻，就是"年轻有为""前途无量""反应敏捷"；对方是中年人，则是"年富力强""精明强干"；对方是女性，可以说"巾帼不让须眉"等。总之，好话人人爱听，听了好话，心情舒畅，谈判态度自然有所转变，进攻势头可能放缓，就能为谈判赢得有利局势。为了达到宠将的目的，还可以在谈判场外制造一些个人活动。例如，邀请对方主谈参加家宴、品茶、喝咖啡等，抛开谈判，聊聊家常，谈谈个人兴趣爱好等，把紧张的谈判气氛软化，化对手为朋友，以创造有利于达成协议的条件。在必要时，也可以送礼，但要送得艺术、送得有度。礼品不宜太贵重，以免有贿赂之嫌。礼品不重，但是要有品位、有意义、合情合理，恰到好处地传递你对对手的亲和之意。当然，如果在谈判中你是"受宠者"，一定要保持冷静的头脑，不要被别人捧了两句就飘飘然了，将自己的利益拱手让出。一定要提高警惕，设一道"防腐线"，保持坦荡的工作作风。不贪私利，不单独活动，不被虚荣所击败，抛弃"自我的效果"，切实追求谈判的实际结果。否则，就会上当受骗。

4. 告将法

告将法是一种利用对方的上级向谈判对手施压的战术，目的是借此机会将对方主谈者换掉，或者使对方主谈者心存忌惮，从而向己方让步，达到谈判的顺利进行。当对方的主谈非常难缠、使你感觉难以应付时，可以向对方主谈的上司或者向对方上级部门反映情况，报告对手在谈判中的某些做法或错误，向对手施加压力。也可以当谈判对手在谈判中态度强硬、不合作时，警告对手如果不有所收敛，谈判无法进行，要求更换主谈者，从而动摇对方主谈者意志。

具体做法是：通过宴请或单独拜会对方上司，借此机会回顾谈判，分析症结，找准时机对对方主谈者的态度进行抨击。例如，某国使馆商务参赞会见买方主谈上司时说："贵方主谈太死板，态度过于强硬，尽职得过了头了。"要求其上司"予以干预"。又例如，买方对卖方讲："你在现场罢工一天，按合同规定除扣发工资外，要向你的上级报告，由你们负全部责任。"

使用告将法，要注意"状"要准确，且是事实。不管对方主谈者是否在场，均要以"事实"告状，不到万不得已，不应该提出更换主谈者的要求。若对方不同意更换主谈者，反而会使谈判陷入被动。而且更换主谈者同样会给己方带来很多损失，因为更换谈判者可能导致否认前面的谈判成果，对以前谈好的一切都可能推倒重来，己方需要对对方主谈重新熟悉，这些都会造成很大的时间和金钱浪费。最后在谈判完成之时，应做好善后工作，在适当的时机，赞扬谈判对手，为他挽回面子，以消除可能产生的后遗症。

在谈判中，任何一方都可能使用各种战术，在你准备用这种方法对付别人的时候，别人可能也正在用这种战术对付你。当对方使用告将法时，要求领导人用人不疑，疑人不用，给主谈者充分自由，对对方的"告状"置之不理，或者敷衍一下；另外要求己方主谈能够持之有据地驳斥对方的换将要求，对自己的行为做出合理解释。

5. 惩将法

在当前商业环境下，谈判双方之间还没有形成良好的双赢关系。有些主谈者始终不愿意坦诚地信任别人，宁愿相信自己通过各种渠道得来的信息。针对这种主谈者，就要利用自己创造和对方给予的各种机会，向对手灌输自己的观点和做法，从而使对手相信和接受，最终达成协议。给对方提供大量真实的、不太真实的或者有真有假的信息，让对方感到根据这些资料得出结论的自然性，从而减少对手的抵抗，也利用这种机会惩罚对手。

常用的方法有以下几种。

（1）故意遗失备忘录或其他所谓的"内部资料、文件"，让对方发现。

（2）通过己方谈判组成员之间的密谈或在组员翻看所谓的"内部资料、文件"时，故意让对方发现或看清其内容。

（3）谈判组成员故意鬼鬼祟祟地交谈所谓"内部秘密"，引起对方的注意直至听清。

（4）故意让己方组员打岔，或让一连串的电话及其他事情干扰谈判的正常进行。

（5）遇到实质性问题，突然变换话题谈论一些含糊不清而又不太重要的问题；或提起一些爆炸性新闻，去引开对方的思路，达到回避对实质性问题回答的目的。

（6）故意当场训斥其组员或做其他要挟性的言行。

（7）通过新闻媒介或有关关系向对方施加压力。

（8）更换负责人或组员，更换场地、更换谈判内容等。

在谈判中，有些人滥用这种谈判战术，所以应该掌握这种战术的破解方法。首先，不要轻信毫不费力所得到的资料和信息，越是容易得到的资料，越要注意分析，找出对方的目的所在。另外，将易于辨别真假的资料、信息，适时适度地反馈给对方，揭露其目的，迫使其让步。

上述各种擒将战的战术中，感将法属于积极的战术，激将法、宠将法属于中性的战术，而告将法和惩将法则属于消极的战术。当然，这种性质的甄别并非是绝对的。例如，一般情况下，我们不赞成使用告将法和惩将法，但是当遇上对方主谈者态度恶劣、多疑成性，那么使用这种战术亦无不可，甚至是很必要的。所以，在商务谈判中，要针对对手主将弱点有针对性地使用擒将战术。为了破解种种擒将战术，从根本上要求主谈者不断提高自己的素质，这才是解决问题的根本之道。

8.3.3　意志战

商务谈判不仅仅是双方实力的较量，也是谈判双方意志力的较量。商务谈判尤其是大型商务谈判对谈判者的体力、精力是个非常严峻的考验，当谈判陷入僵局时，谈判双方可能都会感到很痛苦，有时可能会因为忍受不了谈判中的气氛而使谈判走向崩裂。所以谈判者要有坚忍不拔的意志，不到最后一刻决不放弃，要做好和谈判对手周旋到底的准备。

1. 疲劳战

当谈判的甲方应邀到乙方处谈判时，常常会遇到这样的情形：一下飞机就被乙方接去赴宴，而后，乙方大大小小的负责人纷纷亮相与之会面，表现得相当热情，仿佛是多年未谋面的老朋友。晚上乙方又为甲方安排了卡拉 OK 舞会及茶点，直至深夜。第二天还没睡醒，乙方就来敲门，可能安排游览当地名胜或拜会更高一级的领导。晚上又是上级部门或相关部门领导宴请，希望建立长期合作关系，乙方人员轮流与之为友谊干杯、为合作干杯。就这样，在不断地高度紧张与兴奋状态之中，你根本得不到好好休息。当你感到疲劳之时，谈判才真正开始。研究已清楚地表明，被剥夺睡觉、吃饭和喝水机会的人，其工作效率很差；疲倦的人易受影响，易犯愚蠢的错误。作为一个谈判者，其反应的机敏性往往在疲劳中丧失；平时对很多问题都看得很透彻，对方的任何战术都很容易地被识破，但是在疲劳的时候，可能连一个最简单的阴谋诡计都识不破。即使很精明的人，在疲劳的时候都会表现得很迟钝，这是人的一个很普遍的特征。

有许多谈判是白天安排很长的会议，接着是整夜地会谈或者用几夜的时间去重新计划和重新估算。通宵达旦谈判的人知道，在凌晨三点钟时，几乎任何一笔交易看上去都很好。有些谈判方会故意这样安排，使对方谈判者变得失去理性、抑郁和易出错误。讨价还价不仅是战术智力的较量，也是个体力消耗过程，它需要足够的能量储蓄。人们承受压力的能力是不同的，乘坐飞机长途旅行、紧张的日程安排和新的环境带来的过度劳累都会损伤判断力。这就要求安排谈判行程的人员要尽量使己方谈判者拥有充足的体力来应付谈判。

疲劳战可以从以下几个方面应用。

（1）连续紧张地举行长时间的无效谈判，拖延谈判和达成协议的时间。

（2）在谈判中使问题复杂化，并不断地提出新问题进行纠缠。

（3）在谈判中制造矛盾，采取强硬立场，或将已谈好的问题推倒重来，反复讨论。

（4）在谈判间隙，举行投对方所好的活动，使对方保持浓厚的兴趣，直至疲劳。

（5）热情、主动地利用一切机会与对方攀谈，甚至在休息时间拜访对方，使对方缺少必要的休息。

在疲劳战的应用中应该注意，己方事先有足够的思想准备和人力准备。在谈判刚刚开始时，对于对方所提出的种种盛气凌人的要求采取回避、周旋的方法，暗中摸索对方的实际情况，寻找其弱点，采取柔中有刚的态度。有时即使己方在驾驭谈判局面时变得有利起来，占了上风，也不能盛气凌人，不可一世。采取这一技巧最忌讳的就是以硬碰硬，应防止激起对方的对立情绪，导致谈判夭折。运用疲劳战时，对你欲采用的日程表，必须征得对方同意，不能强迫加班，强加于人，否则亦无效果。另外，运用此战术也是一种"拼命"行为，己方人员尤其是主谈人身体条件应能适应。这种战术运用之后，必须要有复核的工作，决不能图省事。

2. 固守战术

所谓固守战术，是指在谈判进行到一定阶段、让步达到一定程度时，顽强地坚持自己的谈判要求，再不退让，甚至表示出不惜谈判破裂的样子。在谈判进行到相持阶段时，往往是谈判者最难熬的时候，也是考验谈判者意志和心理素质的时候。成功的谈判者往往是那些认定自己的谈判目标并为之坚持不懈的人。

在商务谈判中，固守战术有时也需要借助于一种装傻的姿态。对于自己不同意的条件，就和对方装傻充愣，无论对方怎么游说，都死守着自己的条件不放，只有当对方同意自己的条件时或者是大幅度改变态度、建议时，才会同意。这种战术需要有极大的毅力，耐心地等待对方让步或者犯误，最终取得谈判的成功。

任何一个人都不愿意和一个"傻子"打交道，因为你根本无法了解他究竟是什么想法，好像是一个没有感情的动物，你无论在他身上施展什么战术都是无效的，他根本就不愿意去了解你的想法。这就像和一个愚笨无知的人打交道，会让你产生一种严重的挫折感。

培根在 400 多年前发表的一篇论文《商谈论》中就提到："和一个荒谬的人谈生意是不会有任何结果的。当你真正和这类人或者是和假装这类人做生意时，你就会知道那会是一件多么艰难的事情。他们会磨得你无法忍受，最后你不得不做决定：要么成交，要么就见鬼去吧！只有这样才能解除你的烦恼。"

当然，并不是所有的情况都适合使用这种战术。当你的产品处于垄断地位或者对方产品供过于求时，比较适合使用。也就是说，当你处于一个优势谈判地位时，适合使用这种战术，因为对方有求于你，不能拂袖而走，他必须坐下来耐心地和你谈判，当你把他的耐性磨尽时，让他感觉到原来自己正在和一个"冷血人物"谈判，他就不得不对你做出让步。

3. 沉默战

沉默战又是一个考察双方谈判者毅力的战术。很难想象一个急躁的人可以在谈判这种利益攸关的活动中保持缄默，也很难想象有人可以忍受谈判对手在谈判中始终一言不发。这是谈判中处于劣势的一方最有效的防御战术之一。在谈判中先不开口，让对方尽情表演，或多向对方提问并促使对方继续沿着正题谈论下去，以此暴露其真实的动机和最低的谈判目标，然后根据对方的动机和目标并结合己方的意图采取有针对性的回答。

这种谈判战术之所以有效，其原理在于：谈判中表露得越多，就越有可能暴露自己的底线，从而就越有可能处于被动境地。同时，沉默可以使谈判对手感到受到冷遇，尤其是没有经验的谈判对手，造成心理恐慌，不知所措，甚至乱了方寸，从而达到削弱谈判对手力量的目的。细心地聆听对方吐出的每一个字，注意对方谈判者的措辞、表达方式、语气和语调，都可以为己方提供有效的信息。

使用沉默战术时，要注意以下几个问题。

（1）事先准备。首先，要明确这种战术的运用时机，比较恰当的时机是报价阶段。在报价阶段，对方的态度咄咄逼人，双方的要求差距很大，适时运用沉默寡言战术可以缩小差距。其次，如何约束己方的反应是对方十分关注的内容。在沉默中，行为语言是唯一的反应信号，所以事先要准备好使用哪些行为语言，同时还要统一谈判者的行为语言口径。

（2）耐心等待。只有耐心等待才可能使对方失去冷静，造成心理上的压力。为了忍耐可以做些记录。记录在这里可以起到一箭双雕的作用。首先，它纯属做戏；其次，记录可以帮助己方掌握对方没讲什么，对方为什么不讲这些而讲那些。全神贯注地聆听加上冷静思考，将会准确无误了解对方的看法，听出对方的弦外之音，感受对方的情绪，洞悉对方的实意。

（3）利用行为语言，搅乱对手的谈判思维。沉默寡言的本意在于捕捉对方的信息，探索对方的动机，因而可从需要出发，有目的地巧用行为语言，搅乱对方的谈判思维，最终牵着对方的鼻子乃至控制谈判的局面。

商务谈判的目的是通过合作达成双赢，而不是制造种种谈判陷阱，依靠阴谋诡计去击倒对手。因此，我们不赞成在谈判中对谈判对手使用疲劳战，但是我们还是要了解这些战术，以免陷入对方的陷阱中。以下简要叙述几点针对对手使用意志战时的破解战术。

按照自己的行程计划进行谈判，不要被对方牵着鼻子走。在谈判中，当己方人员身体或者精神不适合谈判时，要果断委婉地拒绝对方继续谈判的要求，提出休会，保障己方人员精力的恢复。

主观上要对谈判的艰难性有充足的心理准备，不论谈判中出现什么情况，都要不骄不躁，避免由于急躁引起的失误，让对手得到机会。

当谈判陷入僵局时，不要为了一时利益而让步，这样会让对手变本加厉。要冷静地分析谈判僵局原因，与对手共同努力让谈判顺利进行，而不是依靠单方面的让步。

要耐得住寂寞。不要遇到对方沉默就不知所措了，要指出对方的企图，或者"以其人之道，还治其人之身"。

　　本节中论及的商务谈判的几种常用战术，其中有积极的战术，也有中性的战术，还有消极的战术。积极的战术有满意感、奉送选择权；中性的战术包括"头碰头"、鸿门宴；而消极的战术则有恻隐术和故扮疯相。在商务谈判中提倡使用积极的战术，争取通过这种战术使双方在坦诚协作、公平双赢的基础上达成谈判，也可以促进商业关系。对于中性的战术，谈判双方也都会经常地用到，可以以此为手段来促进谈判的达成。而对于消极的战术，应该避免在商务谈判中使用，因为这种战术暗含欺骗性质，而且不顾尊严，这种谈判即使是一时获得了一些利益，对双方的合作也没有太大好处，所以要杜绝使用，在自己避免使用的同时，还要防止他人运用，要学会对付别人运用时的破解战术。

　　本节中介绍的几种战术，既是实际应用的基本依据，也是战略的具体化产物。在商务谈判中，要将宏观的战略和具体的战术相结合，在适当的时机合理运用各种战术，才能取得事半功倍的效果。

本章习题

一、单选题

1. 所谓（　　）谈判策略，是指谈判者偏重于维护双方的合作关系，以争取达成协议为其行为准则的谈判。

　　A. 立场型　　　　　　　　　　　　　B. 让步型

　　C. 原则型　　　　　　　　　　　　　D. 积极型

2. 根据谈判的基本姿态，可将谈判策略划分为积极策略和（　　）。

　　A. 防御策略　　　　　　　　　　　　B. 消极策略

　　C. 横向谈判策略　　　　　　　　　　D. 纵向谈判策略

3. 在商务谈判中，（　　）喻指做某件事表面是一回事，而本质却另有所图的各种活动。

　　A. 故扮疯相　　　　　　　　　　　　B. 攻心战

　　C. 恻隐术　　　　　　　　　　　　　D. 鸿门宴

4. （　　）是一种利用对方的上级向谈判对手施压的战术，目标是借此机会将对方主谈者换掉，或者使对方主谈者心存忌惮，从而向己方让步，达到谈判的顺利进行。

    A. 告将法   B. 激将法

    C. 宠将法   D. 感将法

5. 三个月前某公司向非洲某国投标承建某项工程。最近该国通知已中标，但要按所投总价降低5%。面对这种情况，比较合适的回答应该是（　　）。

    A. 同意减价3%

    B. 同意减价5%

    C. 向该国提议，只有在改变投标条件下，你才愿意考虑减价

    D. 拒绝做任何让步

二、多选题

1. 根据谈判的基本方针，可将商务谈判的总体策略划分为（　　）三类。

    A. 消极型   B. 让步型

    C. 原则型   D. 立场型

    E. 进攻策略

2. 根据谈判的基本方式，可将谈判策略划分为（　　）。

    A. 防御策略   B. 消极策略

    C. 进攻策略   D. 积极策略

    E. 拖延策略

3. 下列属于商务谈判中进攻策略的是（　　）。

    A. 投石问路策略   B. 软硬兼施策略

    C. 最后通牒策略   D. 浑水摸鱼策略

    E. 走马换将策略

4. 攻心战是指谈判一方从心理和情感的角度入手，使对方心理上不舒服或感情上软化，从而促使对方接受己方的条件达成协议。攻心战的具体策略有（　　）。

    A. 满意感   B. 鸿门宴

    C. 恻隐术   D. 夺气攻心

    E. 固守术

5. 商务谈判中的意志战主要包括（　　）。

A. 疲劳战　　　　　　　　　　　　B. 恻隐术

C. 固守战术　　　　　　　　　　　D. 沉默战

E. 擒将战

三、名词解释

1. 商务谈判策略　　2. 立场型谈判　　3. 原则型谈判　　4. 走马换将策略

5. 固守战术

四、简答及论述题

1. 原则型谈判者的观点是什么？

2. 商务谈判常用的防御策略有哪些

3. 走马换将策略和踢皮球策略有哪些不同？

4. 试论述商务谈判总体策略的选择程序。

5. 试论述商务谈判中沉默战使用时应注意的问题。

案例讨论

中日汽车索赔谈判

2000 年 5 月，我国从日本 S 汽车公司进口了大批 F148 货车，使用时普遍发生了严重的质量问题，致使我国蒙受巨大的经济损失。为此，我国向日方提出索赔。

谈判一开始，中方简明扼要地介绍了 F148 货车在中国各地的损坏情况以及用户对此的反应。中方虽然只字未提索赔问题，但已为索赔说明了理由和事实根据，展示了中方谈判威势，恰到好处地拉开了谈判的序幕。

日方对此早有预料，因为货车的质量问题是一个无法回避的事实，日方无心在这一不利的问题上纠缠。日方为避免劣势，便不动声色地说："是的，有的车子轮胎炸裂，挡风玻璃炸碎，电路有故障，铆钉震断，有的车架偶有裂纹。"

中方觉察到对方的用意，便反驳道："贵公司代表都到现场看过，经商检和专家小组鉴定，铆钉非属震断，而是剪断，车架出现的不仅仅是裂纹，而是裂缝、断裂！而车架断裂不能用'有的'或'偶有'，最好还是用比例数据表达更科学、更准确……"

日方淡然一笑说："请原谅，比例数据尚未准确统计。"

"那么，对货车质量问题贵公司能否取得一致意见？"中方对这一关键问题紧追不舍。

"中国的道路是有问题的。"日方转了话题，答非所问。

中方立即反驳："诸位已去过现场，这种说法是缺乏事实根据的。"

"当然，我们对贵国实际情况考虑不够……"

"不，在设计时就应该考虑到中国的实际情况，因为这批车是专门为中国生产的。"中方步步紧逼，日方步步为营，谈判气氛渐趋紧张。

中日双方在谈判开始不久，就在如何认定货车质量问题上陷入僵局。日方坚持说中方有意夸大货车的质量问题："货车质量的问题不至于到如此严重的程度吧？这对我们公司来说，是从未发生过的，也是不可理解的。"

此时，中方觉得该是举证的时候，并将有关材料向对方一摊说："这里有商检、公证机关的公证结论，还有商检拍摄的录像。如果……"

"不！不！对商检公证机关的结论，我们是相信的，我们是说贵国是否能够做出适当让步。否则，我们无法向公司交待。"日方在中方所提质量问题的攻势下，及时调整了谈判方案，采用以柔克刚的手法，开始向中方踢皮球。但不管怎么说，日方在质量问题上设下的防线已被攻克了，这为中方进一步提出索赔价格要求打开了缺口。

随后，双方就F148货车损坏归属问题取得了一致的意见。日方一位部长不得不承认，这属于设计和制作上的质量问题所致。初战告捷，但是中方代表意识到更艰巨的较量还在后头，索赔金额的谈判才是根本性的。

随即，双方谈判的问题升级到索赔的具体金额上——报价，还价，提价，压价，比价，一场毅力和技巧较量的谈判展开了。

中方主谈代表擅长经济管理和统计，精通测算。他翻阅了大量国内外的相关资料，在信笺上大大小小的索赔项目旁，写满了密密麻麻的阿拉伯数字。这是技术业务谈判，不能凭猜测，只能依靠科学准确的计算。根据多年的经验，他不紧不慢地提出："贵公司对每辆车支付加工费是多少？这项总额又是多少？"

"每辆车10万日元，计4.84亿日元。"日方接着反问道："贵国报价是多少？"

中方立即回答："每辆16万日元，此项共计9.4亿日元。"

精明强干的日方主谈人淡然一笑，与其副手耳语了一阵，问："贵国报价的依据是什么？"

中方主谈人将车辆损坏后各部件需如何修理、加固、花费多少工时等逐一报价。"我们提出的这笔加工费并不高，"接着中方代表又用了欲擒故纵的一招，"如果贵公司感到不合算，派员维修也可以。但这样一来，贵公司的耗费恐怕是这个数的好几倍。"这一招很奏效，顿时把对方将住了。

日方被中方如此精确的计算所折服，自知理亏，转而以恳切的态度征询："贵国能否再压低一点？"

此刻，中方意识到，就具体数目的实质性讨价还价开始了。中方答道："为了表示我们的诚意，可以考虑贵方的要求，那么，贵公司每辆出价多少呢？"

"12 万日元。"日方回答。

"13.4 万日元怎么样？"中方问。

"可以接受。"日方深知，中方在这一问题上已做出了让步。于是双方很快就此项索赔达成了协议。日方在此项目费用上共支付 7.76 亿日元。

然而，中日双方争论索赔的最大数额的项目却不在此，而在于高达几十亿日元的间接经济损失赔偿金。在这一巨大数目的索赔谈判中，日方率先发言。他们也采用了逐项报价的做法，报完一项就停一下，看看中方代表的反应，但他们的口气却好似报出的每一个数据都是不容打折扣的。最后，日方统计可以给中方支付赔偿金 30 亿日元。中方对日方的报价一直沉默不语，用心揣摩日方所报数据中的漏洞，把所有的"大概""大约""预计"等含糊不清的字眼都挑了出来，有力地抵制了对方所采用的混水摸鱼的谈判手段。

在此之前，中方谈判班子昼夜奋战，早已做好了精确的测算。在谈判桌上，中方报完每个项目的金额后，都会讲明这个数字测算的依据。最后中方提出间接经济损失费 70 亿日元！日方代表听了这个数字后，惊得目瞪口呆，老半天说不出话来，连连说："差额太大，差额太大！"于是，双方又开始了新一轮的报价、压价。

"贵国提的索赔额过高，若不压半，我们会被解雇的。我们是有妻儿老小的……"日方代表哀求着。老谋深算的日方主谈人使用了哀兵制胜的谈判策略。

"贵公司生产如此低劣的产品，给我国造成多么大的经济损失啊！"中方主谈接过日方的话头，顺水推舟地使用了欲擒故纵的一招："我们不愿为难诸位代表，如果你们作不了主，请贵方决策人来与我们谈判。"双方各不相让，只好暂时休会。这种拉锯式的讨价还价，对双方来说是一种毅力和耐心的较量。因为谈判桌上，率先让步的一方就可能陷入被动局面。

随后，日方代表与日本S公司的决策人电话密谈了数小时。接着谈判重新启动，此轮谈判一开始就进入了高潮，双方舌战了几个回合，又沉默下来。此时，中方意识到，己方毕竟是实际经济损失的承受者，如果谈判破裂，就会使己方获得的谈判成果付诸东流；而要诉诸法律，就更麻烦。为了使谈判已获得的成果得到巩固，并争取有新的突破，适当的让步是打开成功大门的钥匙。

中方主谈人与助手们交换了一下眼色，率先打破沉默说："如果贵公司真有诚意的话，彼此均可适当让步。"中方主谈为了防止由于己方率先让步所带来的不利局面，建议双方采用"计分法"，即双方等量让步。

"我公司愿意付40亿日元。"日方退了一步，并声称"这是最高突破数了"。

"我们希望贵公司最低限度必须支付60亿日元。"中方坚持说。

这样一来，中日双方各自从己方的立场上退让了10万日元，谈判又出现了转机。几经周折，最终双方达成了50亿日元的赔偿协议。

除此之外，日方愿意承担下列三项责任：一是确认出售给中国的全部F148型货车为不合格品，同意全部退货，更换新车；二是新车必须重新设计试验，精工细作，制作优良，并请中方专家检查验收；三是在新车未到之前，对旧车进行应急加固后继续使用，日方提供加固件和加固工具等。

一场罕见的特大索赔案终于公正地交涉成功了！

？ 思考讨论题

1. 中日双方各采取了哪些谈判策略？
2. 中方是如何化解谈判僵局的，对我们有哪些启示？

第 9 章
商务谈判礼仪与禁忌

本章导读

在商务活动中，良好的礼仪是双方合作的起点，是一切商务场所必备的"通行证"。具体到商务谈判礼仪方面，它是谈判各方必须遵守的礼仪规范，是日常社交礼仪在商业活动中的具体体现。商务谈判的礼仪与禁忌贯穿于谈判的整个过程中，作为商务人员必须要熟悉这些。本章主要讲述礼仪的历史沿革、礼仪的含义与作用、常见的商务礼仪以及商务谈判过程中的礼仪与禁忌等。

知识结构图

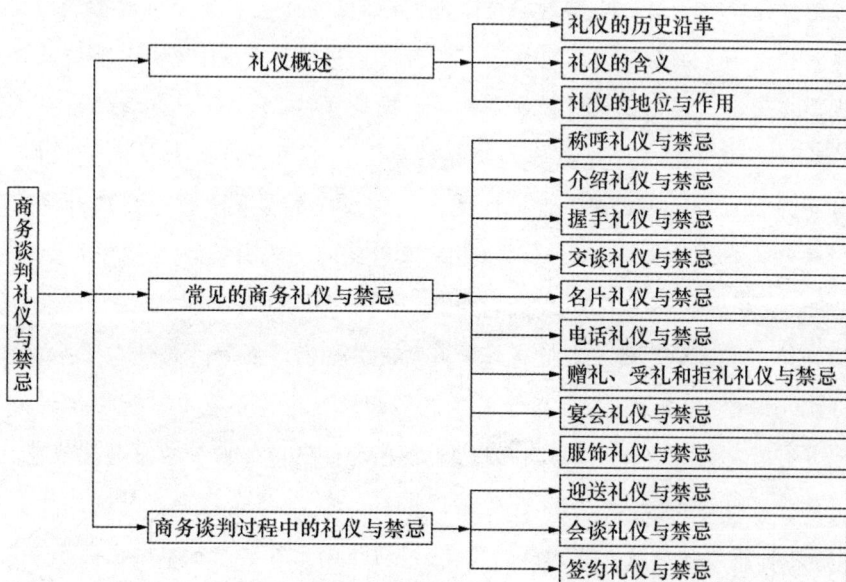

【开篇案例】 礼仪下的谈判交锋

20世纪90年代，大阪电器株式会社和美国家用电脑公司根据双方高层人士达成的合作意向，派员洽谈一项微机软件的专利购销合同。日方代表是技术部正、副经理山田与片冈，美方代表是总经理助理高韩。

高韩是中国台湾人，留美获法学学位后曾在纽约一家律师事务所短期供职，取得律师资格后受雇于电脑公司，因年纪轻、脑子活、办事认真而受总经理器重。而山田与片冈是久经征战的谈判老手，素以老辣著称，尤善把握促使对方妥协让步的火候，这对"黄金搭档"认定与对手见面之际即是谈判的开始，把对手送出谈判大厅之时才算谈判的结束。

9月10日下午，高韩带着一大堆分析日本人心理的书和株式会社的情况简报飞抵大阪机场。在接机的车上，山田亲切地问："高韩先生，您会说本地话吗？""您是指日语吗？"高韩反问道。"是的，在日本，我们谈判时都用日语。"山田谨慎地说。"这个，我不会，我想谈判时可以用英语。不过，我可以学几句对话，我带着日文字典呢。"高韩很有把握地说。至此，山田和片冈已从短暂的接待中发现对手少年得志，觉察出对手言谈举止中透着年轻气盛。

双方继续随便地闲聊。山田颇似关心地问："您是不是一定要准时搭机回美国？如果是，我安排这辆车准时送您到机场。""谢谢您的关心。"高韩说罢，伸手从口袋里掏出返程机票交给山田。山田接过仔细一看，班机是9月25日下午3时，看完又郑重其事地递给片冈，仿佛把这件尊贵客人交办的事宜，必须一丝不苟地完成似的。其实，他俩从与高韩见面的那一刻起，就开始使出闲聊摸底的惯技，竭力想从对手的言行举止中找到蛛丝马迹，推断对手的谈判实力。毫无经验的高韩竟把应该守口如瓶的"绝密"，亦即谈判截止期限漫不经心地和盘托给对手。

到达宾馆，山田和片冈一直把高韩送进预定的套间。高韩性急地询问："什么时候开谈？"山田笑吟吟地答道："早点开谈当然很好，可这并不重要，我们是贵公司的老客户，双方有着良好的合作记录，我们从来没有使贵公司任何一位贸易代表感到为难。请放心，凡是可以让步的，我们一概会说服董事长。"此番表白无疑是试放了一颗"定心丸"，眼见高韩全无拒绝之意，山田又说："助理先生首次来日本，我们非常希望您休息得好一些，顺便浏览一下日本的风光，领略一下日本的民族风土人情，欣赏一下日本的传统文化。即使开始谈判，我们也将尽力使您劳逸结合，让您生活、工作皆有所获。"说罢和片冈双双鞠了一个 90 度的躬，告辞。

第二天一早，日方的盛情款待就开始了。高韩每天被主人带去游览山川风光、名胜古迹。自然景观尚未看完，人文景观接踵而来，从天皇的皇宫到东京的神社全部看上一遍，主人还替高韩报名参加日本禅宗的英语讲座，使之在了解日本宗教中加深体会日本人的"好客文化"。一饱眼福、耳福之后，主人推出了独具风味的日本料理、大和民族的传统晚宴来招待客人。

不知不觉地过了 11 天，到 9 月 22 日上午双方才坐到谈判桌前，然而例行公事的寒暄、开谈等谈判程序又用去了半天。下午各方报价，高韩的卖价是 1000 万美元，山田的买价是 800 万美元，双方差额达 200 万美元，于是开始了讨价还价。按惯例双方一上来都会坚守自己的意愿。谁知谈判尚待深入，却又不得不提早结束，因为主人安排的打高尔夫球的时间到了。

9 月 23 日上午，继续交锋。距归期只有两天的高韩直接压盘，用 900 万美元的报价把双方差额降低了 100 万美元。岂知山田和片冈丝毫不肯让步，推说自己开的买价是经董事长批准的最高限价，所以 800 万美元是无权更改的。高韩顿时急躁起来，一味诉说日方必须提高报盘的理由。山田与片冈只是静静地听着，待高韩说完之后，还是用"董事长批准的""自己无权改变"来搪塞。结果，上午的谈判在"顶牛"中结束。下午再谈，双方还是原地踏步，高韩越谈越焦躁不安，山田与片冈则任你千说万说，就是抱定不作让步。谈判陷于僵局。

9 月 24 日上午再行会谈。高韩首先作长篇发言："美国名人杰姆斯曾说，只要在事情结束前到达，你就绝不会太迟。所以我认为，尽管我们双方正式谈判的时间晚了一些，但要达成令各方满意的协议总还是来得及的。山田先生，片冈先生，你们和我都知道，大多数重要的让步都会在截止时限的那一刻发生。当然，你们现在居于主动地位，知道了我的截止时限就在明天。你们可能以为，自己越是顽强地顶住，我就越容易让步。但是请两位考虑一下，我如果对截止时间持有弹性看法呢？或者我改变截止时限，那将发生什么结果？"

山田和片冈听罢很是震惊，沉默片刻之后，两人以"说服董事长"为由，匆忙离开谈判厅，紧急商量对策，谈判随之暂告休止。下午再谈，山田主动地说："我们俩几次恳求董事长，总算使他同意让价10万美元。"高韩说："按谈判讨价还价的程序看，我们还得争论三个回合，但没时间了，明天上午我得收拾行李，如果没有成交的可能，我就打道回府了。"

9月25日一早，山田约谈的电话急切地打到宾馆，并且保证以诚恳的妥协态度协商交易。第三回合谈判准时开始。片冈说："高韩先生，我们是诚心诚意接待您的，只是安排得过于紧凑，请不要介意。我们之间是很有希望成交的，经董事长同意，本公司同意让价50万美元，让我们850万美元成交，好吗？"

高韩笑道："贵公司在让价方面确实做出了努力，但增加了50万美元仍不是我们公司所能接受的最低限价。看来，我只能把谈判经过回去如实向总经理汇报了。最后再次谢谢你们的款待。"高韩走出谈判厅，认定谈判破裂无疑。午饭过后，山田和片冈驱车送高韩到机场。山田似乎异常恳切地说："为了促成我们之间首次交易的成功，我自作主张地将让价提高到80万美元。您如果同意，我们现在就签订合同。不过，请您回到美国以后，给我们董事长打个电话，替我说说情。"于是，双方在车上继续谈判合同条款。就在即将到达机场时，双方以880万美元完成了这笔交易。高韩回到美国，总经理劈头说道："日本人最低报价应是950万美元！"

资料来源：郭秀君：《商务谈判》，北京大学出版社2008年版，第335～336页。有删改。

礼仪是人际交往活动中，以一定的、约定俗成的方式来表现律己敬人的过程。从个人修养的角度看，礼仪是一个人内在修养和素质的外在表现。从交际的角度看，礼仪是人与人交往中的一种交际方式或交际方法，是一种艺术，是尊重他人、友善待人的好习惯。从传播的角度看，礼仪是人与人交往中相互沟通的方法和技巧。

9.1　礼仪概述

9.1.1　礼仪的历史沿革

礼仪是文明民族的标志，世界上所有的文明民族都有自己的礼仪。有着五千年文明史的中华民族，以其聪颖的才智和勤奋的劳动，创造了人类历史上最灿烂的文化。四大文明古国中，唯有中国有"礼仪之邦"的美誉。在数千年的历史进程中，礼仪文化作为整个中华民族文化的一个重要的、贯穿始终的组成部分，不断发展、充实、完善，成为独具东方特色、在世界上有重大影响的文化瑰宝。

礼是原始社会宗教信仰的产物。汉人许慎说："礼，履也，所以事神，致福也。"他认为礼出于原始宗教的信仰，是原始人类祈福的种种仪节。繁体字礼，即"禮"，左边是神，右边是祭物，是对神的一种虔诚的畏惧。

"礼"的制定可以上溯到周代，周代的"礼"是后代"礼"的渊源。西周是我国古代历史上的礼治时代，这个时期的礼仪习俗，已渐渐成为法定的制度，成为传统的核心。"礼，国之大柄也。"古人认为，礼仪的核心是"敬"，如古籍《礼记·典礼》开宗明义第一句是"毋不敬"。孟子说："尊敬之心，礼也。"

我国的古籍中有许多论述礼教的，如《周礼》《仪礼》《礼记》合称为"三礼"，它们是我国最早、最重要的礼仪论著。《礼记》中记载道："言语之美，穆穆皇皇。"即语言之美在于谦恭、和气、文雅。并规定人与人交往时应"不失足于人，不失色于人，不失口于人"，就是不要在行动上出格，不要在态度上失态，不要在语言上失礼。《论语·雍也》篇中说："质胜文则野、文胜质则史，文质彬彬，然后君子。"即说只是品格质朴，而不注重礼节仪表，就会显得粗野；而只注重礼节仪表，就会显得虚浮。只有礼节仪表同质朴的品格结合，才显得是一个有教养的人。《荀子·劝学》篇中也讲："礼而后可与言道之方，辞顺而后可与言道之理，色从而后可与言道之致。"就是说只有举止、言论、态度都是谦恭有礼时，才能从别人那里得到教诲。

荀子说："人无礼而不生，事无礼则不成，国无礼则不宁。"他认为，"礼"是一种实践可行的东西，是人类清醒理智的历史产物，是社会用来维护政治秩序和规范人伦的客观需要。他指出，对"礼"的认识和践行程度如何，是衡量贤与不肖和高低贵贱的尺度。他说："礼者，人道之极也。然而不法礼，不是礼，谓无方之民；法礼，是礼，谓有方之士。"

9.1.2　礼仪的含义

1. 礼的释义

中国古代有"五礼"之说，祭祀之事为吉礼，冠婚之事为嘉礼，宾客之事为宾礼，军旅之事为军礼，丧葬之事为凶礼。民俗界认为礼仪包括生、冠、婚、丧四种人生礼仪。

随着社会的不断发展和进步，作为人类文明标志的"礼"也不断完善和发展。"礼"的含义比较丰富，主要有以下四个方面。

（1）本来的含义是敬神，即祭祀、烧香、拜神，后引申为表示敬意的统称。

（2）为表示敬意或隆重而举行的仪式，如典礼、婚礼、丧礼。

（3）泛指奴隶社会、封建社会贵族的等级制及社会生活中的社会准则和道德规范。孔子曰："齐之以礼。"朱熹曰："礼，谓制度、品节也。"

（4）指礼物。《晋书·陆纳传》中记载："及受礼，唯酒一斗，鹿肉一拌。"如送礼、礼品、礼单。

随着历史的发展，"礼"的外延已经有了延伸和扩展，在许多场合它已成为"礼貌""礼节""仪表""仪式"等的代名词。

2. 礼仪的含义

所谓礼仪，简单地讲就是礼的规范化、制度化、系统化和条理化。即礼仪是人们在社会交往中形成的行为规范准则，具体表现为礼貌、礼节、仪表、仪式四个方面。

（1）礼貌。礼貌是人们在交往时相互表示敬重和友好的行为规范。它主要通过礼貌语言和礼貌行为来表现对他人的谦虚和恭敬。在日常生活中，礼貌表现在人们的举止、仪表、语言上，表现在服务的规范、程序上，表现在对客人的态度上。一个微笑，一个鞠躬，一声"您好"，一句"祝您旅途愉快"，都是礼貌的具体表现。

从道德、社会风尚方面来研究礼貌，可以将它分为三类：一是各种公共场合最起码的行为准则；二是个人交往中最起码的礼节；三是个人私生活中最起码的行为习惯。礼貌的主要内容包括：遵守秩序，言必有信，敬老尊贤，待人和气，仪表端庄，讲究卫生。礼貌的内容既是社会公德的核心内容，也是商务职业的基本规范。

（2）礼节。礼节是礼貌的具体表现形式，是礼貌在语言、行为、仪表等方面的具体规定。礼节是人们在日常生活中，特别是在交际场合相互表示尊敬、祝愿、问候、致意、哀悼、慰问，以及给予必要协助和照料的各种惯用形式。从形式上看，它具有严格的仪式；从内容上看，它反映着某种道德原则，反映着对他人的尊重和友善。例如，在某人生日那天，他的朋友、同事对他说一句"生日快乐"，或送上生日贺卡、鲜花、生日蛋糕等，是礼节的表现；参加宴会时，服务员按照先宾后主、先女宾后男宾的程序送茶、斟酒、上菜、送毛巾等，也是礼节的表现。

（3）仪表。仪表是指人的外表，包括容貌、姿态、服饰、个人卫生等内容。孔子就非常重视对学生仪表方面的教育，他要求学生衣冠整齐，走有走的样子，坐有坐的姿势，为人处世要彬彬有礼，温文尔雅。

（4）仪式。仪式指在比较大的场合举行的、具有专门规定的程序化的行为规范和活动，如颁奖仪式、签字仪式、开幕仪式等。凡为表示敬意而隆重举行的仪式，均可称作礼仪。礼仪是人类在社会交往活动中形成的行为规范与准则，具体表现为礼貌、礼节、仪表、仪式、礼仪器物等。

礼仪器物是指能表达敬意、寄托情意的一些物品，如过去的礼器、少数民族的哈达、锦旗、奖杯、纪念勋章以及一些具有特定含义的物品。

9.1.3　礼仪的地位与作用

礼仪是人类文明的重要标志。在人们的日常生活中，几乎一切行为都可以同它相联系。

1. 礼仪是人类自身发展的必然产物

马克思说过，人是最名副其实的社会动物，不仅是一种合群的动物，而且是只有在社会中才能独立的动物。人没有野兽的利爪，没有飞禽的翅膀，却成为自然界的主宰，重要原因之一就是人与人之间建立了和谐默契的关系。古人云："礼以安上化人。"礼仪正是维系、巩固人们之间联系和社会关系的纽带。礼尚往来促进了社会关系的发展，同时也促进了生产力的发展。

2. 礼仪是治国之本，是民族凝聚力的体现

在孔子时代，"礼仪"被视为治国之本，当时人们所演习的"六艺"之中，礼一直被当作重要的必修课，是孔子治国的理想。"习俗是一种神圣的、不可侵犯的、除环境和文化进步之外不屈服于任何权力的东西。"由此可见，不论哪一个国家民族，礼仪在现实社会中都是非常重要的。

3. 礼仪是个人道德水准和教养的重要标志

古人云："人之所以为贵者，以其有信有礼。"礼仪是以对别人的尊重为基础的，是一个人道德水准高低和有无教养的重要标志。"美德是精神上的一种宝藏，但是使它们生出光彩的则是良好的礼仪。凡是一个能够受到别人欢迎的人，他的动作不但要有力量，

而且要优美……无论什么事情，必须具有优雅的方法和态度，才能显得漂亮，得到别人的喜悦。"

4. 礼仪是搞好改革开放、走向世界的桥梁

在世界各国人民的长期交往过程中，不论是使节往来、文化交流，还是宗教传播、通商贸易，礼仪都起着沟通与桥梁的作用。

9.2　常见的商务礼仪与禁忌

在商务活动中，良好的礼仪是双方合作的起点，是一切商务场所必备的"通行证"。因此，商务人员必须要熟悉商务活动中的常用礼仪。

9.2.1　称呼礼仪与禁忌

称呼是商务交际活动的"先锋官"，称呼用语使用的恰当与否，直接关系到双方交往的成功与失败。正确、适当的称呼不仅反映着自身的教养，也体现着双方关系达到的程度和对对方尊重的程度。

1. 称呼礼仪的基本要求

称呼礼仪的基本要求，可概括为八个字，即"称谓得体，有理有序"。

称谓得体，就是称谓应符合身份。包括职务尊称，如"某经理""某厂长""某校长"等；职称尊称，如"某教授""某工程师"等；职业尊称，如"某老师""某导演""某医生"等；学衔尊称，如"某博士"等；声望尊称，如"钱老""陆老"等；辈分尊称，如"某大爷""某大叔"等；一般尊称，如"小姐""先生""夫人""太太""同志"等。

当清楚对方身份时，既可以对方的职务相称，也可以对方的身份相称；当不清楚对方身份时，可以性别相称"某先生""某女士"；当称呼年长者时，务必要恭敬，不应直呼其名，可敬呼"老张""老王"等；当尊称有身份的人时，可将"老"字与其姓相倒置，如"张老""王老"；当称呼同辈时，可称呼其姓名，有时甚至可以去姓称名，但要态度诚恳、表情自然，体现出真诚；当称呼年轻人时，可在其姓前加"小"字相称，如"小张""小李"，或直呼其姓名，但要注意谦和、慈爱，表达出对年轻人的喜爱和关心。

有理有序，就是说称谓应有原则、有顺序。一般而言，可按人们的年龄、身份、性别等来排列称呼顺序，即先长后幼、先上后下、先女后男、先生后熟。如先称呼女性，会使女性感到受尊重，其他男性也不会见怪；先称呼长者，会使长者感到你对他的恭敬，其他年轻人也会心中坦然。

2. 称呼礼仪的禁忌

（1）避免使用错误的称呼。常见的错误称呼是误读或误会。误读即念错被称呼者姓名。为了避免这种情况的发生，对于不认识的字，事先要有所准备，必要时要谦虚请教。误会，主要是对被称呼者的年龄、辈分、婚否以及与其他人关系做出了错误判断。比如，将未婚女人称为"夫人"，就属于误会。

（2）避免使用绰号称呼。以绰号作为称呼，甚至自作主张给对方起外号，既显得过于随便，也是不尊重他人的表现。

（3）避免使用低级庸俗的称呼。有些称呼在正式场合不适合使用。例如，"兄弟""哥们儿""姐儿""死党"等一类的称呼，虽然听起来亲切，但显得档次不高。

（4）避免使用行业性的称呼。有的称呼，仅仅适用于某一特定的行业，如果超出了这一范围，便会显得不伦不类。如学生互称为"同学"，军人经常互称为"战友"，工人之间可以称呼为"师傅"，道士、和尚、尼姑可以称为"出家人"。但如果用这些来称呼跨行业的其他人，会让对方产生自己被贬低或很奇怪的感觉。

（5）避免使用地域性称呼。有些称呼具有一定的地域性，比如山东人喜欢称呼"伙计"，但在南方人听来是"打工仔"。中国人把配偶称为"爱人"，在外国人的意识里，"爱人"是"情人"的意思。

（6）避免使用职务职称简称。如在职务职称前面冠以姓再省略掉后面一些字，如"牛厅""范局""马总""王工"等，平时叫起来很顺口，但在正式社交场合不适宜。

9.2.2 介绍礼仪与禁忌

介绍，就是通过沟通使双方相识或发生联系。相互介绍是商务交往活动中常见而重要的一个环节。了解和掌握这些礼仪就等于掌握了一把通往社交之门的钥匙。特别是对商务人员来讲，经常要与陌生人打交道，了解了这些礼仪有利于更好地进行社交活动。介绍时所处的环境不一样，介绍的方式方法也不一样。

1. 正式场合

在正式、庄重的场合，有两条通行的介绍规则：其一是把年轻的人介绍给年长的人；其二是把男性介绍给女性。在介绍过程中，先提某人的名字是对此人的一种敬意。假如女方是你的妻子，那你就应先介绍对方，后介绍自己的妻子，这样才能不失礼节。再如，把一位年纪较轻的女同志介绍给一位德高望重的长辈，则不论性别，均应先提这位长辈，可以这样说："李老师，我很荣幸能介绍张××来见您。"在介绍时，最好是姓和名并提，还可附加简短的说明，比如职称、职务、学位、爱好和特长等。这种介绍方式等于给双方提示了开始交谈的话题，如果介绍人能找出被介绍的双方某些共同点就更好了。如甲和乙的妹妹是同学，甲和乙是老乡等，这样无疑会使初识的交谈更加顺利。

2. 非正式场合

如果是在一般的、非正式的场合，则不必过于拘泥礼节。假如大家又都是年轻人，就更应以自然、轻松、愉快为宗旨。介绍人说一句"我来介绍一下"，然后即作简单的介绍，也不必过于讲究先介绍谁、后介绍谁的规则。最简单的方式莫过于直接报出被介绍者各自的姓名，也不妨加上"这位是""这就是"之类的话以加强语气，使被介绍人感到亲切和自然。在向众人介绍一个朋友时，说句"诸位，这位是李×"也就可以了。

在非正式的聚会上，可采取一种"随机"的方式为朋友作介绍。如"张×，你见过李×了吗？"然后把张×引见给李×。即便张×是你的好友，也不应在作介绍时过于随便，如"张×，过来见见李×"，或者说"张×，过来和李×握握手"。这种介绍让人听起来觉得缺乏友善和礼貌。在聚会中，友好、愉快的气氛比什么都重要。作介绍时，一般不要称其中某人为"我的朋友"，因为这似乎暗示另外一个人不是你的朋友，显得不友善，也不礼貌。除非特殊情况，人们一般都不习惯毛遂自荐，主动地自报姓名。如果你想知道某人的名字，最好是先找个第三者问一问："那位穿西装的是谁呀？"其后在你和这位穿西装的人见面时就可以说："你好，张×。"无论如何不要莽撞地问人家："你叫什么名字？"这显得唐突。如果万不得已也应说得婉转一点："对不起，不知该怎么称呼您？"

3. 自我介绍

在许多社交场合，为了多结交一些朋友，往往需要主动上前向对方介绍自己，这就是自我介绍。如"你好，我叫张×，我们曾在成都见过一面。"或者是："你是李×吧，我是张×，你哥哥的朋友。"如果能找出你和对方的某种联系作为介绍时的简注，固然是再好不过了，但即使是素昧平生也没什么关系，只要你能彬彬有礼，对方自然也会以礼相待。介绍时，要注意选择好自我介绍的时机，把握好自我评价的分寸，尽量给人一种镇定、自信又不失谦虚的感觉。在作了自我介绍之后，对对方的自我介绍以及随后的交谈要表示出耐心与兴趣，尽量多谈一些对方感兴趣的事情。不要把对方当成一名听众，只顾自己侃侃而谈。以礼待人的态度要始终如一。

9.2.3　握手礼仪与禁忌

握手礼仪是商务活动中最普遍的见面礼节。据说，握手礼起源于中世纪的欧洲，那时人们见面时，无敌意的双方为了证明自己的友好，就放下手中的武器，伸开手掌让对方摸摸手心，这种习惯逐渐演变成现代的握手礼。

握手礼可以表达欢迎、友好、祝贺、尊重、感谢、慰问、致歉、惜别等多重复杂的情感。关于握手的礼仪规范有以下四个方面。

1. 握手的顺序

握手礼仪一般应遵循"尊者决定"的原则，即由社会地位高、职务高、年长者、女士、已婚的人做出选择，社会地位较低、职务较低、年幼者、男士、未婚者不应主动伸手，当尊者伸手后应立即伸出手与之相握，方为知礼懂礼。

在接待来访者时，前面的"谁先伸手"的规则不再适用。作为主人，当客人抵达时，应首先伸出手与客人相握，表示欢迎；而在客人告辞时，主人则不能先于客人起身或伸手，否则有逐客之嫌。

如果需要和多人握手，握手时要讲究先后次序，由尊及卑，即先职位高者后职位低者，先年长者后年幼者，先长辈再晚辈，先女士后男士，先已婚者后未婚者。

此外，如果人数较多，也可以只跟相近的几个人握手，向其他人点头示意，或微微鞠躬就行。

应当强调的是，上述握手时的先后次序不必处处苛求于人。如果自己处于尊者地位，而位卑者抢先伸手时，最得体的表现就是立即伸出自己的右手，进行配合，而不要置之不理，使对方当场出丑。

当你在握手时，不妨说一些问候的话，可以握紧对方的手，语气应直接而且肯定，并在强调重要字眼时，紧握着对方的手，来加强对方对你的印象。

2. 握手姿势

握手时，距对方约一步远，上身稍向前倾，两足立正，伸出右手，四指并拢，拇指张开下滑，虎口相交，与受礼者相握。

不同手位带给他人的感受是不同的。掌心向下的手位，显示着一个人强烈的支配欲，无声地告诉别人，他处于高人一等的地位，是一种普通人应尽量避免的傲慢无礼的握手方式。相反，掌心向上握手显示一个人的谦卑与毕恭毕敬，如果伸出双手，更是谦恭备至了。平等而自然的握手姿态是两手的手掌都处于垂直状态。

3. 握手时间

愉快的握手坚定有力，传递出你的信心和热情，但不宜太用力且时间不宜过长。除了关系亲近的人可以长久地把手握在一起外，一般握两三下就行。不要太用力，但漫不经心或用手指尖"蜻蜓点水"式握一下也是无礼的。一般握手时间应控制在三五秒钟之内。如果要表达真诚和热烈，也可较长时间握手．并上下摇晃几下。

4. 握手礼仪禁忌

我们在行握手礼时应努力做到合乎规范，避免下述失礼行为的发生。

（1）忌用左手相握，尤其是与阿拉伯人、印度人交往时更要牢记，因为在他们看来左手是不洁的象征，有轻蔑之意。

（2）忌交叉握手。在信奉基督教的西方人心目中，交叉握手有十字架暗示，是对上帝的不敬，是不吉利的。

（3）忌在握手时另外一只手插在衣袋里或拿着东西。比较符合礼仪规范的做法是握手前先把手中的东西放下。

（4）忌在握手时戴着手套或墨镜。戴着手套或墨镜握手是对交往对象的极大不尊重，但女士在社交场合所戴薄纱礼服手套不用摘掉。

（5）忌在握手时面无表情、一言不发或长篇大论、点头哈腰，过分谦恭。

（6）忌在握手时仅仅握住对方的手指尖，好像有意与对方保持距离。

（7）忌拒绝握手。如确有不便，要主动向对方说明不握手的原因，以避免产生误会。

9.2.4　交谈礼仪与禁忌

1. 声音与姿态

谈话的表情要自然，语言和气亲切，表达得体。谈话时切忌唾沫四溅。参加别人谈话要先打招呼，别人在个别谈话，不要凑前旁听。若有事需与某人说话，应待别人说完。第三者参与谈话，应以握手、点头或微笑表示欢迎。谈话中遇有急事需要处理或离开，应向谈话对方打招呼，表示歉意。交谈时，无论是坐是站，身体不要太拘谨，但也不能太放松，显得懒散松垮，对人不尊重。说话时可适当做些手势，但动作不要过大，更不要手舞足蹈。稳健、优雅、端庄大方的姿态，加上敏捷、准确、得体的动作，会给人以美感，增加交谈的成功率。要保持相应的热情，在谈话时，你若对某一问题没有倾注足够的热情，那么，对方会马上失去谈这个问题的兴趣。

2. 学会倾听的艺术

外国谚语道："用 10 秒钟的时间讲，用 10 分钟的时间听。"听有两个要求，首先要给对方留出讲话的时间，可简单插话，如"原来如此""你说得对""是这样""请继续说下去"等，主动鼓励对方说下去。其次要"听话听音"，如对方首先讲话，你不可打断对方。应做好准备，以便利用恰当的时机给对方以响应，鼓励对方讲下去。不能够认真聆听别人谈话的人，也就不能够"听话听音"，更不能机警、巧妙地回答对方的问题。记住：不论是社交场合，还是在工作中，善于听乃是一个人应有的素养。聆听他人谈话时，眼睛应该有礼貌地注视对方，并适当地点点头，以示专心。要避免不良的动作和姿态，如玩弄手中的小东西，用手不时地理头发、搅舌头、清牙齿、掏耳朵，或盯视指甲、天花板或对方身后的字画等，这些动作都有失风度。

3. 话题

选择一个好的话题，能使交谈双方找到共同语言，活跃谈话气氛，丰富谈话内容，拉近彼此间的谈话距离。中国人民大学的金正昆教授提出商务人员须知的基本职场交谈忌语"六不"：不能非议国家和政府；不涉及秘密；不涉及交往对象的内部事务；不在背后议论领导、同事和同行，来说是非者必是是非人；不谈论格调不高的问题；不涉及私人问题，特别是在国际交往中。职场交往有"私人问题五不问"：一不问收入（痛苦来自比较）；二不问年纪（特别是临近退休者和白领丽人）；三不问婚姻家庭；四不问健康状态：五不问个人经历（英雄不问出处，重在现在）。

4. 礼貌用语

交谈时应注意使用礼貌用语。与人打招呼时说"您好"，对他人提出要求时说"请"，得到别人帮助时说"谢谢"，给人添麻烦时说"对不起"或"打搅了"，别人向自己致歉时说"没关系"，分别时常说"很高兴与你相识，希望再有见面的机会""再见，祝你周末愉快！""晚安，请向朋友们致意""请代问全家好！"等。初次见面时说"久仰"，好久未见时说"久违"，请客人来时说"光临"，表示祝愿时说"恭贺"，表示等候时说"恭候"，要早离开时说"失陪"，返回勿送时说"留步"，送客回家时说"请慢走"，让人费心了时说"打扰、有劳"，请人让路时说"借光"，请人帮助时说"劳驾、费心"，请求批示时说"请教"，请示主意时说"赐教"，请求原谅时说"包涵"，请求修改文章时说"斧正"，赞美别人的主意时说"高见"，还物时说"奉还"，问年龄时说"高寿"（问老人）、"贵庚"（一般人），问姓名时说"贵姓、宝号"，回答姓名时说"免贵姓"。

中国人民大学的金正昆教授提出向交往对象表示尊重和友好的三大途径：一是"Accept"，接受对方宽以待人。不要打断别人，不要轻易补充对方，不要随意更正对方。得罪人往往不是在大是大非的原则问题上，而是让人难堪下不了台。二是"Appreciate"，重视对方。不提缺点，善于使用尊称，记住对方，实在记不住哪怕点点头也不要张冠李戴。三是"Admire"，赞美对方。要善于发现并善于欣赏对方的长处，注意要点，实事求是，要夸到点子上。

9.2.5 名片礼仪与禁忌

名片起源于我国古代，汉代称之为"谒"，后称之为"刺"。名片发展至今，已是现代交往中一种最为实用的介绍性媒介。作为自我的"介绍信"，它具有使用方便、易于保存等特点，而且不讲尊卑、不分职业，不论男女老少均可使用，因此颇受欢迎。在交往中，要正确地使用名片，就应对名片交换的时机、交换的要点及名片的存放做到合乎礼仪规范。

1. 名片交换时机

当与某人第一次见面时，一般都要赠送一张名片，这是十分得体的礼仪。交换名片通常标志着初次见面的结束。出示名片，表明你有与对方继续保持联络的意向。

在宾客较多的场合，一开始就接受名片可帮助你及早了解来客的身份。例如，会议上来了许多代表，而你对他们的姓名职务都不太清楚，那么在会议开始前就应向他们索要名片，然后把它们摆放在桌上当座位图使用。

去拜访某人时，如果主人没有出示名片，客人可在道别前索要。如果主人的名片就放在桌上的名片盒中，应首先征求同意然后再取出一张。你可以递上两张名片，一张给主人，另一张给秘书。当然，你也可以索要两张名片，一张存放在你自己的名片夹里，另一张可钉在客户卷宗里。

用餐时不要出示名片，而应等到用餐结束。在私人宴会上，除非有人索要，否则不要散发名片，否则会混淆商务与社交的界线。在参加社交活动时，可随身携带名片，需要时便可出示，但不可把聚会变成推销会。

2. 名片交换时的要点

双手食指和拇指执名片的两角，以文字正向对方，一边自我介绍，一边递过名片。对方递过来的名片，应该用双手接过，以示尊重。如果双方同时递名片，自己的应从对方的稍下方递过去，同时以左手接过对方的名片。接过名片后，要看上几秒钟，以示尊重。对方人较多时，应从领导开始交换名片。收到名片不要立刻放进包里，应放在面前桌上，谈话时用得着。

交换名片时应该说什么？当你想出示名片时，可说"这是我的名片，如果有其他的问题，尽管打电话给我好了"，或者可以说"寄信请用这上面的地址，希望能尽快听到你的消息"。如果你想给一位长期客户赠送名片，可以说"您有我的名片吗？"或"我一直想给您一张名片"。当你的职位或通信方式有变化时，你可以说"这是我的新名片"。当某人向你索要名片时，直接拒绝是不太礼貌的，但是你可以说"对不起，我的名片都用光了"或"我忘带了"。接受名片时要说"谢谢"，并略为注视再放好；还可以边看边稍加评论，如"你们公司总部在青岛，那儿是不是正在举行第一届啤酒节？"

3. 名片的存放

随身所带的名片，最好放在专用的名片包或名片夹里，也可以放在上衣口袋内。不要把名片放在裤袋、裙兜、提包、钱夹里，这样做既不正式，也显得杂乱无章。在自己的公文包以及办公桌抽屉里，也应经常备有名片，以便随时使用。在交际场合，如需要名片，则应事先预备好，不要在使用时再临时翻找。

【阅读材料 9 – 1】　　　　　　**小张错在哪里**

小张是一位白领女性，在外企工作不到两年。她聪明能干，为人热情，很受上司器重，为此，公司常派她外出洽谈业务。在一次欢迎宴会上，菲律宾东道主热情地招待每一位宾客，当主人同小张换名片时，左撇子习惯的她，下意识地用左手接过递来的名片，随手放在面前的桌上。主人有些不快，倒也没太在意。到敬酒时，小张依然用左手接过酒杯，主人见此情景非常不快，扭头便走。小张愕然不知所措。你知道聪明的小张错在哪儿吗？

资料来源：晓燕主编：《公共关系礼仪教程》，百花洲文艺出版社 2004 年版。

9.2.6　电话礼仪与禁忌

在商务活动中，双方的电话交流必不可少，因此拨打和接听电话的礼仪也是商务礼仪的重要组成部分。作为商务人员，应该有一个明确的"电话形象"意识，即注重通话时空的选择、通话态度及通话内容的把握，塑造文明有礼、办事高效的良好职业形象。

电话礼仪可分为拨打电话、接听电话和代接电话三个方面。

1. 拨打电话

（1）通话准备。首先，应确认对方有几部电话，把所有电话号码准备好后再开始拨打。应先拨打对方固定电话再拨打对方手机，这既是从安全角度考虑（手机辐射远大于固定电话）也是遵循公事公办的原则。其次，应在通话前列出沟通提纲或重点，并在通话中按照从重点到一般的原则，先讲重点内容。

（2）通话时间选择。早上 7 点之前和晚上 10 点之后是他人休息时间，切忌打扰。此外，在一日三餐、周末休息时，应尽量不要因公事干扰侵占他人私人时间。公务电话，尽量在办公时间解决。与身处不同时差的人交流时，应选择对方方便和合适的时间。

（3）通话长度选择。作为电话发起一方，更有责任控制电话长度，一般没有长时间沟通的必要时宜把通话长度控制在 3 分钟内，遵守"打电话不超过 3 分钟原则"。

（4）通话内容要简明扼要，长话短说，直奔主题，力戒讲空话、说废话、无话找话和短话长说，树立简洁凝练、精干高效的职场形象。

（5）通话语言要文明。通话之初，应先向受话方恭敬问候并确认是否为要找的部门和人员，如"您好，请问是××集团销售部吗"，在得到对方明确答复后迅速自我介绍并简要阐明打电话的事由，使对方第一时间了解通话人的情况。

2. 接听电话

接听电话也应尽力使自己的所为符合规范。具体来说，应注意以下四点。

（1）及时接听。及时是电话接听礼仪的首要要求。电话铃响起，应立即停止手头工作，尽快接听。不要轻易请人代劳，应亲自接听，尤其是事先约好的电话。一般铃响两次拿起话筒为最好时机，最好不要让铃声超过五遍。一些跨国公司对此所做的规范要求是：当铃声响起，手迅速在电话听筒上方就位待命，铃响两声迅速接听并做自我介绍，迅捷、规范。如果因故出现延误接听的问题，第一句话应该是"对不起，让您久等了"，以表歉意。

（2）自我介绍。商务电话接听时，应首先自报家门。部门人员接听，应在问好后报单位和部门名称，个人专用电话应直接报姓名。接听电话时人们往往习惯第一句话说"喂"，该词没有实际意义，只能使对方产生"不够干练""缺少专业素养"等不好印象，应直接以"您好"或"你好"开始通话。

（3）作记录。当电话内容涉及问题重大或内容较多时，应该做好记录。商务人员应在身边随时准备好电话记录的纸笔，对重要电话涉及的重要内容如时间、地点、联系事宜、需解决的问题等作较为详细的记录。

（4）重复要点。当电话内容重要或涉及较多内容时，受话人应在通话结束前向对方重复通话要点或指示内容，以方便对方对相关内容进行最后确认，纠正通话内容中可能存在的错误，为之后的工作奠定基础。

3. 关于代接电话

在为他人代接、代转电话的时候，也要注意以礼相待，尊重隐私，记忆准确，传达及时。具体要求如下。

（1）以礼相待，讲究技巧。在接听电话时，当对方所找的人不在时，应友好告知"对不起，他不在"，再问是否需要代为转告、对方是谁、有什么事，而不应在问清对方是谁、有什么事后再说他要找的人不在。

（2）尊重隐私。代接电话时，不要询问对方与其所找之人的关系。当对方希望转达某事给某人时，应为其保守秘密，不能随意把相关情况散播给其他人。别人通话时，不要旁听，更不要插嘴。

（3）准确记录。代接电话时，要准确记录对方要求转达的内容，以免误传。可遵循"5WlH"技巧，即按何时、何人、何事、何地、为什么（原因）、如何进行等来做记录。

（4）传达及时。当代人接听电话并答应对方代为传话后，应遵守承诺尽快落实，不要轻易把自己转达的内容转托他人转告，这样不仅容易使信息失真走样，而且有可能耽误时间，给当事人带来损失。

无论接打电话一方身处何位，都存在一个谁先挂电话的问题，此问题应遵循"尊者决定"的原则，让地处尊位的一方先挂电话以示尊重。无论是位尊者还是位卑者，无论是先挂还是后挂，都应轻轻放下听筒，而不应因放听筒声音过重让对方产生不好的猜想和不必要的误解。

无论是接听还是拨打电话，都应该端正姿态。打电话者的姿态是否端正，对方可以从通话者的声音、语气中判断出来，工作中带有倦意的声音会给人不重视、不礼貌的感觉，决不能边接打电话边喝水、吸烟、吃东西，即使看不到对方，也应该当作正在面对对方，尽量保持谦恭有礼。

【阅读材料 9 - 2】　　　　　　通话礼貌用语

通话时，应根据具体情况使用礼貌用语，常用的礼貌用语如下。

（1）您好！这里是×××公司×××部（室），请问您找谁？

（2）我就是，请问您是哪一位……请讲。

（3）请问您有什么事？（有什么能帮您？）

（4）您放心，我会尽力办好这件事。

（5）不用谢，这是我们应该做的。

（6）×××同志不在，我可以替您转告吗？（请您稍后再来电话好吗？）

（7）对不起，这类业务请您向×××部（室）咨询，他们的号码是……（×××同志不是这个电话号码，他的电话号码是……）

（8）您打错号码了，我是×××公司×××部（室）……没关系。

（9）您好！请问您是×××单位吗？

（10）我是×××公司×××部（室）×××，请问怎么称呼您？

（11）请帮我找×先生（女士）。

（12）对不起，我打错电话了。

（13）对不起，这个问题……请留下您的联系电话，我们会尽快给您答复好吗？

（14）再见！

9.2.7　赠礼、受礼和拒礼礼仪与禁忌

在商务活动中，为表达友好与合作意愿，适当赠送一些小礼物是十分必要的。但如何挑选适宜的礼品，接受礼物时应注意哪些礼仪，如何拒收别人送来的礼物，却是一门大学问。这些问题一旦处理不好，很可能会影响双方的进一步合作，因此应引起高度重视。

1. 赠礼礼仪

送礼的目的在于给他人带来快乐，以有限的物质形式表达自己无限的感情。赠礼礼仪一般应注意选择适当的时机、选择合适的礼品、掌握赠礼技巧及禁忌。

（1）选择适当的时机。一般来说，礼品可以随时送给对方。但有些礼品如果选择好赠送时机，就会有更好的效果。

①喜庆嫁娶。乔迁新居、过生日做大寿、结婚生子等亲友喜庆日子，应考虑备礼相赠，以示庆贺。

②欢庆节日。我国传统节日为春节、元宵节、端午节、中秋节、重阳节等，以及西方的圣诞节、情人节、母亲节等，都可作为送礼的时机。

③探望病人。去医院或家中探望病人，应带上礼物表示慰问。

④亲友远行。亲友远离家乡去外地求学、工作，可送上一份礼物表示美好的祝愿和惜别之情。

⑤拜访、做客。登门拜访或做客时，准备一份礼物，一方面对打扰对方表示歉意或对对方的热情款待表示感谢，一方面是向对方表示自己的问候。

⑥酬谢他人。当自己在生活工作中碰到困难或挫折时，亲朋好友同事对你伸过援助之手，事后应表示酬谢。

⑦还礼。接受过对方的礼物，可在事后类似的场合亦向对方送上一份礼品，或者在对方送礼离开时附上自己的一份礼物送给对方。

（2）选择合适的礼品。不同的场合、不同的对象，要选择不同的礼品。

①公司庆典一般送鲜花。

②慰问病人可以送鲜花、营养品、书刊、水果。

③朋友生日送卡片、书籍、影集、笔记本、蛋糕等。女孩子还可以考虑送小巧的皮革制品、漂亮的围巾、各种手工艺品、鲜花等。

④节日庆祝送健康食品、当地特产。

⑤旅游归来送人文景观纪念品、当地特产。

⑥走亲访友送精致水果、糖酒食品。

还可以通过了解受赠对象的兴趣爱好来赠送，如给书法爱好者送文房四宝，给音乐爱好者送乐器，给收藏爱好者送一些有收藏意义的东西等，都是不错的选择。总之，选择礼品应因时因地因人而异，切忌千篇一律，以不变应万变。

（3）不宜赠送的礼品。

①不送现金和有价证券。送现金、有价证券、金银珠宝等过于贵重之物，有行贿的嫌疑。

②不送有碍对方民族习俗、宗教禁忌和个人禁忌的物品。讲究礼仪，首先要了解人、尊重人，人家忌讳的东西，一概不能送。

③不送药品、营养品。中国的习俗是缺什么补什么，若非亲朋好友，送这类东西有多管闲事之嫌疑。

④不送有违社会公德的物品，如山寨机、盗版光盘等。烟酒（烈性酒）之类的东西也不要送，因为吸烟喝酒有碍健康。与社会公德不符的东西，送人往往涉嫌害人。

⑤不送带有明显的广告标志的物品和宣传用语的物品。广告就是付费的宣传，跟外商、公司企业、政府官员打交道，公关礼品一定要避免使用明显的广告标志和宣传用语。

（4）赠礼的注意事项。

①谨记"己所不欲，勿施于人"的古训。选择的礼物，你自己一定要喜欢，连自己都不喜欢的东西，一般不要送。

②必须考虑接受礼物者的职位、年龄、性别等。

③选择精美的包装。赠送的礼品要有精美的包装，不要把一堆没有包装的礼品放在一起，随便用提包一装就给人送去，这是不尊重对方的行为。

④慎留礼品单据。礼品上写有价钱的标签要及早去除。但对一些有保修期的电器商品，可以附上发票和保修单，以备日后保修或退换之用。

⑤仪态大方。送礼的时候，要面带微笑，自然得体，同时讲一些客气话。但不要过

分客套，俗话说"礼轻情义重"，不必贬低自己的礼物，也不要畏畏缩缩、偷偷摸摸把礼物搁在某个角落。

⑥了解送礼禁忌。在国内，应避免过时送礼或事后补礼；给长辈送礼，不要送钟，因"钟"与"终"谐音；探望病人，不能送梨一类的水果，"梨"与"离"谐音，是不吉利的；还有，乌龟虽然长寿，却有"王八"的俗称，也不宜作为礼品相送。在我国港台风俗中，丧事后以毛巾送吊丧者，非丧事一律不能送毛巾；不送剪刀，剪刀是利器，含有"一刀两断"之意；不送甜果，甜果是祭祖拜神专用之物，送人会有不祥之感。国外风俗中赠礼也有很多讲究。在北美商业圈中，应注意礼物不能奢侈，以免有贿赂的嫌疑；礼物通常为纪念品，还可以是带有公司标识的礼物；赠送礼物一般宜在娱乐场所进行。赠送礼物在日本的文化中是根深蒂固的，因此去日本人家里做客时一定要带上礼品，而且礼物要用彩色纸包装；避开数字"4"和"9"，因为它们与"死"和"苦"同音，故一些日本医院是没有4楼和9楼的；不能给日本人送刀，这意味着让他自杀；送礼时必须双手呈送礼品并微微鞠躬。俄罗斯人送鲜花要送单数，忌讳送钱，他们认为这意味着施舍和侮辱。美国女性认为送香水、化妆品、衣物等是看不起她。印度人认为牛是神圣的，故不赠送饰以牛皮的产品。

【阅读材料9-3】 　　　　　　　　　红色丝带

　　德国大众汽车公司当初为了和上海汽车制造公司合作，不得不和一大批的竞争对手"拼命"。大众公司花了很多钱，招聘了一批本国的咨询专家和不少会讲流利汉语的美国人。德国人认为，只有完全了解中国的文化和商业习俗，才能够打动对方。在赠送礼品的时候，大众公司选择了来自纽约的世界著名银饰品公司Tiffany的产品，并将其标志性的白色包装丝带换成了大红色（Tiffany的产品向来使用白色丝带包装，这已经成为Tiffany产品的特色和传统）。之所以这样做，是因为德国人注意到了东西方文化的差异。在中国，红色代表着好运，而白色代表着悲伤或死亡。果然，此举令中方代表十分惊讶，德国人对于中国文化有着如此细致的了解。通过这件事情，德国大众公司向人们展示了其作为一家国际大公司在不同文化下很好地开展工作的能力。要知道，如果不改变丝带的颜色或许就没有后来的合作。最后，两家公司之间的谈判进行得非常顺利，达成了双赢的协议。

资料来源：窦然：《国际商务谈判与沟通技巧》，复旦大学出版社2009年版，第207页。

（5）赠花礼仪。在现代生活中，用花卉作为礼品馈赠亲朋好友来表达丰富的情感已逐渐成为一种社会时尚。以鲜花为礼品是一门颇具内涵的艺术，融入了许多人生哲理，可表现丰富多彩的意境和情趣。只有了解花的寓意及送花常识，才能在送花时送出品味、送出个性，达到事半功倍的效果。

①了解花语。要把握花意的真谛，首先要了解花语、花意。经过长期演化，人们赋予各种花卉一定的寓意，用以传递感情，抒发胸臆。如康乃馨象征母爱，花语是"健康长寿"；红玫瑰象征爱情，花语是"我爱你"；百合花象征纯洁，花语是"百年好合"；'菊花象征清逸，花语是"优雅不俗"；梅花象征傲俗，花语是"气节清高"；兰花象征清正，花语是"正气清远"；荷花"出淤泥而不染"，花语是"人品高洁，情操高尚"。

②送花对象不同，需选择不同的鲜花来组合配送。给老人祝寿，宜送长寿花或万年青，长寿花象征着"健康长寿"，万年青象征着"永葆青春"；热恋中的男女，一般送玫瑰花、百合花，这些花美丽、雅洁、芳香，是爱情的信物和象征；给友人祝贺生日，宜送月季和红掌、麒麟草、满天星，象征着"火红年华，前程似锦"；祝贺新婚，宜用玫瑰、百合、郁金香、香雪兰、非洲菊、红掌、天堂鸟等，新娘手上捧的花，适当加几枝满天星，会更加华丽脱俗；节日期间，看望亲朋好友，宜送吉祥草、百合、郁金香，象征"幸福吉祥"；夫妻之间，可互赠百合花，百合花象征着百年好合，长相厮守；朋友远行，宜送剑兰、红掌，寓意一路顺风，前程似锦；拜访德高望重的老者，宜送兰花，因为兰花品质高洁，又有"花中君子"之美称；新店开张、公司开业，宜送月季、红掌、黄菊、天堂鸟等，这类花花期长，花朵繁茂，寓意"兴旺发达，财源茂盛"。

③送花禁忌。

不同的习俗，对于同一品种花的寓意有不同的理解。选送花的时候一定要注意民俗寓意，不能弄巧成拙。比如，中国人喜欢菊花，而在西方，黄菊代表死亡，只能在丧葬活动中使用；中国人赞赏荷花"出淤泥而不染"的性格，但在日本，荷花却表示死亡；在广东、海南、港澳地区，金橘、桃花表示"吉""红火"的意思，而梅花、茉莉和牡丹花却表示"霉运""没利""失业"的意思。

不同的习俗，对于花的色彩也有不同的理解。比如在中国，人们都喜爱红色的花，特别是结婚时，送红色的鲜花才算吉利和得当。而西方人认为把白色鲜花送给新娘，才是最合适的。

不同的习俗，对于花的数量要求也有所不同。在中国，喜庆活动中送花要送双数，意思是"好事成双"。在丧葬上要送单数花，表示"祸不单行"。因为读音的原因，在中国特别是沿海地区，不可以送4枝花给别人，因为4的发音和"死"相近。而在西方国家，送花讲究单数，送1枝花表示"一见钟情"，送11枝表示"一心一意"，送99枝表示"天长地久"等。但"13"这个数字是不可以用的。

给病人送花，有很多禁忌。探望病人时不要送盆栽的花，以免病人误会为久病成根；香味浓郁的花对手术病人不利，易引起咳嗽；颜色太浓艳的花，会刺激病人的神经，激发烦躁情绪。看望病人宜送兰花、水仙、马蹄莲、百合、剑兰等，或选用病人平时喜欢的品种，有利于病人怡情养性，早日康复。

2. 受礼礼仪和拒礼礼仪

受礼礼仪，首先，收到礼品时，应双手捧接，并立即表示感谢。中国人收礼后一般要等客人走后才打开，外国人则习惯当着客人的面打开包装，所以在涉外交往中，如果外国客人或其他客户送给你的礼品带有包装的话，一定要当面打开看一看，表示喜欢和欣赏，说上几句赞美礼品的话。如果收到的礼品不合心意，也不应该流露出不满意的情绪，而应当像接受自己所喜欢的礼品一样，说上几句感激对方和赞美礼品的话。其次，接受馈赠后，要想办法回礼才合乎礼貌。中国人崇尚"礼尚往来"，外国人同样如此。如果在接受馈赠时无法马上回礼，那么可在事后准备礼物回赠对方。

生活中经常会出现这样的情况，人家送礼，可是自己不能收，或者不方便收，那么该怎么办呢？其实，拒绝收礼也要注意分寸、讲究礼仪。一般情况下，不应该拒绝收礼，但是碰到以下三种情况是可以拒收的：一是并不熟悉的人送的非常昂贵的礼品；二是隐含着发生违法乱纪行为的礼品；三是接受后可能会受到对方控制的礼品。

如何谢绝礼物？以下做法可提供参考。首先，要婉言相告。先表示感谢，然后用委婉、礼貌的语言，向赠送者暗示自己不能接受对方的礼品。其次，可以直言相告。即直截了当地向赠送者说明自己之所以难以接受礼物的原因。在公务交往中拒绝礼品时，此法尤其适用。比如，拒绝别人所赠的大额现金时，可以讲"我们有规定，接受现金馈赠一律按受贿处理"。如果是比较贵重的礼品，可以说"按照有关规定，您送我的这件东西必须登记上缴，您还是别破费了，事情能办我会尽力的"。再次，可采取事后归还法。有时，在大庭广众之下拒绝他人所赠礼品，会使赠送者难堪。遇到这种情况，可采用事后退还的方法加以解决。但是一定要使包装保持完好无损，如果其中包括一些易坏的食品，最好别往回送，或者给对方买点新鲜的送回去，或者以价值相当的礼物回赠对方。事后归还应该尽快把礼物送回去，时间不能拖太久，一般要在 24 小时之内把礼品送还对方。

9.2.8　宴会礼仪与禁忌

宴会是现代商务交际与应酬的一种普遍形式，适时举行恰当的宴会，能够增进双方的相互了解和友谊，从而为进一步的友好合作奠定基础。

1. 举办宴会的礼仪与禁忌

宴会既有正式宴会与非正式宴会之分，也有中式与西式之别，应根据实际情况来决定其形式。宴客之道在于缜密准备，事先做好计划，席间招呼得当，做到处处周到、事事留心，力求人人满意。一般来说，举办正式宴会更讲究礼仪礼节，主要有以下几方面。

（1）提前发出请柬。提前发出请柬，以示诚心与郑重。正式宴会的请柬，一般在宴会前三个星期发出。太早了，对方容易忘记；太迟了，对方又由于过于仓促难以安排工作而来不了。同时，请柬上必须注明主办人、被邀请者、时间、地点、宴请种类及出席服装等。其中，确定宴会时间和地点时，要以方便一般客人能前来参加为原则。

（2）确定客人名单。在确定客人名单时，一是不要有遗漏，二是不要邀请正在闹纠纷的人同时参加，三是要尽可能使出席的人数为偶数，男女客人数量最好相等（或男多一些），以方便安排坐席。

（3）做好宴会前的迎接工作。作为宴会的主人，第一任务是热情待客。宴会开始前，主人要组成迎宾线（通常安排在最临近入口的地方）迎接来宾。迎宾线的人数最多不要超过 6 个人，人员的排列顺序应按宴会的性质来安排。如纯属社交性质，可女前男后；如属官方或事务性聚会，则男前女后；如属机关团体的组织活动，应按职位高低从高到低排列。假如宴会的规模较大，且有众多不熟悉的人士参加，则可安排一些人站在迎宾线稍远些的地方，负责询问来宾的姓名、身份，然后清晰地报告给迎宾线前端的人，让他们做好迎宾工作。值得注意的是，主人应对所有来宾一视同仁，热情欢迎，不能厚此薄彼。

（4）席位和座次的安排。正式宴会，人数较多，一般要事前安排好客人的席位，在客人入门时即行告知；或者，在餐室内列出一个席位表，让客人对号入座。安排席位的依据主要是礼宾次序。按照国际上的习惯，桌次高低以离主桌的位置远近而定，右高左低；席位高低以离主人的座位远近而定，也是右高左低。在席位的安排上，首先要决定上座与下座。在西式房间，上座背向壁炉，而离入口近的地方为下座。如是中式房，面朝庭院，背后为墙的是上座，背朝庭院的为下座。一般情况下，主人坐上座，然后按来宾的身份遵循右高左低的习惯依次排开。如遇主宾身份高于主人，也可为表示尊重，把主人和主宾的位置对调。关于男宾与女宾的席位排列，按外国习惯是间隔安排；按我国习惯则是按各人的职务、身份来考虑。如果宴会主人的夫人出席，可在请柬上也注明邀请对方夫妇出席。这时，在席位安排上，通常要根据桌次的多少和来宾的身份等考虑。除婚宴外，一般是避免夫妇坐在相邻的位置和面对面的位置。具体是：男主宾坐在女主人的右侧，女主宾坐在男主人的右侧；第二男宾坐在女主人左边，第二女宾坐在男主人左边；以下按顺序左右交叉排列。如餐桌为数张圆桌时，男女主人最好分开坐，不坐同一桌上。如宴会主人的夫人不出席，可请其他身份相当的妇女做第二主人，或者把主宾夫妇安排在主人的左右两侧。如果宴会主人是女子，则应把男主宾安排在对面的座位上。另外，桌子两端的座位尽可能由举办方的男子来坐。男女人数不等时，应尽量使男女客人穿插开落座。还有，安排桌次时，应考虑到客人的年龄、身份、兴趣、语言是否相通、关系是否融洽等因素作适当的安置，一般是把年龄相仿、身份大体相同、专业相近、语言相通的人安排在一起，而把那些意见不同、关系不那么融洽的人分开来安排。

（5）宴会席间的礼节。宴会开始后，当服务员已端上菜肴时，主人应及时请客人品尝，说声"请用菜"或者"来，大家起筷品尝品尝"。如果主人不首先邀请，客人一般是不好意思抢先品尝的。另外，在宴会上，如备有酒水或饮料，那么主人应是第一个敬酒的人，一般是在欢迎词或祝酒词后。敬酒时可依次逐一进行，如碰到一些不喝酒的客人，不要勉强，碰碰杯意思一下即可。千万注意，敬酒只是一种表达敬意的热情好客的仪式，不是喝酒比赛，不要为了制造热闹气氛而频频敬酒，弄得一些客人因喝醉而洋相百出。

（6）欢送宾客的礼节。宴会将近结束时，主人应先行离席，并客气地对来宾说"各位慢慢吃"。然后走到门口站立，与一些已经吃完并准备离去的宾客握手告别。必须注意，主持宴会的人应把主要精力放在如何招呼客人和关照客人方面，而不能自顾自地大吃大喝。

2. 赴宴的礼仪与禁忌

有宴请，就有赴宴。作为宴会的客人，要想在宴会过程中给人留下一个好印象，不可不讲究赴宴的礼节。

（1）当接到正式请柬时，能否依时出席，要尽早答复对方。一般情况下，均要愉快地接受邀请。如因特殊情况不能出席，也应回电或回信表示感谢与歉意。尤其是你当初答应要参加宴会，但临时有急事又不能如期赴宴时，一定要立即去电告知对方，并婉言道歉。

（2）出席宴会时，首先要注意仪容和穿戴，这是对主人和其他客人的尊重。一般是沐浴更衣，梳理头发，男士要剃须，女士要适当化妆。尽量做到仪容整洁，穿戴雅观大方，不求名贵华丽，但要合身得体。

（3）不要过早抵达宴会厅，以免给正在紧张筹办宴会的主人增加负担。最好是在宴会开始前几分钟抵达。当然，也不要迟到，迟到是对主人的不尊重。万一因故迟到了，则要向主人道歉。

（4）到达宴会地点后，要主动跟主人打招呼，自觉地服从主人的安排。见到其他客人，不管认识与否，都要笑脸相迎，点头致意。如被主人介绍给别人认识时，则要表现出高兴、亲切、随和，并主动向别人问好，做到互不见外、情同一家。

（5）就座进餐时，要注意对号入座。坐定后要主动跟邻座的客人打招呼、谈话；当主人敬酒时，要起身回敬；吃东西要文雅，不要放纵食欲；好东西要让老人、女士先尝；对美味可口的佳肴要适当赞扬，并对服务员说上几句表示感谢或表扬的话。

（6）喝酒要适度。一般以本人平时酒量的 1/3 为适。不要求一时高兴，强迫别人喝酒。如果发现有人喝醉了，要协助主人把他照顾好。一旦被喝醉酒的人无意损伤了自己的尊严，要采取谅解克制的态度。

（7）注意进餐速度。既不要个人"埋头苦干"，自己匆匆吃完；也不要不顾同桌的人已经吃完，自己仍在慢悠悠地吃。这都是不礼貌的表现。

（8）宴会进行中要注意文明礼貌，一切言行举止均要中规中矩。比如，要遵守"女士优先"的原则，主动帮邻座的女士搬开椅子、夹菜、斟饮料等。不要当众解开衣扣和脱衣服，如要脱衣服时可到洗手间，一般不要中途离座，万不得已时应向邻座说明："对不起，我要离开一下"，并把餐巾留在座椅上，等等。

（9）宴会上不可高声谈笑，应与更多的人交谈，不可在席上对某人评头品足，也不要说些与宴会主题无关的无聊事。

（10）用餐完毕，要等主人宣布散席方可轻轻离开座位。在离去前要向主人道谢和握手告别。

总之，赴宴期间的礼节，要遵循三原则：第一，不要在众人面前出洋相；第二，避免给他人不愉快的感觉；第三，吃饭不是目的，关键是在吃饭的过程中推销自己的形象。

9.2.9　服饰礼仪与禁忌

服饰礼仪是商务谈判中最基本的礼仪。得体的服饰，不仅是个人仪表美、素质高的表现，而且是对他人的尊重。服饰包括服装和饰物。服饰、容貌和姿态是构成个人仪表的三个基本的要素。在商务交往的最初阶段，服饰往往最能引起对方的注意。服饰是一种无声的语言，能够在一定程度上反映穿衣者的个人修养和个性特征。因此，作为商务人员必须要熟悉服饰的基本礼仪与禁忌。

在正式场合，对商务人员的服饰要求是传统、庄重、高雅，切莫花里胡哨。商务着装的颜色一般以灰色、褐色和黑色为主，这会让商务人士给人一种坚实、端正、严肃、可靠的感觉。

在商务场合，男性商务人员一般应穿西装系领带；对于女性，职业套装则是最佳选择。男性切忌穿非正式的休闲装、运动装；女性切忌穿得太露、太透，也切忌佩戴太多首饰，适当点缀一两件即可。无论男性或女性，稀奇的发型、过分的化妆、大量的珠宝、浓浓的香水味都会损坏商务职业人员的形象，给他人送去错误的信号。

【阅读资料9-4】　　　　　　　着装的重要性

小李刚进杂志社不久，领导安排她去采访一位某民营企业的女性老总，听说这是一个既能干又极有魅力的女性，对工作一丝不苟，对生活却是极其享受，最关键的是，即使再忙，她也不会忽视身边美好的东西，尤其对时尚非常敏感，对自己的衣着及礼仪要求极高。这样的女性，会让很多人产生兴趣，还未见到她，仅仅是介绍，小李就已经开始崇拜她了。事先小李做了大量的准备工作，采访纲要修改了多次，内心被莫名的激动驱使着。到了采访当天，穿什么衣服却让小李犯愁，要面对这样一位重量级的人物，尤其是位时尚女性，当然不能太落伍了。

小李是个不会打扮的女孩，因为工作和性格关系，平时穿衣都是怎么舒服、方便就怎么穿。时尚杂志倒也看，但也只是凑热闹而已。现在，她还真不知道应该穿什么衣服才能让她在这样一位女性面前显得更时尚些。终于在杂志上看到女孩穿吊带装，那清纯可人的形象打动了小李，于是迫不及待地开始模仿起来。那天采访，小李穿了一件紧身上衣、热裤（虽然她的腿看起来有点粗壮），梳了个在家乡极其流行的发型，兴冲冲地直奔采访目的地。当小李站在该公司前台说明自己的身份和来意时，她明显看到了前台小姐那不屑的眼神。小李再三说明身份并拿出工作证来，前台才勉强地带她进了老总的办公室。

眼前的这位女性，高挑的身材，优雅的举止，得体的穿着，让小李怎么看怎么舒服。虽然小李不是很精通衣着，但在这样的场合，面对这样的对象，她突然感觉自己的穿着就像个小丑，来时的兴奋和自信全没了。还好，采访纲要准备还算充分，整个采访过程还比较顺利。结束前，小李问她，日常生活中，她是如何理解和诠释时尚、品位和魅力的。她告诉小李，女人的品位和魅力来自内心，没有内涵的女人，是散发不出个人魅力的，也无法凸显品位的；而时尚不等同于名牌、昂贵和时髦，那是一种适合与得体。说完这话，她微笑地看着小李。此时小李的眼睛看到的只有眼前自己那两条粗壮的腿，心里纳闷：这腿为什么会长得如此结实，做热裤的老板一定很赚钱，因为太省布料了……小李感觉自己无法正视她，采访一结束，小李逃似的奔离了她的办公室。

9.3　商务谈判过程中的礼仪与禁忌

商务谈判礼仪是谈判各方必须遵守的礼仪规范，是日常社交礼仪在商业活动中的具体体现。商务谈判的礼仪与禁忌贯穿于谈判的整个过程中，因此需要时刻注意。

9.3.1　迎送礼仪与禁忌

在迎送之前首先要做好充分的准备工作。主人一方要事先安排好来访人员的住宿，如果对方没有这方面的需要，也要清楚对方住宿的地方，而且还要询问客人是否需要代办回程机票等，以便能够更好地开展接待工作。作为主人，要了解来访人员的姓名、职务和性别等信息，以示尊重。在迎送规格上，一定要注意迎送人员的身份要对等。到机场、车站或码头迎送客人的时候，接待人员的身份要与对方的身份基本相当，略高或略低也可以，但不能过于悬殊，这样容易造成对方的不快。

在迎送时一定要遵守时间，这是商务谈判最基本的礼仪。接人时要考虑到可能会遇到交通拥堵情况，所以要提前一些时间出发，尽量争取比客人早到。在送人时要尽可能地远送，如送客人到机场的安检处，并与客人道别之后方可离开。

迎送客人不可避免地要遇到乘车的问题，这方面也有很多礼仪和禁忌。在主人亲自驾车的情况下，如果是两排座轿车，副驾驶座为尊，应该让给地位最高的客人，后排为随员乘坐。如果是三排座轿车，仍然是副驾驶位置最尊，后排座次之，中间一排为卑。在由专职司机驾驶的情况下，所遵循的尊卑规则是：后排为上，前排为下；以右为尊，以左为卑。即副驾驶由随员乘坐，后排右侧为客人中地位最高者乘坐，主人与之并排坐在后排左侧。如果是三排轿车，一般后排为尊，中排次之，前排副驾驶位置为卑。但需注意的是，如果是用越野车迎送客人，无论驾驶员是否为主人本人，其座次的尊卑顺序均为副驾驶位置最尊，后排右座次之，后排左座为最低。上下轿车的先后顺序为请尊长、来宾先下后上，接待人员后上先下，这样做主要是为了便于接待人员协助尊长、来宾上下车。

在乘坐电梯时，接待人员应先进入电梯，在确认客人安全进入电梯后负责开动电梯。电梯到达后，接待人员要按住电梯开门按钮，请客人先下。

在出入房门时，接待人员要负责开门和关门，引领客人进入。如果房门是往外开，接待人员应先拉开房门再请客人进入；如果房门是往里开，接待人员应先推开房门进入房内，然后再请客人进入。离开房间时，如果房门往外开，接待人员要先推开房门并走出去，然后请客人离开；如果房门是朝里开，接待人员要拉开房门，请客人先离开房间。

9.3.2　会谈礼仪与禁忌

1. 提出会见要求与答复的礼仪与禁忌

在谈判一方提出会见要求时，应将己方会见人的姓名、职务以及会见对方人员的姓名、会见的目的告知对方。接见一方应尽早给予回复并确定时间。如因故不能接见，应婉言解释，切不可置之不理。作为接见一方的安排者应主动将会见（会谈）时间、地点，主方出席人，具体安排及有关注意事项通知对方。作为前往会见一方的安排者，则应主动了解上述情况，并通知有关的出席人员。

2. 会谈中举止的礼仪与禁忌

谈判者的举止是指谈判者在谈判过程中坐、站、行所持的姿态。在商务谈判中，对举止的要求是举止适度。下面分别介绍商务谈判过程中的坐姿、站姿和行姿的礼仪与禁忌。

（1）坐姿。谈判人员应从椅子的左边入座，坐后身体应尽量保持端正，并将两腿平行放好，不可坐在椅子上转动或将腿向前伸或向后靠，更不可跷起二郎腿。谈判中，不同的坐姿传递着不同的信息：挺着腰笔直的坐姿，表示对对方或对谈话有兴趣，同时也是一种对人尊敬的表示；弯腰曲背的坐姿，是对谈话不感兴趣或感到厌烦的表示；斜着身体坐，表示心情愉快或自感优越；双手放在翘起的腿上，是一种等待、试探的表示；一边坐着一边双手摆弄手中的东西，表示一种漫不经心的心理状态。所以，为促成谈判的顺利进行，谈判人员在谈判时应尽可能保持规范的坐姿。

（2）站姿。正确的站立姿势应该是两脚脚跟着地，两脚成45度，腰背挺直，自然挺胸，两臂自然下垂。在谈判中，不同的站姿会给人不同的感觉：背脊笔直给人充满自信、乐观豁达、积极向上的感觉；弯腰曲背给人缺乏自信、消极悲观、甘居下游的感觉。

（3）行姿。虽然谈判时双方都呈坐姿，但在谈判间隙行走也是必不可少的。行走的姿态对男女有不同的要求。男性走路的姿态应当是：昂首、闭口、两眼平视前方，挺胸、收腹、直腰，行走间上身不动、两肩不摇、步态稳健，以显示出刚强、雄健、英武、豪迈的男子汉风度。女性走路的姿态应当是：头部端正，但不宜抬得过高，目光平和，直视前方，行走间上身自然挺直、收腹，两手前后摆动幅度要小，两腿并拢，小步前进，走成直线，步态要自如、匀称、轻柔，以显示出端庄、文静、温柔、典雅的女子窈窕美。

3. 交谈的礼仪与禁忌①

（1）交谈中应注意手势的运用，特别注意不得在谈话过程中运用手指或者手中的文具指点对方谈判代表。

（2）尊重对方的发言权。有人在发言时，其他人应该认真聆听，不得在一旁窃窃私语，也不得心不在焉地做一些修剪指甲、轻叩桌面、把玩钢笔等下意识的小动作。

---

① 范忠，陈爱国：《商务谈判与推销技巧》，中国财政经济出版社2013年版，第115~116页。

（3）善于聆听对方谈话，不得随意打断对方的发言，一定要让对方把话说完。要给多数人发表意见的机会，会谈现场超过三个人时，应不时地与在场所有人交谈几句，不要只和一两个人说话，而不理会其他人；所谈的话题应该是在场谈判人员都有权知道的，不要把一些高层的商业秘密或者私人谈话内容作为议题。

（4）目光的运用。在交谈时，目光注视的范围仅限于对方面部，视线接触对方脸部的合理时间约占全部交谈时间的 30%～60%，过长会认为是对对方本人比对其谈话内容更感兴趣，过短则被认为对对方本人及其谈话内容不感兴趣。交谈的大部分时间应保持与对方的目光接触，但也不要自始至终盯着对方的眼睛，可以通过侧目思考、记笔记等形式，短暂地、有间歇地移动目光。商务会谈中，痴痴凝望、上下打量或者是目光游移等，都是不可取的。

（5）适时控制语速和音量。发言时语速不宜过快，语速过快不容易让对方听懂，应留给对方足够思考的空间。另外，发言者根据会谈场所环境适当控制声音的高低，音量过高，甚至于震耳欲聋，会让对方误以为你修养不够或是认为你含有敌意；音量过低容易造成对方无法听懂发言者的意图，甚至于觉得发言者有怯懦和缺乏信心。

9.3.3 签约礼仪与禁忌

商务谈判成功的标志是最后双方正式签约。从礼仪上来讲，签约仪式是一种庄严而隆重的仪式，在举行签约仪式时，双方参加谈判的全体人员都要出席，如缺席，应得到对方的同意。当双方签字人员进入签字厅时，其他人员应该按照身份顺序排列于各自的签字人员之后，共同进入会场。在签字仪式上最需要注意的礼仪是座次的排列方式问题，一旦安排不妥，就会引起双方的不满。礼仪规范为：客方席位在右，主方席位在左。桌上放好双方待签的文本，上端分别置有签字用具（签字笔、吸墨器等）。如果是涉外签约，在签字桌的中间摆一国旗架，分别挂上双方国旗，注意不要放错方向。如果是国内地区、单位之间的签约，也可在签字桌的两端摆上写有地区、单位名称的席位牌。签字桌后应有一定空间供参加仪式的双方人员站立，背墙上方可挂上"××（项目）签字仪式"字样的条幅。签字桌的前方应开阔、敞亮，如请媒体记者应留有空间，配好灯光。现场布置的总原则是庄重、整洁、清静。

签约仪式的礼仪不到位很可能使谈判功亏一篑，因此切不可大意。具体而言，签约时需要注意以下几点。一是注意服饰整洁、挺括。参加签约仪式，应穿正式服装，庄重大方，切不可随意着装。这反映了签约一方对签约的整体态度和对对方的尊重。二是签约者的身份和职位双方应对等，过高或过低都会造成不必要的误会。其他人员在站立的位置和排序上也应有讲究，不可自以为是。在整个签约完成之前，参加仪式的双方人员都应平和地微笑着直立站好，不宜互相走动、谈话。三是签字应遵守"轮换制"的国际惯例。也就是，签字者应先在自己一方保存的文本左边首位处签字，然后再交换文本，在对方保存的文本上签字。这样可使双方都有一次机会首位签字。在对方文本上签字后，应与对方签字者互换文本，而不是由助签者代办。

本章习题

一、单选题

1. （   ）是商务交际活动的"先锋官"，得当与否，直接关系到双方交往的成功与失败。

   A. 握手　　　　　　　　　　　　　B. 宴请

   C. 赠礼　　　　　　　　　　　　　D. 称呼

2. 愉快的握手坚定有力，传递出你的信心和热情，但不宜太用力且时间不宜过长。除了关系亲近的人可以长久地把手握在一起外，一般握（   ）就行。

   A. 一两下　　　　　　　　　　　　B. 两三下

   C. 三五下　　　　　　　　　　　　D. 七八下

3. 以下有关名片礼仪的说法，错误的是（   ）。

   A. 会议上来了许多代表，而你对他们的姓名职务都不太清楚，那么在会议开始前就应向他们索要名片

   B. 去拜访某人时，如果主人没有出示名片，客人便不可以索要

   C. 对方递过来的名片，应该用双手接过，以示尊重

   D. 随身所带的名片，最好放在专用的名片包或名片夹里，此外也可以放在上衣口袋内

4. 以下有关迎送礼仪的说法，错误的是（　　）。

　　A. 在迎送之前首先要做好充分的准备工作。主人一方要事先安排好来访人员的住宿，如果对方没有这方面的需要，也要清楚对方住宿的地方

　　B. 到机场、车站或码头迎送客人的时候，接待人员的身份要与对方谈判代表的身份基本相当，略高或略低也可以，但不能过于悬殊

　　C. 在主人亲自驾车的情况下，如果是两排座轿车，副驾驶座为尊，应该让给地位最高的客人，后排为随员乘坐

　　D. 在乘坐电梯时，接待人员应先请客人进入电梯，在确认客人安全进入电梯后负责开动电梯，电梯到达后，接待人员请客人先下

5. 以下有关谈判人员坐姿的说法，错误的是（　　）。

　　A. 谈判人员应从椅子的左边入座，坐后身体应尽量保持端正

　　B. 谈判过程非常辛苦，为放松一下，商务人员是可以跷起二郎腿的

　　C. 挺着腰笔直的坐姿，表示对对方或对谈话有兴趣，同时也是一种对人尊敬的表示

　　D. 为促成谈判的顺利进行，谈判人员在谈判时应尽可能保持规范的坐姿

二、多选题

1. 礼仪是人们在社会交往中形成的行为规范准则，具体表现为（　　）四个方面。

　　A. 礼貌　　　　　　　　　　　　　　B. 礼节

　　C. 仪表　　　　　　　　　　　　　　D. 礼物

　　E. 仪式

2. 下列有关礼仪的地位与作用的说法，正确的是（　　）。

　　A. 礼仪是人类自身发展的必然产物

　　B. 礼仪是治国之本，是民族凝聚力的体现

　　C. 礼仪是个人道德水准和教养的重要标志

　　D. 大行不顾细谨，大礼不辞小让，处处关注礼仪会让人感觉庸俗和虚伪

　　E. 礼仪是搞好改革开放、走向世界的桥梁

3. 在日常交往中，赠送礼仪应注意选择适当的时机，以下（　　）情况可以赠送礼物。

    A. 欢庆节日   B. 探望病人

    C. 拜访、做客   D. 酬谢他人

    E. 还礼

4. 称谓应有原则、有顺序，一般而言，可按人们的年龄、身份、性别等来排列称呼顺序，即（　　　）。

    A. 先长后幼   B. 先上后下

    C. 先女后男   D. 先卑后尊

    E. 先生后熟

5. 以下有关交谈的礼仪与禁忌，说法正确的是（　　　）。

    A. 交谈中应注意手势的运用，特别注意不得在谈话过程中运用手指或者手中的文具指点对方谈判代表

    B. 尊重对方的发言权。有人在发言时，其他人应该认真聆听，不得在一旁窃窃私语，也不得心不在焉地做一些修剪指甲、轻叩桌面、把玩钢笔等下意识的小动作

    C. 善于聆听对方谈话，不得随意打断对方的发言，一定要让对方把话说完

    D. 在交谈时，目光注视的范围仅限于对方的面部，视线接触对方脸部的合理时间约占全部交谈时间的 60%～80%

    E. 发言时语速不宜过快，语速过快不容易让对方听懂，应留给对方足够的思考空间

三、名词解释

1. 礼仪   2. 礼节   3. 礼貌   4. 商务谈判礼仪   5. 礼仪器物

四、简答及论述题

1. 简述我国古代礼仪的历史沿革。

2. 何谓礼貌？它可以分为哪几类？

3. 握手的礼仪和禁忌有哪些？

4. 商务人员职场交谈"六不"忌语指的是什么？

5. 试论述名片交换时的要点。

6. 试论述迎送的礼仪与禁忌。

案例讨论

一次漏洞百出的接待

小张刚到一家外贸公司工作，经理就交给他一项任务，让他负责接待最近要来公司的一个法国谈判小组。经理说这笔交易很重要，让他好好接待。

小张想这还不容易，大学时经常接待外地同学，难度不大。于是他粗略地想了一些接待顺序，就准备开始他的接待。小张提前打电话和法国人核实了一下来的人数、乘坐的航班以及到达的时间。然后，小张向单位要了一辆车，用打印机打了一张 A4 纸的接待牌，还特地买了一套新衣服，到花店订了一束花。小张暗自得意，一切都在有条不紊地进行。

到了对方来的那一天，小张准时到达了机场，谁知对方左等不来，右等也不来。他左右看了一下，有几位老外比他还倒霉，等人比他等的还久。他想，该不就是这几位吧？于是他又竖了竖手中的接待牌，对方没反应。等到人群散去很久，小张仍然没有接到。于是，小张去问讯处问了一下，问讯处说该国际航班提前 15 分钟降落。小张怕弄岔了，赶紧打电话回公司，公司回答说没有人来。小张只好接着等，周围只剩下那几位老外了，他想问一问也好，谁知一询问，就是这几位，小张赶紧道歉，并献上由 8 朵花组成的一束玫瑰。对方的女士看看他，一副很好笑的样子接受了鲜花。小张心想，有什么好笑的。接着，小张引导客人上车，客人们便大包小包地上了车。

小张让司机把车直接开到公司指定的酒店，谁知因为旅游旺季，酒店早已客满，而小张没有预订。小张只好把他们一行拉到一个离公司较远的酒店，酒店条件要差一些。至此，对方已露出非常不快的神情。小张把他们送到房间，一心将功补过的他决定和客人好好聊聊，这样可以让他们消消气。谁知在客人房间待了半个多小时，对方已经有点不耐烦了。小张一看，好像又吃力不讨好了，心想以前同学来我们都聊通宵呢！于是小张告辞，并和他们约定晚上七点饭店大厅见，公司经理准备宴请他们。

到了晚上七点，小张在大厅等待客人，谁知又没等到。小张只好请服务员去通知法国人，就这样，七点半人才陆续来齐。到了宴会地点，经理已经在宴会大厅门口准备迎接客人，小张一见，赶紧给双方作介绍，双方寒暄后进入宴会厅。小张一看宴会桌，不免有些得意：幸亏提前作了准备，给他们都排好了座位，这样总万无一失吧。谁知经理一看对方的主谈人正准备坐下，赶紧请对方坐到正对大门的座位，让小张坐到刚才那个背对大门的座位，并狠狠瞪了小张一眼。小张有点莫名其妙，心想：难道又错了吗？突然，有位客人问："我的座位在哪里？"原来小张忙中出错，把他的名字给漏了。法国人露出了一副很不高兴的样子。

好在经理赶紧打圆场，神情愉快地和对方聊起一些趣事，对方这才不再板着面孔。一心想弥补的小张在席间决定陪客人吃好喝好，频频敬酒，弄得对方有点尴尬，经理及时制止了小张。席间，小张还发现自己点的饭店的招牌菜——辣炒泥鳅，老外几乎没动。小张拼命劝对方尝尝，经理面露愠色告诉小张不要劝，小张又不知自己错在哪里。

资料来源："商务谈判的礼仪"，https://wenku.baidu.com/view/0c66f7da172ded630b1cb6d6.html。

？ 思考讨论题

结合本案例，请你分析一下小张究竟错在哪里？他该如何改进？

第 *10* 章

国际商务谈判

本章导读

　　本章主要讲述国际商务谈判的含义、国际商务谈判工作的基本要求以及不同国家商人的谈判风格等内容。通过对本章的学习，可以帮助我们理解和掌握国际商务谈判的基本特征和要求，了解和熟悉世界主要国家商人从事商务谈判的基本风格，区分中西方商人谈判过程中存在的主要差异。

知识结构图

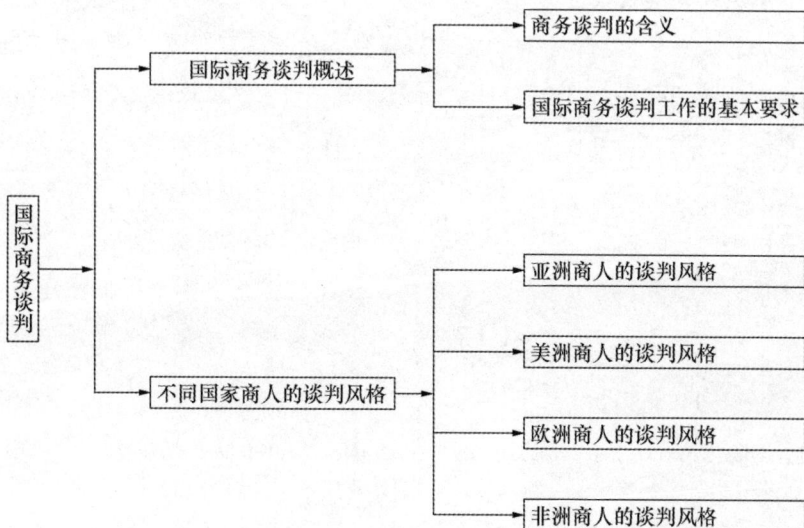

【开篇引例】　　　　　　入乡随俗，赢得订单

　　中国某公司与沙特阿拉伯某公司谈判出口纺织品的合同。中方给沙方提供了报价条件，沙方说需要研究，约定次日早上9：30到某饭店咖啡厅谈判。9：20，中方小组到了沙方指定的饭店，等到10点还未见沙方人影，咖啡已喝了好几杯了。这时有人建议，有人抱怨。组长说："既按约到此，就等下去吧。"一直等到10：30，沙方人员才晃晃悠悠到来，一见中方人员就高兴地握手致敬，但未讲一句道歉的话。

　　在咖啡厅双方谈了一个小时，没有结果，沙方要求中方降价。中方组长让阿语翻译告诉对方："按约定时间来此地，我们已等了一个小时，桌上咖啡杯的数量可以作证，我们诚心与你们做生意，价不虚（尽管留有余地）。"对方笑了笑说："我昨天睡得太晚了，谈判条件仍难以接受。"中方建议认真考虑后再谈。沙方代表沉思后，提出下午到他家来谈。

　　下午3：30，中方小组准时到了他家，并带了几件高档丝绸衣料作礼品。在对方西式的客厅坐下后，沙方代表招来他的三个妻子与客人见面。中方组长让阿语翻译表示问候，并送上事先准备好的礼物。三位妻子很高兴，见过面后，就退下去了。中方人员借此气氛将新的价格条件告诉沙方代表。于是，他也顺口讲出了自己的条件。中方一听该条件虽与自己的新方案仍有距离，但已进入成交线。

　　翻译看着组长，组长很自然地说："贵方也很讲信用，研究了新方案，但看起来双方还有差距。怎么办呢？我有个建议，既然来到你的家，我们也不好意思只让你让步，我们一起让步如何？"沙方代表看了中方组长一眼，说："可以考虑，但价格以外的条件呢？"中方组长："我们可以先谈其他条件然后再谈价格。"于是，双方又把合同的产品规格、交货期等过了一遍，加以确认、廓清和订正。沙方代表说："好吧，我们折中让步吧，将刚才贵方的报价与我的报价进行折中成交。"中方组长说："贵方的折中是个很好的建议，不过该条件对我方还是过高，我建议将我方刚才的报价与贵方同意后的报价进行折中，并以此成交。"沙方代表大笑，说："贵方真能讨价还价，看在贵方早上等我一个小时的诚意上，我们成交吧。"

　　资料来源：https://wenku.baidu.com/view/126f933183c4bb4cf7ecd1c1.html。有删改。

10.1 国际商务谈判概述

10.1.1 国际商务谈判的含义

国际商务谈判是国际商务活动的重要组成部分，在国际商务活动中占据相当大的比重。相关研究表明，在国际商务活动中，销售人员、企业在各个地区的管理人员、律师以及工程技术人员等50%的工作时间用于各种各样的商务谈判之中，其中多数是与来自不同文化背景或不同国家的对手进行谈判。

国际商务谈判是国际商务理论的主要内容和核心。它是指在国际商务活动中，不同国家之间的商务活动主体为满足某一需要或达到某一目标而进行的讨论和洽谈的商业活动的总称。

尽管目前还没有让大家都接受的表述一致的定义，但我们可以从以下几个方面全面了解国际商务谈判的含义。

（1）国际商务谈判是国际商务活动的主要内容。在国际商务实践活动中，谈判占有很大的比重，并往往起决定性作用。

（2）国际商务谈判是国际商务交易的讨论、洽谈等商业活动的总称。因此，不能仅仅把签约的那一刻称为国际商务谈判，也不能把它理解为仅仅是签约之前那一阶段的事情，它还包括签约之后协议的履行阶段。签约只是交易的开始，更重要的是协议的圆满执行。

（3）国际商务谈判是国内商务谈判的延伸和发展。国内商务谈判和国际商务谈判都是商务活动的必要组成部分，是企业发展国内市场和国际市场业务的重要手段。与国内商务谈判一致，它仍然是以实现商业利润为目标，以价格谈判为核心。只不过，在一定阶段上，国际商务谈判的商业目标表现得比较间接和委婉而已。

10.1.2 国际商务谈判的特征

国际商务谈判是国内商务谈判的延伸和发展，因此，国际商务谈判首先具备国内商务谈判的特征。与国内商务谈判相比，国际商务谈判的特征主要有以下几个。

1. 国际性

国际性是国际商务谈判的最大特点，又称为跨国性。其谈判主体属于两个或两个以上的国家。谈判者代表了不同国家或地区的利益。通常以国家的简称加具体的谈判对象或事物来称呼特定的国际商务谈判。如"中美知识产权谈判""中美俄关于××工程建设的谈判"等。由于国际商务谈判的结果会导致资产的跨国转移，因而要涉及国际贸易、国际结算、国际保险、国际运输等一系列问题。在国际商务谈判中，要以国际商法为准则，并以国际惯例为基础。国际商务谈判的这一特点是其他特点的基础。

2. 跨文化性

国际商务谈判是跨文化的谈判。不同的谈判国家具有不同的社会、文化、经济、政治等背景，这容易造成谈判双方在价值观、思维方式、行为方式、交往模式、语言以及风俗习惯等方面的差异。

3. 复杂性

复杂性是由跨文化性和国际性派生而来的，是指从事国际商务谈判的参与者面临比从事国内商务谈判的参与者的环境更加复杂多变。从事国际商务谈判的人将花费更多的时间与精力来适应环境及其多变性。国际商务的这种复杂性体现在若干差异上，如语言及其文化的差异、沟通方式的差异、时间和空间概念的差异、决策结构的差异、法律制度的差异、谈判认识上的差异、经营风险的差异、谈判地点的差异等。

4. 政策性

由于国际商务谈判常常涉及谈判主体所在国家之间的政治和外交关系，所以，政府会经常干预或影响商务谈判。在国际商务谈判的过程和谈判结果方面，谈判者必须贯彻执行国家的有关方针政策和外交政策，特别是执行对外经济贸易的一系列法律和规章制度，这就要求谈判人员熟悉国家的方针政策。

5. 困难性

国际商务谈判协议签订之后的执行阶段，如果出现纠纷或其他意外，需要协调的关系多、经历的环节多，解决起来相当困难。这就要求谈判者事先估计到某些可能出现的不测事件并进行相应的防范与准备。

10.1.3 国际商务谈判工作的基本要求

国际商务谈判是国内商务谈判的延伸和发展，它们之间并不存在本质的区别，但是，如果谈判人员以对待国内谈判对手和对待国内商务活动的逻辑和思维去对待国际商务谈判的对手与遇到的问题，显然难以取得国际商务谈判的预期效果。因此，为了做好国际商务谈判工作，谈判者除了要掌握好商务谈判的基本原理和方法外，还必须注意以下几个基本要求。

1. 树立正确的国际商务谈判意识

国际商务谈判意识是促使谈判走向成功的灵魂。谈判者谈判意识的正确与否，将直接影响到谈判方针的确定、谈判策略的选择，影响到谈判中的行为准则。正确的国际商务谈判意识主要包括：谈判是协商，不是竞技比赛；谈判中既存在利益关系又存在人际关系，良好的人际关系是实现利益的基础和保障；国际商务谈判既要着眼于当前的交易谈判又要放眼未来，考虑今后的交易往来。

2. 做好开展国际商务谈判的调查和准备工作

国际商务谈判的复杂性要求谈判者在开展正式谈判之前，做好相关的调查和准备工作。首先，要充分地分析和了解潜在的谈判对手，明确对方企业和谈判者的个人状况，分析政府介入的可能性，以及一方或双方政府介入可能带来的问题。其次，要调研商务活动的环境，包括国际政治、经济、法律、社会意识形态等，评估各种潜在的风险及其可能产生的影响，拟订各种防范风险的措施。再次，合理安排谈判计划，选择比较好的谈判地点，对对方的策略开展反策略的准备。最后，反复分析论证，准备多种谈判方案，应对情况突变。

【阅读资料 10 – 1】　　　　索赔谈判中的议价沟通与说服

我国从日本 S 汽车公司进口大批 FP-148 货车，使用时普遍发生严重的质量问题，致使我国蒙受巨大的经济损失。为此，我国向日方提出索赔。谈判一开始，中方简明扼要地介绍了 FP-148 货车在中国各地的损坏情况以及用户对此的反应，恰到好处地拉开了谈判的序幕。

谈判中，日方坚持说中方有意夸大货车的质量问题。此时，中方觉得该是举证的时候，拿出了商检、公证机关的公证结论，还有商检拍摄的录像等证据。日方在中方所提质量问题攻势下，不得不承认这属于设计和制作上的质量问题所致。这就为中方进一步提出索赔价格要求打开了缺口。随即，双方谈判的问题升级到索赔的具体金额上——报价，还价，提价，压价，比价，一场毅力和技巧较量的谈判竞争展开了。中方主谈人将车辆损坏后各部件需如何修理、加固、花费多少工时等逐一报价。然而，中日双方争论索赔的最大数额的项目却还不在此，而在于高达几十亿日元的间接经济损偿金。在这一巨大数目的索赔谈判中，日方率先发言，他们也采用了逐项报价的做法，日方统计可以给中方支付赔偿金30亿日元。

在谈判之前，中方谈判班子昼夜奋战，早就把索赔的数据逐项计算出来了。在谈判桌上，中方报完每个项目的金额后，讲明这个数字测算的依据，在那些有理有据的数字上，打的都是惊叹号。最后中方提出间接经济损失费70亿日元！随后，日方代表急用电话与日本S公司的决策人密谈了数小时。接着谈判重新开始了，此时，中方意识到，中方毕竟是实际经济损失的承受者，如果谈判破裂，就会使中方获得的谈判成果付诸东流。于是中方主谈人率先打破沉默提出彼此做出适当让步方针。几经周折，双方共同接受了由双方最后报价金额相加除以2，即50亿日元的最终谈判方案。除此之外，日方愿意承担下列三项责任：第一，确认出售给中国的全部FP-148型货车为不合格品，同意全部退货，更换新车；第二，新车必须重新设计试验，精工细作，制作优良，并请中方专家检查验收；第三，在新车未到之前，对旧车进行应急加固后继续使用，日方提供加固件和加固工具等。就这样，一场罕见的特大索赔案终于公正的交涉成功了！

资料来源：http：//www.gkstk.com/article/wk-78500001523030.html。

3. 正确认识并对待文化差异

国际商务谈判的跨文化特征要求谈判者必须正确认识和对待文化差异。世界上不同国家不同民族的文化没有高低贵贱的分别。文化习俗的差异，反映了不同文化中的民族与自然、地理环境等斗争的历史。尊重对方的文化是对国际商务谈判者最起码的要求，"入乡随俗，出国问禁"，从事国际商务谈判的谈判人员要善于从对方的角度看问题，善于了解对方看问题的思维方式和逻辑判断方式。切记，在国际商务谈判中，以自己熟悉的文化的"优点"去评判对方文化的"缺点"，是谈判的一大禁忌。当自己跨出国门与他人进行谈判，自己就成为别人眼中的外国人。

4. 熟悉国家政策、国际商法和国际惯例

国际商务谈判的政策性特点要求谈判者必须熟悉国家的政策，尤其是外交政策和对外经济贸易政策。除此之外，还要了解国际商法，遵循国际商务惯例。

5. 善于运用国际商务谈判的基本原则

在国际商务谈判中，要善于运用国际商务谈判的一些基本原则来解决实际问题，取得谈判效果。在国际商务谈判中，要运用技巧，尽量扩大总体利益，使双方都受益，善于营造公开、公平和公正的竞争局面，防止暗箱操作；一定要明确谈判目标，学会妥协，争取实质利益。

6. 具备良好的外语技能

语言是交流磋商必不可少的工具。良好的外语技能有利于双方的交流效率，避免沟通过程中的障碍和误解。许多国家的人都认为，对方懂得自己的语言是对自己民族的尊重。法国人对自己语言的热爱和"保护"众所用知，对在法国不讲法语的外国人，他们的热情与欢迎程度就会降低。学好语言，能够更好地了解对方的文化，因为语言本身就是文化的重要组成部分。

10.2 不同国家商务谈判的风格

10.2.1 亚洲商人的谈判风格

1. 日本商人的谈判风格

日本人是谈判者中最具个性和魅力的，各国谈判专家都默认，日本人是最成功的谈判者。

日本是一个资源匮乏、人口密集的岛国，日本经济对整个国际市场依赖程度很深。日本人是东方民族经商的代表，日本人的文化又受中国文化影响很深，儒家思想中的等级观念、忠孝思想深深植根于日本人内心深处，在行为方式中处处体现出来。同时，日本人又在中国文化的基础上创造出独特的东西，现代日本人兼有东西方观念，具有鲜明的特点。他们讲究礼仪，注重人际关系，等级观念强，性格内向，不轻信于人，有责任

感，群体意识很强，工作认真、慎重、有耐心。

日本人的谈判风格，主要表现在以下几点。

（1）以礼著称，讲究面子。日本是个礼仪社会，待人接物非常讲究礼仪是日本文化之一。日本人所做的一切，都要受严格的礼仪的约束。在交往过程中，失礼对日本人来说往往不是一桩小事，会使他们心里感到不安、不愉快，最终可能影响双方的感情和合作关系，以致谈判难以顺利进行。日本人的许多礼节在西方人看起来有些可笑或做作，但日本人做起来却一丝不苟、认认真真。正因为如此，如果外国人不适应日本人的礼仪，或表示出不理解、轻视，那么，他就不大可能在推销和采购业务中引起日本人的重视，不可能获得他们的信任与好感。尊重并理解日本人礼仪，并能很好地适应，在了解日本文化背景的基础上，理解并尊重他们的行为。

首先，日本人最重视人的身份地位。在日本社会中，人人都对身份地位有明确的观念。而且在公司中，即使在同一管理层次中，职位也是不同的。这些极其微妙的地位、身份的差异常令西方人摸不着头脑，但是，日本人每个人却非常清楚自己所处的地位，该行使的职权，知道如何谈话办事才是正确与恰当的言行举止。而在商业场合更是如此。因此在与日本人进行商务谈判时，一定要注意自己的身份地位以及对方的身份地位，对不同身份地位的人，要给予不同程度的礼遇，处理要适当。

其次，日本人和中国人一样讲究面子，要面子是日本人最普遍的心理。所以日本人在谈判中的特点是态度暧昧、婉转圆滑，往往给人以模棱两可的印象。在商务谈判过程中，日本人即使对对方的某个方面提议或方案有不同想法，也很少直接拒绝或加以反驳，而是通过迂回的方式来陈述他的观点，或者支支吾吾、打哈哈以示为难。许多西方谈判专家明确指出：西方人不愿意同日本人谈判，最重要的一点就是，日本人说话总是转弯抹角，含糊其辞。我国的谈判者也喜欢采用暗示或婉转的表达方法，来提出我方的要求或拒绝对方。另外，日本人不愿意对任何事情说"不"字，他们认为直接的拒绝会使对方难堪甚至恼怒，是极大的无礼。当对方提出要求时，为了保持表面上的和谐，防止丢面子，他们回答"我们将研究考虑"，或采用一些行为方式，如向对方递交名片等，此时你不能认为此事已有商量的余地或对方有同意的表示，它只说明，他们知道了你的要求，他们不愿意当即表示反对，避免使提出者陷入难堪、尴尬的境地。毫无疑问，日本人在给别人留面子的同时，更加珍惜自己的面子。

对此，应把保全面子作为与日本人谈判需要注意的首要问题。有以下四点需要注意。

第一，千万不要直接指责日本人，否则肯定会有损相互之间的合作关系。较好的方法是把你的建议委婉地表示出来，或采取某种方法让日本人自己谈起棘手的话题，或通过中间人去交涉令人不快的问题。

第二，避免直截了当地拒绝日本人。如果你不得不否认某个建议，要尽量婉转地表达，或做出某种暗示，也可以陈述你不能接受的客观原因，绝对避免使用羞辱、威胁性的语言。

第三，不要当众提出令日本人难堪或他们不愿回答的问题。有的谈判者喜欢运用令对方难堪的战术来打击对方，但这种策略最好对日本人别用。如果让他感到在集体中失去了面子，那么完满的合作是不存在的。

第四，要十分注意送礼方面的问题。赠送各种礼品是日本最常见的现象，他们认为赠礼既是一种礼貌，又表达了一种心意，礼品价值大小要与身份的高低密切联系在一起。另外，日本商人重视交换名片，与日本人谈判，交换名片是一项绝不可少的礼仪。

所以，谈判之前，把名片准备充足是十分必要的。因为在一次谈判中，你要向对方的每一个人递送名片，绝不能遗漏任何人。

（2）具有强烈的群体意识，慎重决策。日本文化所塑造的价值观与精神取向都是集体主义的，以集体为核心。日本人认为压抑自己的个性是一种美德，人们要遵从众意而行。日本的文化教育人们将个人的意愿融于和服从于集体的意愿。所以，日本人认为寻求人们之间的关系和谐是最为重要的，任何聚会和商务谈判，如果是在和谐的氛围下进行，就会进行得很顺利。

集体观念使得日本人不太欣赏个人主义者，其谈判都是率团进行，同时也希望对方率团参加，并且最好人数相当，如果对方忽视了这一点，日本人会觉得是极大的失礼。需要指出的是，日本人作决策费时较长，但一旦决定下来，行动起来却十分迅速。

（3）等级观念重。日本人的等级观念根深蒂固，他们非常重视尊卑秩序。日本企业都有尊老的倾向，一般能担任公司代表的人都是有 15～20 年经历的人。他们讲究资历，不愿与年轻的对手商谈，因为他们不相信对方年轻的代表会有真正的决策权。因此，日本商人非常注重与之交往对方的身份地位以及年龄和性别，要求对方在这些方面与之相适应。

【阅读资料 10 - 2】   日本商务谈判中的等级观念

    一家美国公司与一家日本公司进行一次比较重要的贸易谈判，美国派出了认为最精明的谈判小组。谈判组成员大多是 30 岁左右年富力强的年轻人，还有一名女性。但到日本后，却受到了冷遇，不仅日方总公司的经理不肯出面，就连分部的负责人也不愿出面接待。因为在日本人看来，年轻人，尤其是女性，不适宜主持如此重要的会谈。结果，美方不得不撤换了这几个谈判人员，日本人才肯出面洽谈。

资料来源：周忠兴：《商务谈判原理与技巧》，东南大学出版社 2004 年版。

    （4）注重谈判中建立和谐的人际关系。日本人很注重做生意的同时建立和谐的人际关系，在商务谈判中，有相当一部分时间和精力是花在建立良好的人际关系中。许多谈判专家都认为，要与日本人进行合作，朋友之间的友情、相互之间的信任是十分重要的。日本人不喜欢直接的纯粹的商务活动，也不愿意对合同讨价还价，他们特别强调能否同外国合伙者建立可以相互信赖的关系。如果能成功地建立了这种相互信赖的关系，几乎可以随便签订合同。因为对于日本人来讲，大的贸易谈判项目有时会延长时间，那常常是为了建立相互信赖的关系，而不是为防止出现问题而制定细则。一旦这种关系得以建立，双方都十分注重长期保持这种关系。这种态度常常意味着放弃用另找买主或卖主获取眼前利益的做法，而在对方处于困境或暂时困难时，则乐意对合同条款采取宽容的态度。

    在商务谈判中，如果与日本人建立了良好的个人友情，特别是赢得了日本人的信任，那么，合同条款的商议是次要的。欧美人愿意把合同条款写得尽可能具体详细，特别是双方责任、索赔内容，以防日后纠纷；而日本人却认为，双方既然已经十分信任了解，一定会通力合作，即使万一做不到合同所保证的，也可以再坐下来谈判，重新协商。合同在日本一向被认为是人际协议的一种外在形式。如果周围环境发生变化，使得情况有害于公司利益，那么合同的效力就会丧失。要是外商坚持合同中的惩罚条款，或是不愿意放宽业已签订了的合同条款，日本人就会极为不满。

    所以，外商在同从未打交道的日本企业洽商时，他们必须在谈判前就获得日方的信任。公认的最好办法是取得日方认为可靠的、另一个信誉甚佳的企业的支持，即找一个信誉较好的中间人。这对于谈判成功大有益处。在与日本人的合作中，中间人是十分重要的。在谈判的初始阶段，或是在面对面的讨论细则之前，对谈判内容的确定往往都有中间人出面，中间人告诉你是否有可能将洽谈推向下一步。总之，中间人在沟通双方信息、加强联系、建立信任与友谊上都有着不可估量的作用。

(5) 准备充分，考虑周全，谈判时很有耐心。日本人在谈判中的耐心是举世闻名的。日本人的耐心不仅仅表现于缓慢，而实际上表示他们准备充分，考虑周全，商洽有条不紊，决策谨慎小心。为了一笔理想的交易，他们可以毫无怨言地等上两三个月，只要能达到他们预想的目标，或取得更好的结果，时间对于他们来讲不是第一位的。

耐心使日本人在谈判中具有充分的准备，他们往往千方百计地获悉对方的最后期限，将对方磨得精疲力竭以后，突然拍板表态，让对方在毫无准备之下措手不及。耐心使日本人多次成功地击败那些急于求成的欧美人。所以，面对日本人的顽强精神，如果缺乏耐心，或急于求成，恐怕会输得一塌糊涂。

【阅读资料 10-3】　　　美国与日本关于汽车销售的谈判

日本一家著名的汽车公司在美国刚刚"登陆"时，急需找一家美国代理商来为其销售产品，以弥补他们不了解美国市场的缺陷。当日本汽车公司准备与美国的一家公司就此问题进行谈判时，日本公司的谈判代表路上堵车迟到了。美国公司的代表抓住这件事不放，想要以此为手段获取更多的优惠条件。日本公司的代表发现无路可退，于是站起来说："我们十分抱歉耽误了你的时间，但是这绝非我们的本意，我们对美国的交通状况了解不足，所以导致了这个不愉快的结果，我希望我们不要再为这个无所谓的问题耽误宝贵的时间了，如果因为这件事怀疑到我们合作的诚意，那么，我们只好结束这次谈判。我认为，我们所提出的优惠代理条件是不会在美国找不到合作伙伴的。"日本代表的一席话说得美国代理商哑口无言，美国人也不想失去这次赚钱的机会，于是谈判顺利地进行下去。

---

(6) 尽量避免诉诸法律。日本人不喜欢谈判中有律师参与，如果有可能，日方代表团就不包括律师，他们觉得每一步都要同律师商量的人是不值得信赖的，甚至认为带律师参加谈判，一开始就考虑日后纠纷的处理是缺乏诚意的表现，是不友好的行为。当合同双方发生争议时，日本人通常不选择诉诸法律。他们善于捕捉时机签订含糊其辞的合同，以使将来形势变化可以做出有利于他们的解释。他们通常愿意在合同处理纠纷条款

中这样写：如果出现不能令双方满意的地方，双方应本着友好的原则重新协商。

2. 韩国商人的谈判风格

韩国是一个自然资源匮乏、人口密度很大的国家，自20世纪80年代以来，韩国经济崛起，许多产品走向国际市场。韩国商人在长期的对外商务实践中积累了丰富的经验。他们在参照国际惯例的基础上，根据本国的国情采取了一些独特的做法，常在己方不利的商务谈判中战胜对手，被西方发达国家称为"谈判强手"。

（1）准备充分，重视谈判合理的协商方式。韩国商人在谈判之前，通常都要通过海内外咨询机构进行充分细致的调研工作，了解对方情况，如经营项目、生产规模、企业资金、经营作风以及有关商品行情等。了解掌握有关信息是他们坐到谈判桌前的前提条件。一旦韩国人愿意坐下来谈判，则可以肯定他们早已对这项谈判胸有成竹了。

韩国商人喜欢谈判内容条理化，所以谈判开始后，他们往往先与对方商谈谈判的主要议题。谈判的主要议题虽然因为交易对象不同而各有不同，但一般谈判的过程都包括各自阐明意图、报价、讨价还价、协商、签订合同等五个方面的内容。

韩国商人常用的谈判方法有：①横向谈判法，即在进入实质性谈判时，先把需要讨论的条款统统罗列出来，然后逐条逐款磋商。从头到尾商议一遍后，再从第一条款开始检查有无分歧或需要补充的内容，直至最后一款。在此基础上，就分歧或补充内容进行磋商，寻找共同点。②纵向谈判法，即对共同提出的条款逐项进行磋商，在出现的问题或争议得到解决后，才转入下一条款的磋商。

此外，有的韩国人在谈判中将"横向谈判法"和"纵向谈判法"结合使用，即在磋商前后两部分条款时分别采用纵、横两种谈判方法。这主要视条款内容而定，以选择有利于自己的谈判方法为前提。

（2）注重礼仪，创造良好的谈判气氛。韩国同样是一个注重礼仪的国家。韩国商人在进行谈判时，也会表现出东方人的含蓄和礼貌，见面时总是热情地与对方打招呼，向对方介绍自己的姓名、职务等。当被问及喜欢用哪种饮料时，他们一般会选择对方喜欢的饮料，以示对对方的尊重。

同时，韩国人十分注意选择谈判地点，他们一般喜欢选择有名气的酒店进行会晤，并且特别重视谈判初始阶段的气氛。一般来说，韩国人喜欢在双方建立友好、愉快、和谐氛围的基础上开始谈判。

（3）善于巧妙地运用谈判技巧。韩国商人常用的技巧与策略有：①声东击西，即在谈判中利用对自己不太重要的问题吸引和分散对方注意力。假如在谈判中韩国商人最关注的是运输问题，而对方把注意力放在价格上，韩国商人就会提出付款问题，把对方注意力引到这一问题上来，意图迷惑对方，并相应给对方一点好处，以诱惑对方在关键条款上做出让步。同时，也可为协商最重要的条款争取准备时间，并缓解争议，以变换手法，采取新的对策等等。②先"苦"后乐，即在谈判中以率先忍让的假象换取对方最终让步。例如，韩国商人打算要求对方降低价格，但已探明不增加购货量，对方很难接受，而自己又不愿增加购货量，这时，他们会先在产品质量、运输条件、交货期限、付款条件等问题上向对方提出严格要求，然后在磋商上述条款时，极力让对方感到他们是在冒受损风险做出让步。这时再提出降价问题，对方大多会给予考虑的。

此外，韩国商人还针对不同的谈判对象，经常使用"疲劳战术"和"限期战术"等，在己方心平气和的状态下使谈判对手失去耐心，并且迫于期限的压力以尽快解决问题，达成协议。

3. 阿拉伯商人的谈判风格

阿拉伯人所在的国家和地区虽然较多，但作为整个民族来讲却有很强的凝聚力和相似性，这些国家经济单一，绝大多数盛产石油，靠石油及石油制品出口维持国民经济。在阿拉伯国家，人们以宗教划派，以部落为群，他们比较保守，不轻易相信别人，家庭观念很强，十分看重对家庭和朋友所承担的义务，相互提供帮助，家族关系在社会经济生活中占有重要地位。在阿拉伯国家，商业活动一般由扩大了的家族来指挥。此外，阿拉伯人信奉伊斯兰教，禁忌比较多，酒是绝对不能饮的，当然也不能作为礼品馈赠。

阿拉伯世界凝聚力的核心是阿拉伯语和伊斯兰教。当你到这些国家访问洽商时，做些基本了解是十分必要的。比如，遇到斋月，阿拉伯人在太阳落山之前，既不吃也不喝。你也要做到入乡随俗，尽量避免接触食物和茶，如果主人把这些放在待客的房间里，你也要表示理解并尊重他们的习俗。

概括起来，阿拉伯商人的谈判风格主要有以下几点。

（1）重信誉，讲交情。在阿拉伯人看来，信誉是最重要的，阿拉伯人通常要花很长时间才能做出谈判决策。同时，阿拉伯人十分好客，任何人来访，他们都会十分热情地接待。因此，谈判过程也常常被一些突然来访的客人打断，主人可能会暂时冷落你，但你不必与其计较。只有这样，你才会获得阿拉伯人的信赖，这是达成交易的关键。

阿拉伯人通常不喜欢同你刚一见面就匆忙谈生意。他们认为，一见面就谈生意是不礼貌的。他们选择自己喜欢的话题同你交谈，一般要占去 15 分钟或更多的时间，有时要聊几个小时，他们认为这样的感情交流会使双方建立良好的关系。与他们打交道必须先争取他们的好感和信任，建立朋友关系，只有这样，下一步的交易才会顺利进展。因此，你最好把何时开始谈生意的主动权交给阿拉伯人。

（2）谈判节奏缓慢。缓慢的谈判过程、随意中断或拖延谈判可能会使人感觉阿拉伯人缺乏时间观念。事实上，这种拖延也可能表示他们对谈判不满意，或是他们暗示了不满，而谈判对手却没有捕捉到这些信息，也没有做出积极的反应。这时，阿拉伯人并不会当面说"不"，而是根本不做任何决定，他们希望拖延时间能够帮助他们达到目的。

（3）喜欢讨价还价。在阿拉伯国家，商店无论大小，所售商品均可讨价还价，标价只是卖主的报价。不还价就买东西走的人，还不如讨价还价以后什么也不买的人更受到卖主的尊敬，他们的逻辑是：前者小看了他，后者才是尊重他。因此，为适应阿拉伯人的这种习惯，外商应建立起讨价还价的意识。不过，高明的讨价还价要找出令人信服的还价理由，力争做到形式上重习俗，又能在实质上获实利。

（4）重视当地代理商。与阿拉伯人做生意，无论是同私营企业谈判，还是同政府部门谈判，代理商是必不可少的。因此，寻找当地代理商也是十分必要的。这些代理商操着纯正的阿拉伯语，有着广泛的社会关系网，熟悉民风国情，特别是同你所要洽商的企业有直接或间接的联系。阿拉伯人做生意特别重视朋友关系，许多外国商人都认为，初次与阿拉伯人交往，很难在一两次交谈中涉及业务问题。只有经过长时间的交往，特别是当与他们建立了友谊，才可能真正地进行交易谈判。而有中间商从中斡旋，则可大大加快这种进程。

需要指出的是，中东是一个敏感的政治冲突地区，在谈生意时，要避免涉及政治和宗教问题，更要远离女性话题。在任何场合都要得体地表示你对当地宗教的尊重与理解。

【阅读材料 10 - 4】 　　　　　　到沙特阿拉伯经商的英国女人

　　在沙特阿拉伯的一位英国企业的副总裁吉拉德突然中风，第二天总公司派了一位高级主管凯丝琳直飞利亚德来接替他的职务。凯丝琳到沙特阿拉伯还身兼另一个重要任务，就是要介绍公司的一项新产品——微电脑与文字处理机，预备在当地制造行销。凯丝琳赶到利雅德，正赶上当地的"斋月"，接待她的贝格先生是沙特阿拉伯本国的高级主管，一位 50 多岁的传统生意人。虽然正值斋月，他还是尽地主之谊，请凯丝琳到他家为她接风洗尘。因时间紧迫，凯丝琳一下飞机就直接赴约，当时她饥肠辘辘，心想在飞机上没吃东西，等一会儿到了贝格先生家再好好地吃一顿。见面之后一切还好，虽然是在斋月期间，贝格先生仍为来客准备了吃的东西。凯丝琳觉得菜肴非常合口味，于是大吃起来，然而她发觉主人却一口都不吃，就催促主人和她一起享用。狼吞虎咽间，她问贝格，是否可在饭后到他的办公室谈公事。她说："我对你们的设施很好奇。而且真是迫不及待地想介绍公司的新产品。"虽然凯丝琳是个沉得住气的人，然而因为习惯，偶尔会双腿交叠，上下摇动脚尖。贝格先生一一看在眼里，在她上下摇动脚尖时，他还看到了凯丝琳那双黑皮鞋的鞋底！顿时之间，刚见面的那股热诚竟然消失得无影无踪。

4. 南亚、东南亚商人的谈判风格

南亚、东南亚包括许多国家，主要有印度、巴基斯坦、印度尼西亚、新加坡、泰国、菲律宾等。这些国家与我国的贸易往来频繁，互补性强，是我国发展对外经济贸易的重点地区之一。这些国家的人民具有不同的性格特点，从事商务谈判的方式也有所不同。

印度是古老的国度，印度人观念传统，思想保守。在商务谈判中，印度人往往思虑较多，考虑问题细致，与客户建立相互信任需要很长时间。印度社会层次分明，等级森严，这与他们古老的宗教教义有关，在与他们打交道时，要注意这一点。

印度尼西亚是信奉伊斯兰教的国家，其 90% 的人是伊斯兰教徒。印度尼西亚商人很讲礼貌，绝对不在背后评论他人。需要注意的是，与印度尼西亚的商人进行商务洽谈时，表面上的友好亲密不代表内心就真正赞同或接受。只有与他们建立起良好的信任关系，才可能听到他们的真心话。另外，印度尼西亚商人特别喜欢有客人来家里拜访，而且无论什么时候都很欢迎。因此在印度尼西亚，随时都可以敲门拜访以加深友谊，使谈判顺利进行。

新加坡经济发达，在其种族构成中，华人占 70% 以上，是名副其实的华裔国家。新加坡华裔有着浓厚的乡土观念，同甘共苦的合作精神非常强烈，他们吃苦耐劳、充满智慧，一般都很愿意和中国内地进行商贸合作。他们重信义、讲面子，在商业交往中十分看重对方的身份、地位和彼此的关系。在交易中，如果遇到重要决定，新加坡华侨商人

往往不喜欢做成书面字据，但是一旦签约，他们绝不违约，而是千方百计地履行契约，充分体现了华侨商人注重信义、珍惜朋友之间友谊的商业道德。

泰国是亚太地区新兴的发展中国家。泰国商人崇尚艰苦奋斗、勤奋节俭，不愿过分依附别人，他们的生意也大都由家族控制，不依赖外人。同业之间会互相帮助，但不会形成一个稳定的组织来共担风险。在商业谈判中，泰国人喜欢对方尽可能多地向他们介绍个人及公司的创业历程和业务开展情况。与泰国商人建立相互信任的友好关系需要花费相当长的时间和较大的精力。当然这种关系一旦建立，他们就会非常信任你，当你遇到困难时，他们也会给予积极的支持。泰国商人喜欢的是诚实、善良、富有人情味的合作伙伴，而不仅仅是精明强干的商人。

10.2.2 美洲商人的谈判风格

1. 美国人的谈判风格

美国是世界上科学技术最发达的国家，国民经济实力也最为雄厚，无论是美国人所讲的语言，还是美国人所使用的货币，都在世界上占有重要的地位。美国人对自己的国家深感自豪，对自己的民族具有强烈的自豪感与荣誉感。美国人性格外露，常常直接表达真挚和热烈的情绪，他们善于社交，不拘泥于礼节，在商务活动中随意、开朗、自信、果断。

美国人的谈判风格可能是世界上最具影响力的一种，它突出反映了美国人性格外向、尊重个性的特点。他们谈判认真诚恳、重视效率、有着与生俱来的自信和优越感，他们总是非常自信地步入谈判会场，不断发表自己的意见和观点。具体而言，美国人的谈判风格主要有以下几点。

（1）自信心强，自我感觉良好。由于美国实力强大，美元是国际通行货币，加上英语又几乎是国际谈判的通用语言。所有这些，都使得美国人对自己的国家深感自豪，这种心理会在他们的贸易活动中充分地体现出来。在谈判中，他们的自信心和自尊感都比较强，加之他们所信奉的自我奋斗的信条，常使与他们打交道的外国谈判者深感压力。

美国人的自信还表现在他们坚持公平合理的原则上。他们认为双方进行交易，双方都要有利可图。在这一原则下，他们会提出一个"合理"方案，并认为是十分公平合理的。他们的谈判方式是在双方接触的初始就阐明自己的立场、观点，提出自己的方案，以争取主动。他们在双方的洽商中充满自信，语言明确肯定，计算也科学准确。如果双方出现分歧，他们只会怀疑对方的分析、计算，而坚持自己的看法。

美国人的自信，还表现在对本国产品的品质优越、技术先进性毫不掩饰的称赞上。他们认为，如果你有十分能力，就要表现出十分来，千万不要遮掩、谦虚，否则很可能被看作是无能。如果你的产品质量过硬、性能优越，就要让购买产品的人认识到，那种通过实践才能检验的想法，美国人认为是不必要的。

美国人的谈判方式往往让人觉得美国人傲慢、自信。他们说话声音大、频率快，办事讲究效率，而且很少讲对不起。他们喜欢别人按他们的意愿行事，喜欢以自我为中心，想让美国人显得谦卑、暴露自己的不足、承认自己的无知实在是太困难了。

（2）讲究实际，注重利益。美国人做交易，往往以获取经济利益作为最终目标。所以，他们有时对日本人、中国人在谈判中要考虑其他方面的因素，如由政治关系所形成的利益共同体等表示不可理解。尽管他们注重实际利益，但他们一般不漫天要价，也不喜欢别人漫天要价。他们特别擅长通过谈判进行讨价还价，会将一般性交谈迅速引向实质性谈判，善于使用策略获取利益，并希望他人具有同样的职业技能。他们认为，做买卖双方都要获利，不管哪一方提出的方案，都要公平合理。所以，美国人对于日本人、中国人习惯因朋友关系而随意通融的做法很不适应。

美国人做生意时更多考虑的是做生意所能带来的实际利益，而不是生意人之间的私人交情。美国人喜欢依据事实做出决定，头脑冷静，不会感情用事，不会因人论事，而会公事公办。美国人谈生意就是直接谈生意，力图把生意和友谊清楚地分开，所以显得比较生硬。但从美国人的角度看，他们对友谊与生意的看法与我们大相径庭。

美国人注重实际利益，还表现在他们一旦签订了合同，非常重视合同的法律性，合同履约率较高。在他们看来，如果签订合同不能履约，那么就要严格按照合同的违约条款支付赔偿金和违约金，没有再协商的余地。所以，他们也十分注重违约条款的洽商与执行。

（3）热情坦率，性格外向。美国人属于性格外向的民族，他们的喜怒哀乐大多通过他们的言行举止表现出来。在谈判桌上，他们精力充沛、感情洋溢，喜欢迅速切入正题，不喜欢转弯抹角，如果他们不能接受对方提出的建议，也是毫不隐讳地直言相告，唯恐对方误会了。

（4）讲究效率，珍惜时间。美国是一个经济高度发达的国家，生活节奏比较快，这使得美国人特别重视、珍惜时间，注重活动的效率，喜欢速战速决。加之他们个性外向、坦率，所以，他们谈判的特点一般是开门见山，报价及提出的具体条件也比较客观，水分较少。他们希望对方也能这样做，以尽量缩短谈判时间，尽快达成一致。如果对方的谈判风格与他们不一致或正相反，美国的谈判者就会感到十分不适，表现在缺乏耐心并常常会把他们的不满直接表达出来。

美国商人重视时间，还表现在做事要井然有序，有一定的计划性。他们不喜欢不速之客的突然来访。此外，与美国商人约好的时间一定要遵守，早到或迟到都是不礼貌的行为。

（5）重合同，法律观念强。美国是一个高度法制化的国家。美国商人认为，交易最重要的是经济利益。为了保证自己的利益，最公正、最妥善的解决办法就是依靠法律、依靠合同，而其他都是靠不住的。因此，他们特别看重合同，十分认真地讨论合同条款，而且特别重视合同违约的赔偿条款。一旦双方在执行合同条款中出现意外情况，就按双方事先同意的责任条款处理。因此，美国人在商业谈判中对于合同的讨论特别详细、具体，也特别关心合同适用的法律，以便在执行合同中能顺利地解决各种问题。

从总体上来说，美国人的性格通常是外向的。因此，有人将美国人的性格特点归纳为：外露、坦率、真挚、热情、自信、滔滔不绝，追求物质上的实际利益。与美国人做生意，"是"和"否"必须要说清楚，这是一条基本的原则。当无法接受美国谈判者提出的条款时，要明白地告诉他们不能接受，绝对不能含糊其辞，使对方存有希望。

与美国商人谈判，切忌指名批评某人。指责客户公司中某人的缺点，或把以前与某人有过摩擦的事作为话题，或把处于竞争关系的公司的缺点拿出来进行贬抑等，都是不可以的。这是因为美国人很忌讳对他人说三道四。

2. 拉美商人的谈判风格

拉丁美洲是指美国以南的美洲地区，虽然拉美与北美同处一个大陆，但人们的观念和行为方式差别极大。一般来讲，拉美人的生活节奏比较慢，这恐怕是刚开始进行工业化国家的特点。这一特点也在谈判中明显地表现出来。

（1）注重平等、友好、互利的原则。与拉美人做生意，要表现出对他们风俗习惯、信仰的尊重与理解，努力争取他们对你的信任。同时，避免流露出与他们做生意是对他们的恩赐的错误观念，一定要坚持平等、友好、互利的原则。

（2）谈判中不愿涉及政治问题和面对女性谈判者。由于拉丁美洲是由众多的国家和地区构成，国际间的矛盾冲突较多，要避免在谈判中涉及政治问题。同时在拉美国家，女性地位较低，拉美人不愿意同女性进行谈判，他们认为这样有损男子汉的体面。即使确实需要面对女性谈判者，他们也会表现出勉强的态度，对谈判者满不在乎，甚至会给对方出难题。

（3）谈判节奏缓慢。拉美人是享乐至上主义者，和处事敏捷、高效率的北美人相比，拉美人显得十分悠闲、乐观。他们的悠闲表现为众多的假期，常常在谈判的关键时刻，他们要去休假，生意就只好等休假完了再商谈。拉美人这种处理事务缓慢、时间效率低的特点往往让性急的外国人无可奈何。但是如果试图速战速决，只会让拉美人非常恼火，谈判进程甚至会因此更加停滞不前。因此，与拉美人谈生意时最好始终保持理解和宽容的心态。

（4）感情因素很重要。拉美人生活悠闲自在，他们不注重物质利益，而比较重感情，这与崇尚实际利益的北美人大为不同。他们也很看重朋友，商业交往常带有感情成分。在与拉美人进行商务谈判中，公事公办、冷酷无情的态度是行不通的。相反，如果能成为他们的知己，他们会首先考虑你为生意的对象，并充分考虑你的利益和要求，双方的谈判也会非常顺利地进行。

（5）不重视合同。拉美人商业意识弱，责任感不强，他们不重视合同，常常是签约之后又要求修改，合同履约率也不高，特别是不能如期付款。与拉美人做生意，付款问题经常会发生纠缠不清与不讲信用的现象。

最后，拉美地区国家较多，不同国家的谈判人员的特点也不相同。如阿根廷人喜欢握手，巴西人以好娱乐、重感情而闻名等。

10.2.3　欧洲商人的谈判风格

1. 德国人的谈判风格

德国是世界著名的工业大国，从整个民族来看，德国人刚强、自信、刻板、严谨，做事计划性很强，他们有巨大的科技天赋，对理想的追求永不停息。诚实和正直是德国人最欣赏的品质。德国人身上所具有的这种日耳曼民族的性格会在谈判桌上得到充分的体现。

（1）思维缜密，谈判准备充分。德国人严谨保守的个性使他们在进行商谈之前肯定要进行充分的专业准备。这种准备不仅针对对方要购买或销售的产品，而且也包括仔细研究对方公司，看对方是否可以作为一个可靠的商业伙伴。无论你的企业在你自己的国家里多么有信誉，他们都要调查你的企业的情况，在他们开始讨论产品价值之前，还要向技术人员及客户了解情况。只有在谈判的议题、日程、标的物的品质、价格以及对方公司的经营、资质情况和谈判中可能出现的问题以及应对策略作了详尽的研究、周密的安排之后，他们才会坐到谈判桌前。在资金问题上，他们特别保守，不愿冒风险。因此，德国人对谈判对手的资信十分重视，如果与德国人做生意，一定要在谈判之前做好准备，以便回答关于你的公司和你的建议的详细问题。

（2）十分讲求效率。德国人具有名副其实的讲效率的声誉，在谈判中不喜欢东拉西扯，而是直奔谈判主题，他们信奉的座右铭是"马上解决"。他们不喜欢谈判对手支支吾吾，并且认为一个谈判者是否有能力，只要看一看他经手处理的事情是否快速解决就清楚了。正因为如此，德国人的时间观念很强，如果在商业谈判时迟到，那么德国人的厌恶心理就会溢于言表。

（3）十分自信、自负。德国的工业极其发达，产品质量堪称位居世界前列，德国人对此引以为豪。因此，只要是德国自己能够生产的东西，他们轻易不会从别处购买，在购买其他国家的产品时，也往往把本国产品作为选择标准。如果想打入德国市场，你一定要在各方面都做得十分出色。如果想保住德国市场，你必须保持技术上的领先。最重要的是，你一定要达到并保持高质量标准，否则，你的技术就会被德国竞争者获得并加以改进。

（4）重合同、守信用。德国人很擅长讨价还价，这并不是因为他们具有争强好胜的个性，而是因为他们对工作一丝不苟，严肃认真。他们严守合同信用，认真研究和推敲合同中的每一句话和各项具体条款。一旦达成协议，很少出现毁约行为，所以合同履约率很高，在世界贸易中有着良好的信誉。所以，只要你的产品符合合同的条款，你就不必担心付款的事情。

（5）对待个人关系非常严肃。德国谈判者在个人间的交往上是很严肃、正统的，他们希望别人也如此。如果和德国谈判对手不熟悉，就要称呼他"某某先生"（或"某某博士"），而不要直呼其名。如果对方是20岁以上的已婚女士，应该称呼她为"某某夫人"。与德国人谈判，穿戴也要正规，在正式场合一定要穿西装。此外，无论你穿什么衣服，都不要把手放在口袋里，否则会被认为是无礼的表现。

2. 法国人的谈判风格

（1）注重和珍惜人际关系。法国商人很重视交易过程中的人际关系。如果与法国公司的负责人或洽商人员建立了十分友好、相互信任的关系，那么也就与他们建立了牢固的生意关系。在实际业务往来中，与法国人不要只谈生意上的事，在适当的情况下，与法国人聊聊社会新闻、文化、娱乐等方面的话题，更能融洽双方的关系，创造良好的会谈气氛，这都是法国人所喜欢的。

（2）坚持在谈判中使用法语。法国人具有一个人所共知的特点，就是坚持在谈判中使用法语。即使他们英语讲得很好，也是如此。因为法国人非常爱国，同时说法语会使他们减少与对方因语言不通产生的误会。

（3）偏爱横向谈判。法国人喜欢先为谈判协议勾画出一个大致的轮廓，然后再达成原则协议，最后再确定协议的各项内容。所以，法国人不像德国人那样签订协议之前认真、仔细地审核所有具体细节。法国人的做法是：签署交易的大概内容，如果协议执行起来对他们有利，他们会若无其事；如果协议对他们不利，他们也会毁约，并要求修改或重新签署。

（4）重视个人的力量。法国人大都重视个人的力量，很少有集体决策的情况。这是由于他们的组织机构明确、简单，实行个人负责制，个人权力很大。在商务谈判中，也多是个人决策负责，所以谈判的效率较高。

（5）法国人严格区分工作时间与休息时间。这与日本人工作狂相比有极大的反差。在法国，八月是度假的季节，全国上下、各行各业的职员都休假。在七月谈的生意，八月也不会有结果。

3. 英国人的谈判风格

英国是最早的工业化国家，早在 17 世纪，它的贸易就遍及世界各地，但英国人的性格是传统、内向、谨慎的。尽管从事贸易的历史较早，范围广泛，但是英国人的谈判特点却不同于其他欧洲国家。

（1）不轻易与对方建立个人关系。在英国，即使是本国人之间的交往，也比较谨慎，很难一见如故。他们不轻易相信别人、依靠别人，这种保守、传统的个性，在某种程度上反映了英国人的优越感。但是一旦与英国人建立了友谊，他们会十分珍惜，长期信任你，在做生意时关系也会十分融洽。

（2）重视等级制度，崇尚绅士风度。尽管英国是老牌的资本主义国家，但那种平等和自由更多地表现在形式上。在人们的观念中，等级制度依然存在，这就是为什么英国还保留象征性的王室的原因。在社交场合，"平民"与"贵族"仍然是不同的。在对外交往中，英国人比较注重对方的身份、经历、业绩，而不是像美国人那样更看重对手在谈判中的表现。所以，与英国人谈判，要派有较高身份、地位的人，这会有一定的积极作用。

英国是一个历史比较悠久的国家，文化氛围较浓，英国人在日常交往中非常注重礼仪，绅士风度是英国的一种风尚。英国商人在谈判中，举止优雅，讲究礼仪，对谈判对手以礼相待、和善友好，表现出良好的修养和风度。

（3）对谈判本身不太重视。英国人对谈判本身不如日本人、美国人那样看重。相应地，他们对谈判的准备也不充分，不够详细周密。他们善于简明扼要地阐述立场，陈述观点，在谈判中，表现更多的是沉默、平静、自信、谨慎。他们对于物质利益的追求，不如日本人表现的那样强烈，不如美国人表现的那样直接，他们宁愿做风险小、利润也少的买卖，不喜欢做冒大风险、赚大利润的买卖。

（4）不能按期履行合同，不能按期交货。英国商人有一个共同的特征，就是不能保证合同的按期履行，不能按期交货。英国工业历史较为悠久，但近几个世纪发展速度放慢，英国人更追求生活的秩序与舒适，而勤奋与努力是第二位的。另外，英国的产品质量好、性能优越，市场广泛，这些使英国人忽视了作为现代贸易应遵守的基本要求。

（5）谈判中缺乏灵活性。英国人在谈判中缺乏灵活性，他们通常采取一种非此即彼、不允许讨价还价的态度。因此，在谈判的关键阶段，他们表现得既固执又不愿花费很大力气。

4. 意大利人的谈判风格

（1）时间观念淡漠。在欧洲国家中，意大利人并不像其他国家那样对时间特别看重，约会、赴宴经常迟到，而且习以为常。即使是精心组织的重要活动，也不一定能保证如期举行，但如果他们特别重视与你的交易，情况可能另当别论。

（2）性格外向，情绪多变，决策过程缓慢。意大利人性格外向，情绪多变，喜怒常常表现出来。在谈话中，他们的手势也比较多，肩膀、胳膊、手，甚至整个身体都随说话的声音而扭动。但在处理商务时，通常不动感情。他们的决策过程也比较缓慢，所以对他们使用最后期限策略，作用较好。

（3）注重个人力量。意大利人与法国人一样，都非常重视个人的作用。意大利的商业交往大部分是公司之间的交往，在商务谈判时通常是出面谈判的人决定一切。意大利人在交往活动中比其他国家的人更有自主权，个人权力较大，所以和意大利谈判对手相处的好坏是谈判成功与否的决定因素之一。

（4）注重节约。意大利人喜欢花较少的钱买到质量、性能都说得过去的产品。如果是他们要卖东西，只要有理想的销价，他们会千方百计地满足用户的要求。

5. 俄罗斯人的谈判风格

苏联解体以后，出现了很多独立的国家，但与我国贸易比较频繁的、地理位置比较接近的主要是俄罗斯。俄罗斯人的谈判风格主要有以下特点。

（1）固守传统，缺乏灵活性。苏联是个外贸管制的国家，是高度计划的外贸体制。任何企业或个人都不可能自行进口或出口任何产品，所有的进出口计划都要经过一系列的审批、检查、管理和监督环节。在这种高度集中的计划体制中，人们已习惯于照章办事，上传下达，忽视了个人创造性的发挥。在现在的涉外谈判中，一些俄罗斯人还带有明显的计划体制的烙印，在进行正式洽商时，他们喜欢按计划办事，如果对方的让步与他们原定的目标相吻合，则容易达成协议；如果有差距，要他们让步特别困难，甚至他们明知自己的要求不符合客观标准，也拒不妥协让步。

一些俄罗斯人缺乏灵活性，还因为他们的计划制定与审批要经过许多部门、许多环节。这必然要延长决策与反馈的时间，这种传统体制也僵化了人们的头脑。尽管现在体制上有了较大的变革，但还没有形成正常的经营秩序和健全的管理体制。严格的计划性体制，束缚了个人能力的发挥，他们非常谨慎，缺少敏锐性和创新精神，喜欢墨守成规。

（2）对技术细节感兴趣。俄罗斯人的谈判能力很强，这源于苏联的传统。他们特别重视谈判项目中的技术内容和索赔条款。这是因为引进的技术要具有先进性、实用性，由于技术引进项目通常都比较复杂，对方在报价中又可能会有较大的水分，为了尽可能地以较低的价格购买最有用的技术，他们特别重视技术的具体细节。所以，在与俄罗斯人进行洽商时，要有充分的准备，可能就产品的技术问题进行反复大量的磋商。另外，为了能及时准确地对技术问题进行阐述，在谈判中要配置技术方面的专家，同时要注意合同的用语要精确，不能随便承诺某些不能达到的条件。对合同中的索赔条款也要十分慎重。

（3）善于讨价还价。俄罗斯人善于与外国人做生意。说得简单一点，他们非常善于寻找合作与竞争的伙伴，也非常善于讨价还价。如果他们想要引进某个项目，首先要对外招标，引来数家竞争者，从而不慌不忙地进行选择；并采取各种离间手段，让争取合同的对手之间竞相压价，最后从中渔利。

俄罗斯人在讨价还价上堪称行家里手，不管报价是多么公平合理、怎样精确计算，他们仍然不会相信，千方百计地要挤出其中的"水分"，达到他们认为理想的结果。

10.2.4 非洲商人的谈判风格

非洲大陆有 50 多个国家，地域辽阔，人口众多。根据联合国发布的统计数据，2016年非洲的人口达到了 12 亿。非洲整体上还比较落后，绝大多数国家都比较贫穷，人们的生活水平低下、卫生状况差，教育和科技水平落后，经济贸易不发达。在谈判风格上，普遍表现为以下几个特点。

1. 禁忌较多

非洲人因为宗教信仰的关系，有很多禁忌，商务交往时要特别注意。来访者应该在语言方面避免亵渎神灵，不要说黄色笑话和提及性、宗教、政治。在北非，应避免提及中东时事。此外，非洲人通常认为左手是不洁的，因此在与非洲人握手时，千万注意别伸出左手来，否则会被认为是侮辱对方。

2. 时间观念差

非洲人的生活带有浓厚的大家庭主义色彩，他们经常向收入较好的族人和亲戚索要物资和金钱，这种风俗使很多人不愿意积极工作和努力赚钱，而是将希望寄托于家庭富裕的族人和亲属身上。所以非洲人工作效率低下，办事拖拉，时间观念很差。谈判时，他们很少能准时参加，即使到了也会海阔天空地漫谈一通，才开始进入正题。

3. 权力意识强

每个拥有权力的非洲人，哪怕是拥有很小的权力，都会利用它来索取财物。在非洲，利用采购权力吃回扣的现象屡见不鲜，因此去非洲做生意，要做好准备工作，肯吃小亏，以取得各环节有关人士的信任和友谊，使交易可以顺利进展下去。

4. 不太熟悉商务知识

由于历史的原因，整个非洲人口文化素质不高，有些从事商务谈判的人对业务并不太熟悉。因此与之洽谈时，应该把所有问题乃至每个问题的所有细节都以书面形式加以确认，以免日后产生误解和纠纷。另外，在非洲还要避免与那些"皮包商"做生意。他们往往只为骗取必要的许可证后再转卖出去，或为了拿到你提供的样品而积极地找你谈生意，并很容易就接受你全部条件和建议，得手后便逃之夭夭。因为非洲国家法制不够健全，很难依靠法律追究他们的责任。

在非洲诸国中，经济发展也有差距，经济实力较强的南非和尼日利亚的商人就比一般非洲国家的商人更有商业意识，谈判技巧和知识比较强，行事效率也比较高。而一些较为落后的国家经济刚刚起步，商人还缺乏经验，推销也不可靠，因此在与当地商人洽商时不能草率行事。

本章习题

一、选择题

1. 相关研究表明，在国际商务活动中，销售人员、企业在各个地区的管理人员、律师以及工程技术人员等（　　）的工作时间用于各种各样的商务谈判之中，其中多数是与来自不同文化背景或不同国家的对手进行谈判。

　　A. 30%　　　　　　　　　　　　　　B. 40%

　　C. 50%　　　　　　　　　　　　　　D. 60%

2. 与阿拉伯商人接触时不能赠送酒类礼品，因为饮酒在阿拉伯国家是被严格禁止的。这突出反映的是商务谈判影响因素中的（　　）。

　　A. 政治状况因素　　　　　　　　　　B. 法律制度因素

　　C. 商业习惯因素　　　　　　　　　　D. 社会习俗因素

3. 日本商人突出的谈判风格是（　　）。

　　A. 直截了当　　　　　　　　　　　　B. 不讲面子

C. 等级观念弱   D. 集体意识强

4. 俄罗斯商人的谈判风格一般表现为（   ）。

    A. 注重礼仪，准备充分   B. 注重感情

    C. 固守传统，缺乏灵活性   D. 有优越感

5. （   ）在谈判中的特点是态度暧昧、婉转圆滑，往往给人以模棱两可的印象。

    A. 美国商人   B. 法国商人

    C. 日本商人   D. 拉美商人

二、多项选择题

1. 与国内商务谈判相比，国际商务谈判的特征主要有（   ）。

    A. 国际性   B. 跨文化性

    C. 简单性   D. 政策性

    E. 困难性

2. 以下属于韩国商人谈判风格的是（   ）。

    A. 准备充分，重视谈判合理的协商方式

    B. 注重礼仪，创造良好的谈判气氛

    C. 具有强烈的群体意识，慎重决策

    D. 喜欢讨价还价

    E. 感情因素很重

3. 以下属于美国商人谈判风格的是（   ）。

    A. 自信心强，自我感觉良好

    B. 注重礼仪，创造良好的谈判气氛

    C. 具有强烈的群体意识，慎重决策

    D. 喜欢讨价还价

    E. 热情坦率，性格外向

4. 以下属于拉美商人谈判风格的是（   ）。

    A. 注重平等、友好、互利的原则

    B. 谈判中不愿涉及政治问题和面对女性谈判者

    C. 具有强烈的群体意识，慎重决策

    D. 喜欢讨价还价

E. 感情因素很重要

5. 以下属于德国商人谈判风格的是（　　）。

A. 思维缜密，谈判准备充分　　　　B. 对待个人关系非常严肃

C. 注重礼仪，创造良好的谈判气氛　　D. 重合同、守信用

E. 十分讲求效率

三、名词解释

1. 国际商务谈判　　2. 横向谈判法　　3. 纵向谈判法

四、简答与论述

1. 国际商务谈判工作的基本要求有哪些？

2. 阿拉伯商人的谈判风格主要有哪几点？

3. 试论述日本商人的谈判风格。

4. 试论述美国商人的谈判风格

5. 试论述德国商人的谈判风格。

6. 试论述拉美商人的谈判风格

案例讨论

步步为营，获得双赢

日本在战后短短的几十年中经济飞速发展，跻身于世界经济强国之列。由于日本人特有的民族性和在经济发展过程中的实践性，日本成长为精于谈判的少数国家之一。特别是日本商人深谙谈判之道。他们手法高超，正是面对这样一些"圆桌武士"，在上海著名的国际大厦，围绕进口农业加工机械设备，进行了一场竞争与合作、进取与让步的谈判。中方在这一谈判中谋略不凡，使这场谈判成为一个成功的范例。

在谈判的准备阶段，双方都组织了精干的谈判班子。特别是作为买方的中方，谈判前已作好了充分的国际市场行情预测，摸清了这种农业机械加工设备的国际行情和变化情况及趋势，制定了己方的谈判方案，为赢得谈判奠定了基础。

谈判一开局，按照国际惯例，首先由卖方报价，如果报高了会给买方传递一种没有诚意的信息，甚至会吓跑对方；如果报低了，则会让对方轻易地占了便宜，实现不了获

得高收益的目标。因此，谈判的报价需要把握其间的"度"。谈判高手总是在科学地分析己方价值构成的基础上，在这个幅度内"筑高台"来作为讨价还价的基础。日方深谙此道，首次报价为 1000 万日元。

这一报价离实际卖价偏高许多。日方这样做，是因为他们以前的确卖过这个价格。如果中方不了解当时的国际行情，就会以此作为谈判基础，日方就可能获得厚利；如果中方不能接受，日方也能自圆其说，可谓进可攻、退可守。由于中方事前已摸清国际行情的变化，深知日方是在放"试探气球"，于是中方直截了当地指出，这个报价不能作为谈判的基础。日方对中方如此果断地拒绝这个报价感到震惊。他们分析，中方可能对国际市场行情的变化有所了解，因而己方的高目标恐难以实现。于是日方便转移话题，介绍起产品的特点及其优良的质量，以迂回前进的方法支持己方的报价。这种做法既回避了正面被点破的危险，又宣传了自己的产品成本，还说明了报价高的理由，可谓"一石三鸟"，潜移默化地推进己方的谈判方案，但中方一眼看穿了对方在唱"空城计"。

谈判之前，中方不仅摸清了国际行情，而且研究了日方产品的性能、质量、特点及其他同类产品的有关情况。中方运用"明知故问，暗含回击"的发问艺术，不动声色地说："不知贵国生产此种产品的公司有几家？贵公司的产品优于 A 国、C 国的依据是什么？"此问貌似请教，实则点了对方两点：中方非常了解所有此类产品的有关情况；此类产品绝非你一家独有，中方有选择权。中方点到为止的问话，彻底摧毁了对方"筑高台"的企图。话未完，日方就领会了其中含意，陷入答也不是、不答也不是的境地。其主谈人为避免难堪的局面借故离席，副主谈也装作找材料不语。过了一会，日方主谈神色自若地回到桌前，因为他已想好了应付这一局面的对策。一到谈判桌前，他就问他的助手："这个报价是什么时候定的？"他的助手早有准备，对此问话自然心领神会，便不假思索地答道："以前定的。"于是日方主谈人笑着解释说："唔，时间太久了，不知这个价格有无变动，我们只好回去请求总经理了。"老练的日方主谈人运用"踢皮球"战略，找到了退路。中方主谈人自然深谙谈判场上的这一手段，便采取了化解僵局的"给台阶"方法，主动提出"休会"给对方以让步的余地。中方深知此轮谈判不会有什么结果，如果紧追，就可能导致谈判失败。

此轮谈判，从日方的角度来看，不过是放了一个"试探气球"。凭此取胜是侥幸的，而"告吹"则是必然的。因为对交易谈判来说，很少在开局的第一次报价就成功的。日方在这轮谈判中试探了中方虚实，摸清了中方态度，也了解了中方主谈人的谈判能力和风格。从中方角度来说，在谈判的开局就成功地抵制了对方的"筑高台"手段，使对方的高目标要求受挫；同时，也向对方展示了己方的实力，掌握了谈判中的主动。在这轮谈判中，双方互相传递信息，加深了了解，增强了谈判成功的信心。从这一意义上看，首轮谈判对双方来说都是成功的。

第二轮谈判开始后，双方首先漫谈了一阵，调节了情绪，创造了有利于谈判的友好气氛。之后日方再次报价："我们请示了总经理，又核实了一下成本，同意削价 100 万日元。"同时，他们夸张地表示，这个削价的幅度不小，要中方"还盘"。中方认为削价的幅度虽不小，但离中方的要价仍有较大距离，马上"还盘"还有困难，因为"还盘"是向对方表明己方可以接受的价格。在理不清对方的报价离实际卖价的"水分"究竟有多大时就轻易"还盘"，往往造成被动，高了己方吃亏，低了可能刺激对方。为慎重起见，中方一面电话联系，再次核实该产品在国际市场上的最新价格，一面对日方的二次报价进行分析。

中方经过分析认为，这个价格，虽然日方表明是总经理批准的，但根据情况看，此次降价是谈判者自行决定的，由此可见，日方报价中所含"水分"仍然不小，弹性很大。基于此，中方确定"还盘"价格为 750 万日元。日方立即回绝，认为这个价格很难成交。中方坚持与日方探讨了几次，但没结果。鉴于讨价还价的高潮已经过去，中方认为谈判的"时钟已经到了"，该是展示自己实力、运用谈判技巧的时候了。于是中方主谈人使用了具有决定意义的一招，着重向对方指出："这次引进，我们从几家公司中选中了贵公司，这说明我们成交的诚意。此价虽比贵公司销往 C 国的价格低一点，但由于运往上海口岸比运往 C 国的运费低，所以利润并没有减少。还有一点，诸位也知道我国的外汇政策规定，这笔生意允许我们使用的外汇只有这些，要增加，需要审批。如果这样，那就只好等下去，改日再谈。"

这是欲擒故纵谈判方法，旨在向对方表示己方对该谈判已失去兴趣，迫使其让步。但中方仍觉得这一招的分量还不够，于是使用了类似的"竞卖会"的高招，把对方推向了一个与"第三者竞争"的境地。中方主谈接着说："A 国、C 国还等待着我们的邀请。"说到这里，中方主谈把一直捏在手里的王牌摊了出来，恰到好处地向对方泄露，把中国外汇使用批文和 A 国、C 国的电传递给了日方主谈人。日方见后大为惊讶，他们坚持继续讨价还价的决心被摧毁了，陷入必须"竞卖"的困境：要么压价握手成交，要么谈判就此告吹。日方一时举棋不定：握手成交，利润不大；告吹回国，兴师动众，花费了不少的人力、物力和财力，空手而归。这时，中方主谈人便运用心理学知识，根据"自我防卫机制"的文饰心理，称赞日方此次谈判的确精明强干，已付出了很大的努力，但限于中方的政策，不可能再有伸缩余地，如日方放弃这个机会，中方就只能选择 A 国或 C 国的产品。日方掂量再三，还是认为成交可获利，告吹只能赔本。

这样，一笔质量不差的设备交易，且仅仅两轮谈判就达成协议。

? 思考讨论题

1. 试分析这场谈判成功的原因。

2. 中方和日方谈判代表在谈判中各采用了哪些技巧和策略？

综合测试题一

一、单项选择题（每小题 1 分，10 小题，共 10 分）

1. 温克勒提出一种具有普遍意义的循环逻辑谈判法则，即（　　）。

    A. 价格——质量——服务——条件——价格

    B. 质量——服务——条件——质量

    C. 服务——条件——价格——服务

    D. 价格——质量——服务——价格

2. 关于价格评论，说法正确的是（　　）。

    A. 价格评论的关键在于充分说理，以理服人

    B. 评论时态度一定要严厉，不能客气

    C. 在进行价格评论时，报价方不能辩解

    D. 对于买方所指出的明显矛盾之处，也不可让步

3. 以下说法不正确的是（　　）。

    A. 根据谈判资料的收集渠道可将其分为两大类：直接资料和间接资料

    B. 已经收集来的资料可以直接使用，不需要对其进行分析整理

    C. 谈判信息收集的全面性是指信息资料的完整性、系统性和连续性

    D. 商务谈判信息的内容包含自然环境信息、社会环境信息、本企业现状信息、谈判对手情况的信息、竞争对手的信息

4. 谈判信息的传递方式不包括（　　）。

    A. 明示   B. 暗示

    C. 争吵   D. 意会

5. 在商务谈判中必须要遵守"绝不接受对方的第一次出价或还价"。这是因为（　　）。

    A. 一旦接受，就显得不尊重对方

    B. 一旦接受，不仅己方会失去以后提价的机会，而且还会让对方心存疑虑

    C. 一旦接受，对方就会得寸进尺

    D. 一旦接受，就会让对方产生怀疑，从而中止谈判

6. 在商务谈判过程中陈述的技巧不包括（　　）。

    A. 语言通俗易懂   B. 语速适中

    C. 语气语调要高速   D. 陈述简明、扼要

7. 根据商务谈判合同涉及的（　　）的不同，可分为货物购销合同、技术贸易合同、合资或合作经营合同、融资信贷合同、加工或装配合同、补偿贸易合同、产权转移合同、信息咨询合同等。

    A. 当事人性质   B. 主体的国别

    C. 标的物   D. 场所

8. 三个月前某公司向非洲某国投标承建某项工程。最近该国通知已中标，但要按所投总价降低5%。面对这种情况，比较合适的回答应该是（　　）。

    A. 同意减价3%   B. 同意减价5%

    C. 向该国提议，只有在改变投标条件下，才愿意考虑降价

    D. 拒绝作任何让步

9. （　　）是商务交际活动的先锋官，得当与否，直接关系到双方交往的成功与失败。

    A. 握手   B. 宴请

    C. 赠礼   D. 称呼

10. 相关研究表明，在国际商务活动过程中，销售人员、企业在各个地区的管理人员、律师以及工程技术人员等（　　）的工作时间用于各种各样的商务谈判之中，其中多数是与来自不同文化背景或不同国家的对手进行谈判。

    A. 30%   B. 40%

C. 50%   D. 60%

二、多项选择题（每小题 2 分，5 小题，共 10 分）

1. 商务谈判是科学与艺术的有机结合，因为（   ）。

   A. 作为一门科学，商务谈判需要精密的计算、准确的数据、严格的推理、翔实的论证

   B. 作为一门艺术，谈判人员需要揣摩对方的心理，观察场上的气氛，灵活掌握原则，恰当使用策略技巧，极大限度地发挥自己的主观能动性和创造性思维

   C. 在涉及对谈判双方实力的认定、对谈判环境因素的分析问题时，商务谈判更多地体现出科学性的一面

   D. 在对谈判方案的制定以及对交易条件的确定等问题上，比较多地体现谈判艺术性的一面

   E. 商务谈判是严谨的行为，因此具有科学性，而艺术性则处于从属的、次要的地位

2. 商务谈判的结果有（   ）。

   A. 谈判暂停   B. 谈判中止

   C. 谈判破裂   D. 达成协议成交

   E. 其他结果

3. 下列有关气质类型，说法正确的是（   ）。

   A. 胆汁质典型的特征是神经活动强而不均衡，由于具有强烈的兴奋过程，较弱的抑制过程，使得有人称胆汁质气质类型为兴奋型或不可遏止型

   B. 多血质气质的人兴奋性很高，脾气暴躁，性情直率，精力旺盛，能以很高的热情埋头事业，兴奋时，决心克服一切困难，精力耗尽时，情绪又一落千丈

   C. 粘液质相当于神经活动强而均衡的安静型。这种气质的人平静，善于克制忍让，生活有规律，不为无关事情分心

   D. 多血质相当于神经活动强而均衡的灵活型。这种气质的人热情、有能力，适应性强，喜欢交际，精神愉快，机智灵活，但稳定性较差，富于幻想，不愿做耐心细致的工作

   E. 具有抑郁质气质类型的人具有较强的抑制过程，较弱的兴奋过程，属于呆板而羞涩的类型

4. 商务谈判的标的地点可以分为（　　　）。

    A. 主场谈判　　　　　　　　　　B. 客场谈判

    C. 中立场所谈判　　　　　　　　D. 国际谈判

    E. 本土谈判

5. 下列有关礼仪的地位与作用的说法，正确的是（　　　）。

    A. 礼仪是人类自身发展的必然产物

    B. 礼仪是治国之本，是民族凝聚力的体现

    C. 礼仪是个人道德水准和教养的重要标志

    D. 大行不顾细谨，大礼不辞小让，处处关注礼仪会让人感觉庸俗和虚伪

    E. 礼仪是搞好改革开放、走向世界的桥梁

三、名词解释（每小题4分，5小题，共20分）

1. 商务谈判　　　2. 谈判目标　　　3. 谈判调研系统　　　4. 商务谈判文书

5. 商务谈判策略

四、简答题（每小题5分，4小题，共20分）

1. 原则谈判法的主要内容是什么？

2. 商务谈判最主要的作用是什么？

3. 何谓礼貌？可以分为哪几类？

4. 在交往中使用名片需要注意哪些礼仪规范？

五、论述题（每小题10分，2小题，共20分）

1. 试论述非整数报价的心理策略。

2. 试论述商务谈判总体策略的选择程序。

六、案例分析题（20分）

　　1984年，山东某市塑料编织袋厂厂长获悉日本某株式会社准备向我国出售先进的塑料编织袋生产线，立即出马与日商谈判。谈判桌上，日方代表开始开价240万美元，塑料厂厂长立即答复："据我们掌握的情报，贵国某株式会社提供的产品与你们的完全一样，开价只是贵方一半，我建议你们重新报价。"一夜之间，日本人列出详细的价目清单，第二天报出总价180万美元。随后在持续9天的谈判中，日方在130万美元价格上不再妥协。塑料厂厂长有意同另一家西方公司做了洽谈联系，日方得悉，总价立即降至120万美元。塑料厂厂长仍不签字，日方大为震怒，塑料厂厂长拍案而起："先生，中国不再是几

十年前任人摆布的中国了，你们的价格、你们的态度都是我们不能接受的！"说罢把提包甩在桌上，里面西方某公司设备的照片散了满地。日方代表大吃一惊，忙要求说："先生，我的权限到此为止，请允许我再同厂方联系请示后再商量。"第二天，日方宣布降价为 110 万美元。塑料厂厂长在拍板成交的同时，提出安装所需费用一概由日方承担，又迫使日方让步。

请分析下列问题：

1. 塑料厂厂长在谈判中运用了怎样的技巧？
2. 塑料厂厂长在谈判中稳操胜券的原因有哪些？
3. 请分析日方最后不得不成交的心理状态。

综合测试题二

一、单项选择题（每小题1分，10小题，共10分）

1. 英国谈判学家（　　）通过对谈判结构与谈判程序的研究，提出了"谈判结构理论"。

    A. 马斯洛   B. 马什

    C. 尼伦伯格   D. 雷法

2. 马斯洛需要层次理论中处于最高级的是（　　）。

    A. 安全需要   B. 社交需要

    C. 尊重需要   D. 自我实现需要

3. （　　）是另一方对报价方的报价表示不认同，要求报价方重新报价或调整报价的行为。

    A. 讨价   B. 还价

    C. 再报价   D. 询价

4. 商务谈判的信息收集需要及时关注信息来源的变化，掌握最新谈判信息体现了商务谈判信息的（　　）。

    A. 社会性   B. 广泛性

    C. 时效性   D. 不确定性

5. 动态体语不包括（　　）。

A. 首语   B. 手势语

C. 目光语   D. 道具语

6. （　　）是指谈判者为了达到和实现己方谈判目标，在对多方情况进行有效估计和分析的基础上，拟采取的基本路径和方法。

A. 谈判主题   B. 谈判目标

C. 谈判策略   D. 谈判方法

7. 在商务谈判中，（　　）喻指做某件事表面是一回事，而本质却另有所图的各种活动。

A. 故扮疯相   B. 攻心战

C. 恻隐术   D. 鸿门宴

8. 以下有关名片礼仪的说法，错误的是（　　）。

A. 会议上来了许多代表，而你对他们的姓名职务都不太清楚，那么在会议开始前就应向他们索要名片

B. 去拜访某人时，如果主人没有出示名片，客人便不可以索要

C. 对方递过来的名片，应该用双手接过，以示尊重

D. 随身所带的名片，最好放在专用的名片包或名片夹里，此外也可以放在上衣口袋内

9. 与阿拉伯商人接触时不能赠送酒类礼品，因为饮酒在阿拉伯国家是被严格禁止的。这突出反映的是商务谈判影响因素中的（　　）。

A. 政治状况因素   B. 法律制度因素

C. 商业习惯因素   D. 社会习俗因素

10. （　　）在谈判中的特点是态度暧昧、婉转圆滑，往往给人以模棱两可的印象。

A. 美国商人   B. 法国商人

C. 日本商人   D. 拉美商人

二、多项选择题（每小题2分，5小题，共10分）

1. 以下关于谈判内涵的说法，正确的是（　　）。

A. 谈判的主体是有关各方，各方利益是独立的

B. 谈判具有鲜明的目的性，即为了争取自身的利益

C. 谈判的客体是一项或多项涉及各方利益的事务，当事人是比较重视的

D. 谈判的过程是一个磋商和调整的过程，是一种平等地位的互相协商和妥协，而不是命令或威胁

E. 谈判的成功和谈判的完成以达成一致为标志，没有达成协议就意味着谈判没有成功或谈判没有完成

E. 商务谈判是严谨的行为，因此具有科学性，而艺术性则处于从属的、次要的地位

2. 下列有关信息的收集，说法正确的有（　　）。

A. 直接资料的收集是一项十分复杂而花费很大的工作，是市场调研的中心部分

B. 直接资料的收集可以采用个别访问法、观察调查法和实验调查法

C. 间接资料，主要指那些已经整理好了的资料

D. 谈判信息资料必须符合准确、全面、适用、及时的要求

E. 以上都不对

3. 商务谈判语言按表达方式不同，可以分为（　　）。

A. 有声语言　　　　　　　　　B. 专业语言

C. 法律语言　　　　　　　　　D. 外交语言

E. 无声语言

4. 商务谈判方案是商务文书的一种，因此有其特定的格式，通常可以将其分为（　　）这三大部分。

A. 正文　　　　　　　　　　　B. 附录

C. 标题　　　　　　　　　　　D. 落款

E. 主体

5. 以下有关交谈的礼仪与禁忌，说法正确的是（　　）。

A. 交谈中应注意手势的运用，特别注意不得在谈话过程中运用手指或者手中的文具指点对方谈判代表

B. 尊重对方的发言权，有一人在发言时，其他人应该认真聆听，不得在一旁窃窃私语，也不得心不在焉地做一些修剪指甲、轻叩桌面、把玩钢笔等下意识的小动作

C. 善于聆听对方谈话，不得随意打断对方的发言，一定要让对方把话说完

D. 在交谈时，目光注视的范围仅限于对方的面部，视线接触对方的脸部的合理时

间约占全部交谈时间的 60% ~ 80%

E. 发言时语速不宜过快，语速过快不容易让对方听懂，应留给对方足够的思考空间

三、名词解释（每小题 4 分，5 小题，共 20 分）

1. 变和博弈　　2. 自我效能感　　3. 商务谈判合同　　4. 商务谈判文书

5. 礼仪器物

四、简答题（每小题 5 分，4 小题，共 20 分）

1. 商务谈判应答的技巧主要有哪些？

2. 商务谈判方案的内容可以分为哪几个部分？

3. 商务人员职场交谈"六不"忌语指的是什么？

4. 国际商务谈判工作的基本要求有哪些？

五、论述题（每小题 10 分，3 小题，共 30 分）

1. 试论述商务谈判合同起草的基本要求。

2. 试论述商务谈判语言应遵循的原则。

3. 试论述美国商人的谈判风格

六、案例分析题（10 分）

我国某冶金公司要向美国购买一套先进的组合炉，派一名高级工程师与美商谈判。为不负使命，这位高工做了充分地准备工作，他查找了大量有关冶炼组合炉的资料，花了很大的精力将国际市场上组合炉的行情及美国这家公司的历史和现状、经营情况等了解得一清二楚。谈判开始，美商一开口要价 150 万美元。中方工程师列举各国成交价格，使美商目瞪口呆，终于以 80 万美元达成协议。当谈判购买冶炼自动设备时，美商报价 230 万美元，经过讨价还价压到 130 万美元，中方仍然不同意，坚持出价 100 万美元。美商表示不愿继续谈下去了，把合同往中方工程师面前一扔，说："我们已经作了这么大的让步，贵公司仍不能合作，看来你们没有诚意，这笔生意就算了。"中方工程师闻言轻轻一笑，把手一伸，做了一个优雅的请的动作。美商真的走了，冶金公司的其他人有些着急，甚至埋怨工程师不该抠得这么紧。工程师说："放心吧，他们会回来的。同样的设备，去年他们卖给法国只有 95 万卖元，国际市场上这种设备的价格 100 万美元是正常的。"果然不出所料，一个星期后美方又回来继续谈判了。工程师向美商点明了他们与法国的成交价格，美商又愣住了，没想到眼前这位中国谈判对手竟然如此精明，于是不敢

再报虚价，只得说："现在物价上涨的利害，比不了去年。"工程师说："每年物价上涨指数没有超过 6%。余年时间，你们算算，该涨多少?"美商被问得哑口无言，在事实面前，不得不让步，最终以 101 万美元达成了这笔交易。

问题：

试分析本案例中中方代表在谈判中取得成功的原因。

综合测试题三

一、单项选择题（每小题1分，10小题，共10分）

1. （   ）是谈判形成的原动力，是谈判的主体，也是商务谈判活动的主要因素。
   - A. 谈判内容
   - B. 谈判目标
   - C. 谈判当事人
   - D. 谈判方法

2. 马斯洛需要层次理论中处于最低层次的是（   ）。
   - A. 安全需要
   - B. 社交需要
   - C. 生理需求
   - D. 自我实现需要

3. 谈判人员在谈判开局阶段的主要任务是（   ）。
   - A. 制定谈判计划
   - B. 谈判气氛的营造和谈判摸底
   - C. 撰写谈判方案
   - D. 相互介绍和报价

4. 商务谈判信息系统中最基本的子系统是（   ）。
   - A. 内部报告系统
   - B. 外部情报系统
   - C. 谈判调研系统
   - D. 商务谈判信息分析系统

5. 商务谈判最主要的作用，也是谈判之所以能够开展的关键，是满足谈判双方的（   ）。
   - A. 心理满足感
   - B. 需要
   - C. 面子
   - D. 以上均不正确

6. 成就动机是指一种力求成功并选择朝向成功（或失败）目标活动的一般倾向。成就动机理论首先由美国心理学家（　　）提出的。

    A. 马斯洛   B. 亚当斯

    C. 弗鲁姆   D. 麦克里兰

7. 谈判的（　　）是谈判的指导思想、基本准则，是商务谈判的实践总结和制胜规律。

    A. 环境   B. 基本原则

    C. 内容   D. 标的

8. 以下有关迎送礼仪的说法，错误的是（　　）。

    A. 在迎送之前首先要做好充分的准备工作。主人一方要事先安排好来访客户的住宿，如果对方没有这方面的需要，也要清楚对方住宿的地方

    B. 到机场、车站或码头迎送客人的时候，接待人员的身份要与对方谈判代表的身份基本相当，略高或略低也可以，但不能过于悬殊

    C. 在主人亲自驾车的情况下，如果是两排座轿车，副驾驶座为尊，应该让给地位最高的客人，后排为随员乘坐

    D. 在乘坐电梯时，接待人员应先请客人进入电梯，在确认客人安全进入电梯后负责开动电梯，电梯到达后，接待人员请客人先下

9. 以下有关谈判人员坐姿的说法，错误的是（　　）。

    A. 谈判人员应从椅子的左边入座，坐后身体应尽量保持端正

    B. 谈判过程非常辛苦，为放松一下，商务人员是可以翘起二郎腿的

    C. 挺着腰笔直的坐姿，表示对对方或对谈话有兴趣，同时也是一种对人尊敬的表示

    D. 为促成谈判的顺利进行，谈判人员在谈判时应尽可能保持规范的坐姿。

10. 俄罗斯商人的谈判风格一般表现为（　　）。

    A. 注重礼仪，准备充分   B. 注重感情

    C. 固守传统，缺乏灵活性   D. 有优越感

二、多项选择题（每小题2分，10小题，共20分）

1. 商务谈判的标的可以是有形商品，也可以是（　　）。

    A. 劳务   B. 知识产权

C. 合同　　　　　　　　　　　D. 商务关系

E. 其他财产权利

2. 根据博弈论，商务谈判程序应包括（　　　）。

A. 建立风险价值　　　　　　　B. 制定合理规则

C. 确定合理剩余　　　　　　　D. 达成分享剩余协议

E. 形成风险共识

3. 谈判后的管理工作包括（　　　）。

A. 草拟合同　　　　　　　　　B. 合同的再次审查

C. 关系维护　　　　　　　　　D. 资料管理

E. 谈判总结

4. 商务谈判不同于一般的心理，其突出的特点主要有（　　　）。

A. 内隐性　　　　　　　　　　B. 外显性

C. 个体差异性　　　　　　　　D. 相对稳定性

E. 一成不变性

5. 动机对于行为主要有三个作用，分别是（　　　）。

A. 调整　　　　　　　　　　　B. 激发

C. 指向　　　　　　　　　　　D. 强化

E. 负激励

6. 商务谈判中应答的方式有（　　　）。

A. 模糊应答　　　　　　　　　B. 针对性应答

C. 间接应答　　　　　　　　　D. 拖延应答

E. 借助式应答

7. 商务谈判中说服"顽固者"的技巧有（　　　）。

A. "下台阶"法　　　　　　　　B. 等待法

C. 迂回法　　　　　　　　　　D. 沉默法

E. 积极法

8. 下列属于商务谈判方案特点的是（　　　）。

A. 预测性　　　　　　　　　　B. 竞争性

C. 可行性　　　　　　　　　　D. 目的性

E. 不确定性

9. 与国内商务谈判相比，国际商务谈判的特征主要有（　　）。

A. 国际性　　　　　　　　　　　B. 跨文化性

C. 简单性　　　　　　　　　　　D. 政策性

E. 困难性

10. 以下属于韩国商人谈判风格的是（　　）。

A. 准备充分，重视谈判合理协商方式

B. 注重礼仪，创造良好的谈判气氛

C. 具有强烈的群体意识，慎重决策

D. 喜欢讨价还价

E. 感情因素很重

三、名词解释（每小题 2 分，5 小题，共 10 分）

1. 商务谈判客体　　2. 模拟谈判　　3. 谈判语言　　4. 商务谈判备忘录

5. 纵向谈判法

四、简答题（每小题 5 分，4 小题，共 20 分）

1. 商务谈判报价的原则主要有哪些？

2. 商务谈判纪要的写作要求主要有哪些？

3. 商务谈判常用的防御策略主要有哪些？

4. 迎送的礼仪与禁忌主要有哪些？

五、论述题（每小题 10 分，3 小题，共 30 分）

1. 试论述商务谈判的原则。

2. 试论述商务谈判中肢体语言的运用。

3. 试论述我国古代礼仪的历史沿革

六、案例分析题（10 分）

巴西一家公司到美国去采购成套设备。巴西谈判小组成员因为上街购物耽误了时间。当他们到达谈判地点时，比预定时间晚了 45 分钟。美方代表对此极为不满，花了很长时间来指责巴西代表不遵守时间、没有信用，表示如果这样下去的话，以后很多工作很难合作，浪费时间就是浪费资源、浪费金钱。对此，巴西代表感到理亏，只好不停地向美方代表道歉。谈判开始以后，美方似乎还对巴西代表来迟一事耿耿于怀，一时间弄得巴西代表手足无措，说话处处被动，无心与美方代表讨价还价，对美方提出的许多要求也没有静下心来认真考虑，匆匆忙忙就签订了合同。

等到合同签订以后，巴西代表平静下来，才发现自己吃了大亏，上了美方的当，但已经晚了。

问题：

1. 上述谈判中，美方运用了哪些策略？
2. 巴西公司谈判人员应如何扭转不利局面？

参考文献

［1］李品媛. 商务谈判——理论、实务、案例、实训（第2版）. 北京：高等教育出版社，2015

［2］陈丽清，何晓媛，周慧燕. 商务谈判：理论与实务. 北京：电子工业出版社，2014

［3］蒋三庚. 商务谈判. 北京：北京经济学院出版社，2006

［4］陈爱国. 商务谈判. 郑州：郑州大学出版社，2008

［5］杜海玲，许彩霞. 商务谈判实务（第2版）. 北京：清华大学出版社，2014

［6］龚荒，吉峰. 商务谈判：实务、策略与案例. 北京：机械工业出版社，2014

［7］袁其刚. 商务谈判学. 北京：电子工业出版社，2014

［8］唐齐千. 谈判艺术与礼仪. 北京：民主与建设出版社，2005

［9］姚立. 商务谈判. 北京：中国城市出版社，2004

［10］王绍军，刘增田. 商务谈判. 北京：北京大学出版社，2009

［11］方明亮，刘华. 商务谈判与礼仪. 北京：科学出版社，2014

［12］汤海滨. 商务谈判. 北京：清华大学出版社，2015

［13］刘园. 国际商务谈判. 北京：对外经济贸易大学出版社，2008

［14］孙立秋，徐美荣. 商务谈判. 北京：对外经济贸易大学出版社，2007

［15］关兰馨. 第一流的商务谈判. 北京：中国发展出版社，1998

［16］高建军，卞纪兰. 商务谈判实务. 北京：北京航空航天大学出版社，2007

［17］方其. 商务谈判——理论、技巧、案例. 北京：中国人民大学出版社，2011

［18］李品媛. 商务谈判——理论、实务、案例、实训. 北京：高等教育出版社，2010

［19］徐卫星. 商务谈判. 北京：经济科学出版社，2011

［21］郭红生. 商务谈判. 北京：中国人民大学出版社，2011

［22］吴建伟，沙龙·谢尔曼，Chalom），等. 商务谈判策略. 北京：中国人民大学出版社，2006

［23］秦勇. 公共关系学. 北京：中国发展出版社，2014

［24］张河清. "原则谈判法"评介. 公关世界，1998（4）

［25］ 蒋小龙．商务谈判与推销技巧．北京：化学工业出版社，2015

［26］ 姜琳，成韵．浅谈需要理论在商务谈判中的运用．科技创业月刊，2008（3）

［27］ 潘苗．行为心理学在国际商务谈判中的应用与分析．现代经济信息，2012（16）

［28］ 王丽伟，闫贵娥，陈朝阳．浅析博弈论在商务谈判中的应用．商场现代化，2007（28）

［29］ 左小平．国际商务谈判中的文化因素．商业研究，2005（6）

［30］ 冯涛．国际商务谈判中的跨文化影响因素．学术交流，2012（8）

［31］ Ghauri P N，Usunier J C. International Business Negotiations，2nd. Edition. International business negotiations．北京：高等教育出版社，2003

参考答案

第1章　商务谈判概述

一、单选题

1. A　　　2. C　　　3. B　　　4. B　　　5. A

二、多选题

1. ABCDE　　2. ABCD　　3. ABE　　4. ABE

三、名词解释

1. 谈判是指有关各方为了自身目的,在一项涉及各方利益的事务中进行磋商,并通过调整各自提出的条件尽力达成一致的过程。

2. 所谓商务谈判,是指经济主体之间为了完成某项交易和实现各自的经济目的,围绕交易条件进行磋商和讨价还价,以达成协议的过程。

3. 在商务谈判中,谈判的主体是指主持谈判、参与谈判以及与交易利益相关的人员。

4. 商务谈判客体指谈判涉及的交易或买卖的内容,它是谈判的起因,是商务活动利益的载体。

5. 谈判的基本原则是谈判的指导思想、基本准则,是商务谈判的实践总结和制胜规律。

四、简答及论述（略）

第2章　商务谈判基本理论

一、单选题

1. A　　　2. D　　　3. B　　　4. C　　　5. B

二、多选题

1. CD　　　2. ABD　　　3. ACD

三、名词解释

1. 需要，就是有机体缺乏某种事物时产生的一种主观状态，是有机体受到客观事物某种需求刺激的反映。

2. 动机是指以愿望、爱好、理想、欲望等形式，激励人们发动和维持其行动，并导向某一目标的一种心理过程或主观因素。

3. 原则谈判理论的实质是根据价值来达成协议，寻求双方各有所获的方案。当双方利益发生冲突时，坚持根据客观标准来做决定，而不搞"意志力竞赛"。

4. 变和博弈是指谈判不是将一块蛋糕拿来以后商量怎么分，而是想把蛋糕做大，让每一方都多分，也就是说博弈的结果是各方利益都增加了。

5. 完全博弈是指在博弈过程中，每一位参与人对其他参与人的特征、策略空间及收益函数有准确的信息。

四、简答及论述（略）

第3章　商务谈判程序

一、单选题

1. B　　　2. A　　　3. A　　　4. B　　　5. B

二、多选题

1. ABC　　　2. BCDE　　　3. BCD

三、名词解释

1. 谈判目标是指谈判双方想通过谈判而得到的经济利益。根据对商务谈判的影响程度，可将目标分为基本目标、二级目标和掩护目标三类。

2. 报价解释是指报价方就商品特点及报价的价值基础、行情依据、计算方式等所做的介绍、说明或解答。

3. 价格评论是指在一方报价并做出相应解释后，对方就价格与价格解释做出的评析和论述。

4. 所谓模拟谈判是指，在正式谈判开始前，企业组织有关人员对本场谈判进行预演。其目的是通过模拟对手在既定场合下的种种表现和反应，检查谈判方案在实施中可能产生的效果，以便进一步修正和完善。

5. 全景模拟法指在想象谈判全过程的前提下，企业有关人员扮成不同的角色所进行的实战性排练。

四、简答及论述（略）

第4章　商务谈判信息

一、单选题

1. A　　　2. C　　　3. C　　　4. C　　　5. B

二、多选题

1. ABCD　　　2. ABCD　　　3. ACD

三、名词解释

1. 信息系统是由人员、设备和计算机程序共同组成的可有效地收集、筛选、整理、分析、评估信息的互动系统。

2. 商务谈判信息是指在一定的时间和条件下，与商务活动及商务谈判相联系的各种消息、情报、数据、资料等的总称。

3. 商务谈判调研系统是针对特定的谈判现象，系统地、客观地收集、分析、整理、处理和传递有关参与谈判企业的各方面的信息，为谈判者制定有效的谈判决策提供依据。

4. 商务谈判信息分析系统是指用先进的统计、分析技术和方法，对复杂的商务谈判现象和信息数据进行处理和分析，做出最佳的商务谈判决策。

四、简答及论述（略）

第5章　商务谈判心理

一、单选题

1. B　　　　2. A　　　　3. D　　　　4. A　　　　5. B

二、多选题

1. ACD　　　2. BCD　　　3. ACDE

三、名词解释

1. 商务谈判心理是在商务谈判过程中发生的各种心理现象，主要指谈判过程中谈判者的各种心理活动。

2. 个性也叫性格，是心理学的重要研究内容之一，是指个体在物质活动和交往活动中形成的具有社会意义的稳定的心理特征系统。

3. 自我效能感是指个体对自己是否有能力完成某一行为所进行的推测与判断。当自我效能感高，人完成某一行为并产生某一后果的动机和自信水平就会提高，反之，则降低。

4. 认知风格指个体在信息加工过程中表现出的在认知组织和认知功能方面持久一贯的特有风格。它既包括个体知觉、记忆、思维等认知过程方面的差异，又包括个体态度、动机等人格形成和认知能力与认知功能方面的差异。

5. 气质是表现在人们心理活动和行为方面的典型的、稳定的动力特征。人的这种具有先天性的气质是具有个体差异的，这是由神经类型的差异所造成。气质决定着人的心理活动进行的速度、强度、指向性等方面。

四、简答及论述（略）

第6章　商务谈判语言

一、单选题

1. A　　　　2. D　　　　3. D　　　　4. C　　　　5. D

二、多选题

1. AE　　　2. ABCE　　　3. ABCD

三、名词解释

1. 法律语言是指商务谈判过程中所涉及的有关法律规定的语言。

2. 有声语言是指通过人的发音器官来表达的语言，一般是指在谈判过程中，双方通过口头语言来交流、传递信息。

3. 行为语言是谈判者借助非有声语言来传递信息、表达思想的一种不出声的伴随语言，主要包括停顿语、体态语言、类语言和空间语言等。

4. 空间语言是一种空间范围圈，指的是社会场合中人与人身体之间所保持的距离间隔。

5. 体态语言即谈判者身体语言的简称，它是通过谈判个体的动作、表情、姿态、服饰等传播信息的非语言符号。

四、简答及论述（略）

第7章 商务谈判文书

一、单选题

1. B 2. C 3. D 4. B 5. C

二、多选题

1. ACDE 2. ACD 3. ABC 4. ACE

三、名词解释

1. 商务谈判文书是指从着手准备商务谈判工作起至商务谈判结束后，整个全过程中所撰写的材料、记录的文本、签订的合同等一切文书材料。

2. 商务谈判方案是指谈判者在谈判正式开始之前，通过对谈判相关信息、资料进行收集、整合和分析之后，所制定的谈判目标、谈判策略、谈判战术、谈判步骤等相关规划方案。

3. 商务谈判中的备忘录主要是用来记录业务谈判磋商过程中重要谈判点的结果和需要进一步协商的具体事项。商务谈判备忘录是一种记事性文书，可以对双方后续进一步的谈判磋商提供提示性参考。

4. 商务谈判纪要主要是记载谈判的主要议题、主要精神思想、主要谈判过程、谈判内容和结果等谈判内容的记录性文书。

5. 商务合同也被称为经济合同，是经济组织之间、经济组织与其他社会组织之间、经济组织与个人之间，通过进行经济合作或贸易往来而实现一定经济目的，经协商一致的谈判而共同签订的，明确相互之间的权利、义务、承诺、责任的具有法律性的协议。

四、简答及论述（略）

第8章 商务谈判策略

一、单选题

1. B 2. B 3. D 4. A 5. C

二、多选题

1. BCD 2. AC 3. ABCDE 4. ABC 5. ACD

三、名词解释

1. 所谓商务谈判策略，是指谈判者对谈判过程中各项具体活动所做的谋划。

2. 所谓立场型谈判，又称硬式谈判，是指参与者只关心自己的利益，注重维护己方的立场，不轻易向对方做出让步的谈判。

3. 所谓原则型谈判，是指参与者既注重维护合作关系，又重视争取合理利益的谈判。

4. 走马换将策略是指在谈判桌上的一方遇到关键性问题或与对方有无法解决的分歧时，借口自己不能决定或其他理由，转由他人再进行谈判的策略。

5. 所谓固守战术，是指在谈判进行到一定阶段、让步达到一定程度时，顽强地坚持自己的谈判要求，再不退让，甚至表示出不惜谈判破裂的样子来。

四、简答及论述（略）

第9章 商务谈判礼仪与禁忌

一、单选题

1. D 2. B 3. B 4. D 5. B

二、多选题

1. ABCE 2. ABCE 3. ABCDE 4. ABCE 5. ABCE

三、名词解释

1. 所谓礼仪，简单地讲就是礼的规范化、制度化、系统化和条理化。即礼仪是人们在社会交往中形成的行为规范准则，具体表现为礼貌、礼节、仪表、仪式四个方面。

2. 礼节是礼貌的具体表现形式，是礼貌在语言、行为、仪表等方面的具体规定。

3. 礼貌是人们在交往时相互表示敬重和友好的行为规范。它主要通过礼貌语言和礼貌行为来表现对他人的谦虚和恭敬。

4. 商务谈判礼仪是谈判各方必须遵守的礼仪规范，是日常社交礼仪在商业活动中的具体体现。

5. 礼仪器物是指能表达敬意、寄托情意的一些物品，如过去的礼器、少数民族的哈达、锦旗、奖杯、纪念勋章以及一些具有特定含义的物品。

四、简答及论述（略）

第10章 国际商务谈判

一、单选题

1. C 2. D 3. D 4. C 5. C

二、多选题

1. ABDE 2. AB 3. AE 4. ABE 5. ABDE

三、名词解释

1. 国际商务谈判是国际商务理论的主要内容和核心。它是指在国际商务活动中，不同国家之间的商务活动主体为满足某一需要或达到某一目标而进行的讨论和洽谈的商业活动的总称。

2. 横向谈判法，即在进入实质性谈判时，先把需要讨论的条款统统罗列出来，然后逐条逐款磋商。从头到尾商议一遍后，再从第一条款开始检查有无分歧或需要补充的内容，直至最后一款。在此基础上，就分歧或补充内容进行磋商，寻找共同点。

3. 纵向谈判法，即对共同提出的条款，逐项进行磋商，在出现的问题或争议得到解决后，才转入下一条款的磋商。

四、简答及论述（略）

书名：现代营销学（第2版）
作者：李东进　秦　勇　主编
书号：978-7-80234-742-7
定价：35.00元
简介：本书以通俗易懂的方式叙述现代企业营销的基本原理和概念，并结合我国企业营销发展的新趋势，从企业产品的渠道、价格、市场环境、促销、消费者行为等方面对现代企业的营销活动进行了较为深入的探讨。

书名：市场调研与预测
作者：胡祖光　王俊豪　吕筱萍　编著
书号：978-7-80087-829-5
定价：30.00元
简介：本书从市场调研、市场预测、数据处理与分析三大方面系统阐述了市场调研的基本概念、方式方法和技术、调研资料分析、数据统计软件的应用以及市场预测的方式方法等。

书名：国际营销教程
作者：陈祝平　编著
书号：978-7-80234-452-5
定价：32.00元
简介：本书系统地比较了国际营销与国内营销、国际贸易的区别，讲述了国际环境、国际市场策划、国际产品策划、国际渠道策划、国际沟通和国际定价等内容。适合高校经济管理类本科和研究生（包括MBA）学习用书。

书名：市场营销学教程
作者：吴　涛　编著
书号：978-7-80234-452-5
定价：32.00元
简介：为了更好地适应高等院校市场营销学课程的教学需要，这次修订对原书进行了大幅度的调整，重新撰写了一些章节，包括更换书名。本教程旨在提供一本以案例教学为导向，侧重实践应用能力的市场营销学教科书。

书名：品牌管理
作者：陈祝平　著
书号：978-7-80087-803-9
定价：28.00元
简介：本书通过大量的中国本土企业的品牌实战案例，从心理学和经济学两个角度全面分析了品牌管理的各种问题，包括品牌资产的概念和结构、品牌形象和定位、品牌设计、品牌渠道和品牌传播等内容，具有很强的实用性。

书名：营销渠道管理：理论、方法与实践
作者：秦　勇　李东进　主编
书号：ISBN 978-7-5177-0283-2
定价：36.00元
简介：本书结合当前的营销新环境，系统介绍营销渠道的模式与设计、渠道成员的选择、渠道冲突与合作管理、国际营销渠道等内容，为读者呈现了一个较为完整的渠道管理知识体系。

书名：现代广告学（第4版）
作者：李东进　秦　勇　著
书号：978-7-5177-0340-2
定价：42.00元
简介：本书充分借鉴国内外广告学最新研究成果，讲述了广告学的基本原理、概念和实务，还结合我国广告业发展的新趋势，对新媒体广告、电影（电视）植入式广告以及名人广告等热点广告问题进行了较为深入的探讨。

书名：网络营销
作者：李东进　秦　勇　[韩]朴世桓　沈哲　主编
书号：ISBN 978-7-5177-0381-5
定价：39.00元
简介：本书对搜索引擎营销、软文营销、网络事件营销、许可E-mail营销、博客/微博营销、移动营销、病毒式营销、微信营销、精准营销等进行了较为深入的探讨。

书名：电子商务实务教程（第2版）
作者：李东进　沈　哲
　　　秦　勇　朴世桓　主编
书号：ISBN 978-7-5177-0513-0
定价：42.00元
简介：近两年来，我国电子商务市场持续呈现高歌猛进之势。而电子商务的蓬勃发展又对传统的电商人才的培养模式和培养方法提出了新的需求。为适应新的形势与变化，对第一版教材进行了修订。

与第1版教材相比，本版教材在诸多方面进行了较大的改进。首先，为顺应电商发展的新趋势，增加了"农村电商"和"电商在服务行业的应用"两章新内容。其次，精简篇幅，将"电子商务网络技术"和"电子商务安全技术"两章内容合并为"电子商务技术"，同时补充了"EDI技术"的内容。第三，鉴于电子商务的新理论、新模式和新法规不断涌现，重新编写了电子商务模式、网络营销、电子商务法律等章节。第四，对过时案例、阅读资料进行了更换，使其更具有时效性。

书名：管理经济学
作者：戴庚先等 编著
书号：978-7-80087-860-0
定价：39.00元
简介：本书创造性地将Excel运用到管理经济学的决策分析当中，全面阐述了管理经济学的理论、方法和应用，系统讲述了管理经济学的数学模型、供应与需求理论、企业利润、生产结构分析、博弈论与竞争策略等内容。

书名：管理学原理（第3版）
作者：李东进 秦勇 主编
书号：978-7-5177-0193-4
定价：42.00元
简介：这是本教材第三次修订，在保持前两版总体风格、特色和体系架构的基础上，对全书内容作了一定的更新。还增加了组织文化和管理创新两章内容，使整个教材的知识体系更趋完整和合理，更适应我国管理学教学的需要。

书名：公共关系学
作者：秦勇 主编
书号：978-7-5177-0209-2
定价：45.00元
简介：本教材追求简明、实用的写作风格，讲述了公共关系的定义与特征、公共关系的工作流程、公共关系广告、公共关系专题活动、公共关系危机管理、公共关系的CIS战略，以及网络公共关系等内容，内容丰富，结构清晰，实用性很强。

书名：企业管理学
作者：秦勇 李东进 主编
书号：978-7-5177-0482-9
定价：46.00元
简介：本书全面阐述了企业管理的基本理论和实务，主要内容包括企业与企业管理、企业管理的职能、企业管理的环境分析、企业战略管理、市场营销管理、人力资源管理、企业生产管理、供应链与物流管理、物资与设备管理、质量管理、财务管理、企业文化管理以及创业管理等。

书名：商务谈判教程
作者：秦勇 张黎 主编
书号：978-7-5177-0727-1
定价：38.00元
简介：本书以商务谈判的基本理论为编写主线，主要从商务谈判的程序、商务谈判前需要掌握的信息、商务谈判所具备的心理，以及商务谈判中使用的语言、文书、策略、礼仪与禁忌等方面详细介绍了商务谈判的方法、策略与技巧。

书名：商务沟通教程（第2版）
作者：王慧敏 编著
书号：978-7-5177-0678-6
定价：35.00元
简介：本书是一本以能力培养为主线的理论与实务相结合的商务沟通教材。全书包括商务沟通概述、商务沟通的一般技巧、招聘与面试、演讲的技巧、会议沟通技巧、谈判技巧、与客户的沟通技巧、管理沟通、书面沟通等内容。本书具有很强的实用性。

书名：商务礼仪教程
作者：王慧敏 吴志樵 周永红 编著
书号：978-7-80234-229-3
定价：32.00元
简介：本书系统地介绍了商务活动中的服饰妆容礼仪、语言行为礼仪、往来礼仪、交际礼仪、办公室礼仪、通讯礼仪、会议礼仪、谈判礼仪、求职礼仪、涉外礼仪等方面的知识。本书可以作为大学本科和高职院校学生的教材，也可以作为普通大众了解礼仪知识的通俗读物。

书名：国际贸易实务
作者：王慧敏 编著
书号：978-7-80234-519-5
定价：35.00元
简介：本书突出案例教学、启发式教学，主要讲述国际货物运输、国际货物运输保险、进出口商品价格核算、国际贷款的收付、国际货物买卖合同的签订、进出口交易的基本业务程序等内容，使学生在解决问题的过程中掌握课程教学内容。

书名：报关实务
作者：王慧敏等 编著
书号：978-7-80234-354-2
定价：32.00元
简介：本书详尽地介绍了报关从业人员需掌握和了解的各种进出口货物的报关程序、进出口商品的归类与税费的征收，以及进出口货物报关单的填制等相关知识。还根据教学的实践安排了练习题和案例分析，以培养学生的思维能力和动手能力。

书名：金融市场学
作者：周彩霞 编著
书号：978-7-5177-0386-0
定价：42.00元
简介：本书既反映了欧美成熟金融市场的运行状况及经验教训，又密切联系中国金融市场实践，关注范围尽可能既全面又与时俱进。通过本课程的学习，学生可以初步掌握金融市场各子市场、金融机构、金融工具、金融市场运行机制及现代金融市场理论的概貌，为进一步的专业课学习和今后的工作实践打下坚实基础。

书名：保险原理与实务
作者：周彩霞 编著
书号：ISBN 978-7-5177-0600-7
定价：45.00元
简介：本书简明清晰地介绍了保险学的基本原理及实务运作，包括风险与风险管理、保险概述、保险的基本原则、财产保险、人身保险、再保险、保险合同、保险经营活动、社会保险和保险监管。除基本知识点外，全书内容结合大量保险案例渐次展开，每章结尾都给出了若干开放性的思考讨论题，多角度设问，引导学生将书本知识与实际问题相结合，提升综合能力。

连锁经营管理专业规划教材

书名：连锁企业经营管理（第2版）
书号：978-7-5177-0343-3
作者：孙 静 孙前进 编著
定价：35.00元
简介：本教材系统讲述了连锁企业经营的原则与管理策略、商业网络与连锁门店选址、特许经营、采购与库存、配送与配送中心管理、信息管理、员工招聘与培训以及供应链管理等内容。通过学习，使学习者掌握连锁经营的相关知识，并不断提高驾驭现代连锁企业的技能与素养，成为更优秀、更符合连锁企业需要的人才。
本教材适合连锁经营管理专业师生使用，也可作为连锁企业从业人员的培训教材，具有广泛的适用性。

书名：连锁门店开发与选址（第2版）
书号：978-7-5177-0341-9
作者：李晓晖 弓秀云 杨洋 编著
定价：32.00元
简介：本教材系统讲述了连锁门店的经营战略、选址体系、CIS设计、内部和外部设计的原则与技巧、扩张策略，以及开业、庆典的策划等内容。这些都是成功开发并有效管理一个门店所必须的知识与技能。
本教材适合连锁经营管理专业师生使用，也可作为连锁企业从业人员的培训教材，具有广泛的适用性。

书名：连锁企业信息系统与管理（第2版）
书号：978-7-5177-0342-6
作者：杨 洋 孙前进 编著
定价：32.00元
简介：本教材除介绍连锁企业信息管理系统的概念与特点、类型与模式等知识外，还系统介绍了连锁企业营销与物流系统网络、信息系统关键技术与电子货币、连锁企业总部和门店信息系统与管理、供应链信息系统与管理、物流配送中心信息系统与管理、电子商务与客户信息管理、连锁企业信息系统运营维护及发展研究等内容，还介绍了连锁企业信息化典型案例。
本教材适合连锁经营管理专业师生使用，也可作为连锁企业从业人员的培训教材，具有广泛的适用性。

书名：连锁企业采购与配送管理（第2版）
书号：978-7-5177-0345-7
作者：胡贵彦 编著
定价：35.00元
简介：本教材以连锁企业的采购和配送为主线，具体讲述了连锁企业采购和配送的流程、采购计划、供应商管理、招标采购、采购风险管理和绩效评估、配送中心与库存管理、进出货管理、配载及配送路线的优化等内容，力图使从事连锁企业的相关人员能够以最短的时间全面系统地掌握连锁企业采购和配送方面的知识和技能。
本教材适合连锁经营管理专业师生使用，也可作为连锁企业从业人员的培训教材，具有广泛的适用性。

书名：连锁企业门店管理（第2版）
书号：978-7-5177-0344-0
作者：隆 意 尚 珂 顾丽萍 编著
定价：32.00元
简介：本教材以门店管理实务为主，按照门店经营环节，从商品进货、陈列、销售、现场服务、收银、投诉、安全管理，以及员工、客户关系管理等方面全面阐述了连锁零售企业门店运营的流程、作业标准、管理规范等，在保持知识的完整性和系统性的同时，重点突出了对实践的指导和应用。
本教材适合连锁经营管理专业师生使用，也可作为连锁企业从业人员的培训教材，具有广泛的适用性。

书名：人力资源战略与规划
书号：978-7-80234-038-1
作者：寒 武 编著
定价：28.00元
简介：本书介绍了人力资源战略与规划的产生、人力资源战略及其制定与实施、人力资源规划、人力资源供求分析、操作技巧和成功案例的学习，可使读者充分掌握人力资源战略设计及人力资源规划的模式与方法，从而构建起一个完整的人力资源战略与规划体系。

书名：劳动关系管理 (修订版)
书号：978-7-80087-983-8
作者：左祥琦 编著
定价：32.00元
简介：本书可以作为专业的培训和教学教材外，还适合人力资源管理者、企业高中级管理人员、劳动行政部门的官员、各级工会干部、劳动法的研究人员、劳动争议仲裁员、负责审理劳动争议案件的法官，以及其他与劳动领域有关的从业人员。

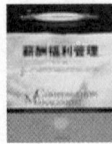

书名：薪酬福利管理
书号：978-7-80087-963-0
作者：胡昌全 编著
定价：35.00元
简介：作为"中国注册人力资源管理职业资格认证"的指定培训教材之一，本书以什业薪酬管理为主线，对薪酬体系与结构、付薪策略与原则、福利与保险做了完整深入的分析。

书名：人才测评
书号：978-7-80087-969-2
作者：寇家伦 编著
定价：36.00元
简介：本书向读者全面介绍了人才测评技术的发展历程、基础理论与实践方法，重点阐述了人才测评技术中信用效度最高的评价中心技术的实践操作，向读者完整地呈现了组织人才测评活动的各个环节及关键控制点。

书名：人力资源信息化管理
书号：978-7-80087-962-3
作者：洪 玫 编著
定价：28.00元
简介：本书能够帮助读者更好地理解e-HR究

竟是什么，它在企业人力资源管理工作中能做哪些事情，以及如何选择和实施这项技术来实现预期的收益。

书名：员工任用
书号：978-7-80087-954-8
作者：闫凤芝 编著
定价：28.00元
简介：本书从员工任用的角度，讲述人力资源规划、职位分析、员工招聘甄选、员工入职和辞职管理等内容，在传播人力资源管理技术的同时，将人力资源管理的理念与读者进行分享，从而引导读者全面、系统、实际地看待和解决企业的问题。

书名：职业生涯管理 (第2版)
书号：978-7-80234-653-6
作者：杜映梅 编著
定价：35.00元
简介：本书系统地介绍了职业生涯管理的相关理论知识，并提供了丰富的案例和测试，以期为广大读者提供具有高度可操作性的指导。

书名：绩效管理 (第2版)
书号：978-7-80234-654-3
作者：杜映梅 编著
定价：35.00元
简介：本书是作者对近年来国内外关于绩效管理的方法和在企业管理实践中的经验进行总结、提升而形成的关于绩效管理的操作理念，主要可供企业的实际管理工作者和从事人力资源管理工作的人士作为工作的参考，也可作为企业管理类教学和科研的参考书，对人力资源管理感兴趣的人士亦可作为自学之用。

书名：企业培训
书号：978-7-80087-961-6
作者：于 虹 编著
定价：25.00元
简介：本书内容由三部分组成。第一部分重点介绍培训的涵义、目的、形式和企业培训管理的内容及培训体制的完善等内容，第二部分围绕着企业培训体系构成的核心内容展开说明，第三部分从培训前的准备、课程的开发方法、培训师授课技巧及企业培训中的经典游戏等方面做了介绍。